篮球运动教学与训练体系的优化及实践探索

胡　永　著

中国水利水电出版社

www.waterpub.com.cn

·北京·

内 容 提 要

本书以篮球教学与训练为研究对象,在阐述篮球教学与训练基本理论的基础上,重点研究了篮球教学体系的优化、篮球训练体系的优化,以及篮球技战术、体能、心智能力的培养,此外还研究与设计了篮球游戏训练的方法。

全书语言简练、结构清晰、内容丰富,系统性、时代性、创新性等特点显著,还具有非常高的参考和借鉴价值。本书对于我国篮球运动水平的发展和提高具有一定的指导意义。

图书在版编目(CIP)数据

篮球运动教学与训练体系的优化及实践探索 / 胡永著. —北京:中国水利水电出版社,2019.1
ISBN 978-7-5170-7391-8

Ⅰ.①篮… Ⅱ.①胡… Ⅲ.①篮球运动—体育教学②篮球运动—运动训练 Ⅳ.①G841.2

中国版本图书馆 CIP 数据核字(2019)第 025386 号

书 名	篮球运动教学与训练体系的优化及实践探索 LANQIU YUNDONG JIAOXUE YU XUNLIAN TIXI DE YOUHUA JI SHIJIAN TANSUO
作 者	胡 永 著
出版发行	中国水利水电出版社 (北京市海淀区玉渊潭南路 1 号 D 座 100038) 网址:www.waterpub.com.cn E-mail:sales@waterpub.com.cn 电话:(010)68367658(营销中心)
经 售	北京科水图书销售中心(零售) 电话:(010)88383994、63202643、68545874 全国各地新华书店和相关出版物销售网点
排 版	北京亚吉飞数码科技有限公司
印 刷	三河市华晨印务有限公司
规 格	170mm×240mm 16 开本 18.25 印张 327 千字
版 次	2019 年 4 月第 1 版 2019 年 4 月第 1 次印刷
印 数	0001—2000 册
定 价	89.00 元

前　言

　　篮球运动是一项极具魅力的球类运动项目,在世界范围内具有广泛的群众基础,尤其受到青年人群和在校学生的喜爱。现阶段,在我国体育事业和校园体育快速发展的大背景下,校园篮球运动教学与训练对营造良好的篮球运动文化氛围、保持竞技篮球运动的可持续发展、使全社会形成良好的篮球运动文化环境具有重要的教育意义、文化意义和社会意义。

　　基于篮球运动的影响力与诸多价值,特撰写《篮球运动教学与训练体系的优化及实践探索》一书,旨在为我国篮球运动教学训练提供指导,为我国篮球运动的全面、可持续发展,为篮球运动与和谐社会构建的有机结合尽绵薄之力。

　　本书以篮球运动教学与训练为研究对象,在简明阐述篮球运动知识的基础上,对篮球运动教学训练的内容进行了分析。全书共十章。第一章为篮球运动概述,对篮球运动的起源与发展、特点与价值以及技战术的发展进行了分析;第二章为篮球运动教学训练的理论基础,分别论述了生理学、心理学、哲学、教育学和社会学基础;第三章为篮球运动教学训练的安全营养保健,涉及篮球运动的疲劳与消除、损伤与疾病、合理营养补充等方面的内容;第四章为篮球运动教学体系的优化研究,主要研究了高校篮球教学的任务与目标、步骤与方法、内容与运动负荷安排、教学课件的文件制订和课程的组织与实施等内容;第五章为篮球运动训练体系的优化研究,对篮球运动训练的基本理论、原则与方法、负荷安排、计划运用及评价进行研究;第六章至第九章对篮球运动技战术、体能、心智能力的培养进行了具体指导;第十章对篮球运动游戏教学训练进行了实践探索,为篮球运动教学训练理想效果的取得增添助力。

　　本书集科学性、系统性、实践指导性为一体,在撰写过程中,还突出了以下特点:首先,本书尽量做到逻辑清晰、结构完整、系统全面;其次,本书对篮球教学和训练的科学认知均建立在科学学科基础和科学教学与训练理论的基础之上,指导性强、实用性强;最后,本书是在我国体育教学改革与发展的教育背景下对篮球教学与训练进行的科学探索,充分体现了时代性。

在撰写过程中,本书参考并引用了有关专家、学者在篮球教学训练方面的理论和资料,在此表示诚挚的谢意。由于时间和精力有限,书中难免存在不妥之处,恳请广大读者批评指正。

作者

2018 年 5 月

目　录

第一章　篮球运动概述

篮球运动是一项充满激情与趣味性的对抗性球类运动,了解篮球运动的基本知识有助于提高运动者的篮球运动文化素养,同时为其从事篮球运动实践奠定良好的知识基础。本章主要就篮球运动的起源与发展、特点与价值以及篮球运动技战术的发展演变做详细阐述。

第一节　篮球运动的起源与发展

一、篮球运动的起源

(一)篮球运动起源的社会背景

现代篮球运动是在当时特定的社会条件下产生的,并随着社会的不断变化而得到进一步的发展和完善。19 世纪中叶以后,欧洲产业革命引起生产劳动技术的创新,对生产力的大幅度提高起到了积极的促进作用。与此同时,人们的思想观念也开始发生一定的转变,追求的目标逐渐转变为健康、文明、进步和富裕的生活方式。另外,美国由于经济的发展和国力的增强,科教文化事业的受重视程度也越来越高。这些都在一定程度上为篮球运动在美国的起源奠定了坚实的基础。

具体来说,篮球运动起源的社会条件主要有以下几个:

(1)时间条件:19 世纪 50 年代以后,欧洲产业革命的兴起使得生产劳动的技术得到较好的创新,人们拥有更多由自己支配的空闲时间。

(2)观念转变:随着生活方式的转变,人们的思想得以转变。人们追求的生活目标逐渐转变为健康、文明、进步和富裕的生活方式。这一时期,出现了各种各样的属于现代体育活动范畴的健康文明的活动性游戏,篮球游戏就是其中之一。

(3)社会环境:篮球运动起源于美国并非偶然,是社会历史的必然选择,美国经济发达、国力强盛、文化繁荣,这些都在一定程度上为篮球运动等休闲性体育活动在美国的起源奠定了坚实的基础。

(二)篮球运动的游戏雏形与形成

篮球运动正式起源于一次大的自然灾害,在 1891 年,特大暴风雪席卷美国,异常寒冷的气候导致在美国非常流行的棒球运动无法正常开展。而在当时美国东部地区马萨诸塞州(Massachusetts,也译为麻省)的斯普林·菲尔德尔市,学生们对室内古典体操不感兴趣,使得学校参加学习和活动的学生数量越来越少。针对这种现象,在基督教青年会的委托下,体育教师詹姆斯·奈史密斯根据相关要求,研究并设计出了一种新型的体育运动项目。詹姆斯设计出了一项适合冬季在室内进行比赛的运动项目,具体来说,就是将最初在室外试行的篮球游戏移至室内,并将摆置在地面上的筐悬挂于室内两侧离地面约 10 英尺处(1 英尺=0.3048 米,10 英尺=3.048 米,约3.05 米,换句话说,就是现用篮圈高度的来源)的墙壁上,选用足球向篮内投掷,投入篮内得 1 分,以得分多少决定胜负。

为了使新的运动项目达到预期的效果,奈史密斯博士根据当时的情况,为设计的运动提出了三个基本的要求。

(1)这种运动项目要与枯燥的古典体操和美式足球有所区别。既要具有对抗性,又要体现出文明性特征。

(2)这种运动项目不能受到时间、场地和天气等因素的影响,既可以在白天进行,又可以在黑夜进行;既可以在室内进行,又可以在室外进行。

(3)这种运动项目要适合不同性别、不同年龄的人参与,尤其是要使年轻人接受并喜欢这项运动。

根据上述几点要求,并在当地儿童所做的摘桃投入桃筐游戏(选择一块平坦的场地,在场地的两端分别设置两个竹制的桃筐,进行投桃入筐的比赛)的启发下,创造出了投篮游戏,这就是现代篮球运动的雏形。

之后,詹姆斯·奈史密斯将篮球游戏从室外移到室内开展,并将桃筐悬挂在室内两侧离地面约 3.05 米高的墙壁上,同时用足球代替其他物体向篮筐中进行抛投,并展开相互攻守、相互对抗的游戏比赛。由于当时设计出的篮筐底部是封闭的,球被投进篮筐无法掉落下来,所以每当篮筐内装满球后,需要将球从篮筐中取下,这带来了很多不便,也对游戏的流畅性造成影响。后来,经过不断改进,篮筐底部被去掉,并在篮球场地两边各放置个立柱,将篮筐安装在立柱上来进行比赛。在篮筐的底部曾设有挡网,以此来防止篮球被投掷到场外远处,有的是用网形装置将场地的周边罩住来代替挡网。随后竹篮逐步被活底的铁篮所替换,并经过不断改进成为铁圈,并在铁圈下面挂网。人们便将这种游戏称为"奈史密斯球"或"筐球"。后来,詹姆斯·奈史密斯在与其同事反复商量后,将这种游戏命名为"篮球"。这项运动不仅具有很强的趣味性和游戏性,而且它还具有良好的健身作用。

最初的这种篮球游戏没有规则和限制,后来,由于篮球运动具有较强的对抗性,便将某些限制性规定制定了出来,并且在不断的发展与实践中对比赛方式进行改进,从而使篮球游戏得到逐步完善,并逐渐向现代篮球运动转变。

二、篮球运动的发展

(一)世界篮球运动的发展

由于篮球运动具有广泛的适应性,且场地器材简单,因此篮球运动产生之后就迅速传播开来。并由美国当地传向全世界,在世界范围内得到了广泛的传播。总的来说,篮球运动的发展大致可分为五个阶段,即初创与萌芽阶段,完善与推广阶段,普及与发展阶段,全面提高阶段,创新发展阶段,具体如下。

1.初创萌芽阶段(19 世纪 90 年代—20 世纪 20 年代)

(1)篮球运动的迅速传播。在美国当地教会学校中,篮球运动自创立后,便以独特的运动形式和较强的趣味性得到迅速的开展和传播。美国报刊于 1892 年将这项新运动项目第一次向全国介绍,并且这项运动在各基督教青年会组织、教师和留学生之间进行相互的学习和交流。经过短期的传播之后,篮球运动由学校进入社会,并随着美国文化和宗教传播到世界各国。在 1892—1911 年,篮球运动分别传入墨西哥、法国、中国、英国、巴西、日本、伊朗、俄国、古巴、意大利、波兰、瑞士、秘鲁等国家。1904 年,美国青年会男子篮球队在第 3 届奥运会上进行了篮球表演赛。美国在 1908 年制定了全国统一的篮球比赛规则,该规则被翻译成多种文字向全世界发行,这也使得篮球运动以势不可挡之势迅速在中美洲、欧洲、亚洲、大洋洲和非洲开展起来。篮球运动如此快速的传播,彰显出其所具有的强大的生命力,并为成立国际业余篮球联合协会打下了良好的基础。

(2)篮球技战术的初步形成。在篮球运动不断开展和比赛规则的改变下,一些更适应篮球比赛要求的新技术不断出现,并在以后的篮球运动发展过程中得到更为充分的改进和完善,并逐步形成了与其他运动项目相区别的独特的技战术体系。具有标志性的技战术发展主要体现在以下三点。

首先,运球技术在 1897 年第一次出现,直到 1928 年,运球技术的合法性才在比赛规则中得以明确。

其次,1910 年,出现了单手低手传球、双手低手传球、单手肩上投篮等技术动作。

最后,1928 年,出现了跳起投篮等技术动作。

(3)篮球竞赛规则的初步形成。篮球竞赛规则是关于篮球运动的技术法规。它在肯定正确技术和保护合理接触的同时,也明确否定了错误动作,并提倡"积极进取、团结合作、公平竞赛、行为高尚"的篮球运动精神。19 世纪 90 年代的篮球竞赛规则只要求在竞赛时参赛双方人数相等便可,而对具体人数和场地的大小等没有严格的要求和限制,球被投入到篮筐中便可得一分,累计得分多的一方为胜,并且每进一球都要重新开始比赛。之后,这个时期的篮球竞赛规则经过了以下几个阶段的改进。

1)1892 年,制定出了篮球竞赛的原始规则,即包含 13 条规则的"青年会篮球规则"。该规则作出了将比赛场地分三段区域的规定,同时确定了比赛的基本要求,如对攻守对抗中队员之间的身体接触部位进行限制,对悬空的篮筐装置的要求进行明确,在比赛中不准个人持球跑等。

2)1893 年,以原始规则为基础,新增加了 8 条规则,达到 21 条。

3)1894 年,规定了比赛中在每次投中、罚中后要在中圈处进行跳球。

4)1895 年,对参赛双方的人数进行了限制,将参赛队的人数限制为 5 人。

5)1915 年,美国制定出了统一的篮球比赛规则。其中,规则规定:将比赛分为前后两节,每节比赛时间为 15 分钟,前后两节之间休息 5 分钟;当比赛结束双方打成平局时,如果双方队长同意便可延长比赛时间直到有一方先投进一球,先投进的队为胜;掷界外球时,必须要在 5 秒内完成,如果超出 5 秒,裁判员可判作违例,由另一方掷界外球;当有一方队员累计犯规达到 3 次时,判对方投中一个球;对于运球的规定,可以采用单手运球,也可以采用双手运球,但不能用脚踢球,也不能用手或脚打、推、捶、绊、拉对方队员,如果违犯,则记违者犯规一次,若第二次犯规就判犯规者停止比赛,直到对方投进一球后方可进入场地参赛;如果犯规有着故意倾向或具有伤害性,则犯规者将被取消该场比赛资格,并且不能换人等。

篮球比赛的场地也经过了一系列的变革,并增画了中圈、罚球线等各种区位的限制线,后来又增画了中线。篮圈使用的是较为规范的铁圈,篮圈后部的挡网由木质的不规则的挡板所替代并与篮网相连接。此后的篮球比赛,由中圈跳球开始,并且队员在场中的位置也有了锋、卫的区分,其中前锋和中锋主要负责前场进攻,后卫在承担保护本方篮筐职责的同时,还要将球传给中场和前场的中锋和前锋,经过不断实践,篮球运动得到更好的改进和完善。

2.完善、推广阶段(20世纪30年代—20世纪40年代末)

(1)成立国际业余篮球联合协会。1932年6月18日,国际业余篮球联合会(简称国际篮联)在瑞士日内瓦正式成立,其总部设在意大利首都罗马。国际篮联的主要任务有以下两个。

第一,统一世界各国的篮球竞赛规则。初步制定了国际上统一的13条篮球竞赛规则,如规定每场比赛参赛双方的场上人数各为5人;增改了场地上的进攻限制区域;在比赛中,进攻队员投篮时防守队员犯规,如果投中则增加一次罚球,如果没有投中则罚球两次;比赛时间,男子和女子的篮球比赛时间分别由原来的男子10分钟、女子8分钟,共四节,改为每节比赛20分钟,共两节;在进攻方拿到球后必须在10秒内过中线,并且不能再次返回到后场。

第二,将篮球列为奥运会正式比赛项目。1936年,男子篮球成为第11届奥运会正式比赛项目,从此篮球运动开始登上国际竞技舞台。

(2)不断完善篮球技战术。篮球运动在20世纪30年代以后得到迅速的普及和推广,其中在欧洲、亚洲、大洋洲的许多国家得到了非常快速的发展,这也使得篮球运动技术水平得到更大的提高。1930年,单手胸前投篮技术和双手抛球投篮技术逐渐被双手胸前投篮技术所取代,并且协防、掩护、配合等团队精神在比赛中得到重视。一直到20世纪40年代末,进攻中的掩护、策应、快攻战术和防守中的区域联防、人盯人防守等战术阵型和配合受到世界各国篮球队的高度重视,这也使得篮球运动在世界范围内进入完善与推广的新阶段。

(3)国际级篮球比赛的日益丰富。在国际篮联成立以后,各个国家、各个地区都在有组织、有计划、频繁地举办各种篮球比赛。国际篮联分别于1935年和1938年先后举办了第1届欧洲男篮和女篮比赛,每2年举办一届并一直延续至今。另外,在1950年和1953年分别创办了每4年举办一届的世界男子篮球锦标赛和世界女子篮球锦标赛。亚洲篮联于1960年创办了每2年举办一届的亚洲篮球锦标赛。

3.普及、发展阶段(20世纪50年代—20世纪70年代末)

(1)运动员的身高不断增加。该阶段,运动员所表现出的直观现象是身材越来越高大,其中不乏2米以上的运动员参加比赛,身高的优势也在比赛中得到很好的体现。尤其是 1950 年和 1953 年分别在阿根廷和智利举行的男子和女子首届世界篮球锦标赛上,高大篮球队员在赛场上的优秀表现,给国际篮球运动带来了新的更大的冲击。特别是通过利用高大队员强攻篮下的中锋打法已成为篮球比赛中有效的进攻战术,这进一步促进了篮球运动向着队员高大型的方向发展。

(2)高大队员开始大量出现。在篮球比赛中,为了更为有效地应对场上出现的新情况,篮球规则在场地和时间上对进攻队进行了新的限制,如将一次进攻的时间限制为 30 秒;扩大篮下的限制区,由门字形限制区扩大为梯形限制区;20 世纪 60 年代中期曾一度取消中场线,直到 20 世纪 60 年代末才又恢复。

(3)篮球技战术得到全面发展。在篮球比赛中,扩大攻守区域,并做到高度和速度相结合,已经成为决定比赛胜负的关键,在此基础上篮球比赛中的攻守技术和战术也得到了很好的推动和全面的发展。例如,进攻中的快攻战术和防守中的全场紧逼人盯人防守战术,成为当时以快高的重要手段。20 世纪 60 年代,世界篮球运动进入了普及与发展的新时期,并逐步形成了欧洲型打法(注重力量、速度、高度相结合)、美国型打法(注重高度、技巧、速度相结合)和亚洲型打法(以矮、快、灵、准相结合)。

4.全面提高阶段(20 世纪 70 年代—20 世纪 80 年代末)

(1)比赛对抗更加激烈。随着篮球运动技战术的不断发展,篮球运动员在身高、控空高度和攻守转换速度等方面都有了较为明显的提高,篮球运动也因此被称为"巨人"们的游戏。篮球运动员在个人高度和技术方面达到了有机统一,在团队协作方面,也逐步形成了整体高空战术及地面与空间协同组合的战术配合。随着篮球比赛中速度和高度的对抗越来越激烈,新时期的篮球运动正向着高强度、高对抗、高速度、高技巧、高智慧、高比分的方向发展。

(2)竞赛规则日益完善。篮球竞赛规则经过多次修改后,增加了 3 分球和追加发球的规定,进攻时间的缩短也进一步提升了攻守转换的速度,这也使得新的篮球技战术体系得以构建。

(3)女子篮球发展快速。20 世纪 70 年代中期,女子篮球成为第 21 届奥运会正式比赛项目,进而掀起了第二次发展高潮。篮球运动人口数量日益增多,篮球比赛的方式也发生了变化,竞技水平越来越高,国际强队不断增多。

5.创新发展阶段(20 世纪 90 年代至今)

目前,篮球运动进入了一个全新的创新发展阶段,篮球运动在该阶段的发展特点主要表现在以下几个方面。

（1）国际篮球联合会成立。20 世纪 90 年代后，经过国际奥委会的批准，职业篮球运动员可以参加奥运会比赛，这也为篮球运动的发展注入了新的活力，并为其发展提供了新的发展方向和渠道，篮球运动正向着将竞技化、智谋化、职业化、科技化、产业化、凶悍化等融为一体的现代化方向发展。因此，国际业余篮球联合会正式更名为国际篮球联合会。

（2）竞赛规则得到适时修改。由于篮球运动技术动作的不断创新，战术配合越来越精湛，追求实效，阵形多变，运动员在场内的攻守区域部分逐渐趋向模糊，高空争夺也更加凶悍，这就使得篮球比赛越来越具有艺术观赏性。同时，篮球规则也对比赛速度、高空争抢、场地区域及攻守技术、战术的合理运用，以及全场比赛的时间和方式等都进行了新的规定，如将比赛的上下两个半时改为 4 节，并且每节的比赛时间限制为 10 分钟，交替拥有球权，实行 3 人裁判制。

(二)中国篮球运动的发展

篮球运动在我国的传播、普及、发展、提高经历了一个复杂的过程。大致可以分为以下几个阶段。

1.萌芽阶段(1895—1930 年)

篮球运动是在 1895 年传入中国的，最早是传入天津的，具体来说，是由美国国际基督教青年会派往中国天津基督教青年会就职的第一任总干事来会理将现代篮球运动在我国天津市进行传播和介绍的。鉴于此，我国篮球运动的发源地可以说是天津。1896 年，我国篮球运动开始得到进一步的传播和发展。1910 年，男子篮球在南京举行的首届全国运动会上被列为表演项目，其中，天津—北京联队和上海队参加了本次表演。华北体育联合会把篮球列为正式比赛项目是在 1913 年，同年，由中国、日本和菲律宾组织的远东运动会也把篮球列为正式比赛项目，从而开始了国际交流活动。

2.缓慢发展阶段(1931—1949 年)

20 世纪 30 年代开始，中国篮球在技术方面有了一些发展。1930 年，在中国第 4 届全运会上，上海队采用了人盯人防守和快攻的自由式打法。1935 年以后流行"8"字战术。这一时期，在革命根据地也开展了篮球运动。

3.蓬勃发展和停滞阶段(1950—1971 年)

新中国成立后，篮球运动的发展比较迅速，1954 年建立了全国联赛的竞赛制度。1959 年举行第 1 届全国运动会,当时中国男、女篮球队已接近世界水平。但在"文化大革命"时期,篮球运动一度停滞,甚至出现了一定的萎缩,严重地影响了我国篮球的健康发展。

4.快速发展阶段(1971 年至今)

国家体委于 1971 年召开了全国体工会议,标志篮球运动开始复苏。1975 年恢复等级赛,进一步制定全国竞赛制度。1995 年我国第一次举办男子 CBA 职业联赛。2001 年,王治郅首次进入 NBA 职业俱乐部,成为进入 NBA 的亚洲第一人。随后,姚明以状元秀身份加盟 NBA。极大地推动了我国篮球运动的发展。

目前,我国篮球是亚洲篮球的最高水平。2010 年,男篮获得了 2010 斯坦科维奇杯第三名,亚运会冠军;2011 年,三胜美国明星队,还获得了东亚男篮锦标赛季军。2011 年 7 月 12 日,男篮夺得昆山站四国赛冠军;9 月 25 日晚,在对阵约旦队的比赛中获得亚锦赛冠军,并取得 2012 年伦敦奥运会的比赛入场券。在 2014 年的西班牙男篮世界杯中,中国男篮没有获得比赛资格。尽管如此,不可否认,中国男篮的整体水平还是有一定提高的,同时,也逐渐崛起了一批优秀的新生代力量,因此,我们对将来中国男篮的发展充满信心。

第二节　篮球运动的特点与价值

一、篮球运动的特点

(一)组织的集体性与运动的快速性

1.组织的集体性

作为一项同场对抗性项目,整个篮球运动过程都充满着激烈的对抗,这种对抗性随着篮球运动水平的不断提高而越来越强。因此,球队若想在比赛中占据优势并取得优胜,除了运动员个人要具有精湛的个人技术外,球员与球员之间还要形成默契的集体配合。正基于此,现在的篮球运动员特别注重提倡集体主义精神。只有人人为集体,集体才能使个人技术得到更为充分的发挥与创新,个人与集体两者是相辅相成、共同发展的关系。

2.运动的快速性

在现代篮球比赛中,一次进攻必须在 24 秒内完成,否则便被判作犯规,这就给篮球运动提出了更快的速度要求。在保证运动快速性的前提下,篮球运动员还要继续加快进攻速度,争取场上的主动权和控球权;继续提高技术和战术运用时的衔接速度;继续提高攻守转换速度等。这些都给现代篮球运动赋予了新的含义,世界各国优秀篮球队都将有节奏的快速攻守配合、高质量的快速技术、快速强攻等作为奋斗目标。

(二)技能的开放性与竞争的对抗性

1.技能的开放性

现代篮球比赛中,运用篮球技术与战术的条件和时机有着较大的差别,由于受到时间、位置、对手等外部因素的影响,运动员的技术动作组合结构与练习过程中的技术动作组合结构会发生不同的变化。而篮球战术的配合也并不是一成不变的,在大多数情况下运动员都需要根据当时场上的具体情况作出准确的判断和选择,对教练员的战术意图进行灵活的贯彻。由此可见,篮球运动是一项开放性的运动技能项目。

2.竞争的对抗性

作为一项直接发生身体接触的对抗性项目,篮球运动中攻守的强对抗是其基本规律和基本特征。这种对抗性主要表现在有球队员与无球队员之间的对抗;无球队员之间的对抗;争抢篮球时的对抗;教练员之间的战术策略对抗;双方队员在思想作风和意志品质上的对抗。在竞争中,对抗作为一种高层次的表现形式,它可以更好地培养人的竞争能力和竞争意识,同时这种竞争能力和竞争意识也是现代所倡导的素质教育的重要组成部分。

(三)活动的娱乐性与比赛的观赏性

1.活动的娱乐性

篮球运动最初是作为一项活动性游戏出现的,如今已成为人们喜闻乐见的全民健身娱乐手段。在篮球运动整个的发展与演变进程中,娱乐性始终是其特征之一,也是篮球运动得以生存和发展的重要因素。参与篮球运动可以从中实现自我价值,愉悦身心,促进身心健康发展,而通过观看篮球比赛可以从中得到鼓舞和快乐,丰富业余生活,并从中得到满足和自信。

2.比赛的观赏性

作为一种社会文化形态,篮球运动有着很高的技艺性和观赏性,它能使人的心灵气质和优美形态得到充分的展现。此外,篮球比赛中众多篮球明星的出现也为比赛注入了强大的动力,这也使得篮球比赛的观赏性得到大大增强。在篮球比赛中,场上形式千变万化,胜利者的喜悦、失败者的沮丧都会令人难以忘怀,这也更好地体现出了篮球运动极强的观赏价值,这也是篮球运动赖以发展的基础之一。例如,NBA 历史上的球员乔丹、约翰逊等世界优秀篮球运动员,他们将篮球技术与智慧的运用升华到了艺术化的境界,这不仅仅体现出其所具有的个人才华,而且也给人们带来艺术上的享受和智慧上的启迪。

(四)技术的多元性与战术的多变性

1.技术的多元性

技术多元组合特点也是篮球比赛的一大特点。篮球运动是以手控制球,并围绕着投篮得分展开攻守对抗为主要活动形式的运动,从而将复杂多样的技术动作充分展现。在篮球比赛中,这些技术均被运动员以组合的形式加以运用,活动结构呈现多元化。因赛场上瞬息万变的形势,篮球技术组合也呈现出随机性、无确定性、多样性等显著特点。

2.战术的多变性

篮球运动是一种用手来控制球,并以投篮得分为目的而展开的攻守对抗的活动形式。因此,复杂多样的篮球技术动作也就造成了篮球战术的多变性特点。由于篮球比赛的不确定性,场上形势处于千变万化之中,围绕空间瞬时变化而展开的地面与空间、个人与集体配合相结合的攻守立体型对抗方式,成为现代篮球运动的重要特征之一。在大多数情况下,仅仅依靠固定的战术模式、固定的打法是很难应对比赛需要的,更别说获取胜利,所以在运用篮球战术时要富有机动性和灵活性。根据比赛场上的实际情况,运动员要做到随机应变,提高临场应变的能力,更为灵活地运用和变换战术,也只有这样才能为争取比赛优胜奠定良好的基础。

(五)打法集约多变与攻守转换迅速

1.打法集约多变

集约多变的打法是现代篮球运动的一个突出特点。现代篮球运动已成为一项集约、多变、综合性的竞技艺术。随着现代篮球运动的不断发展,球员的行动也逐渐由个体转变到整体,技术、战术掌握与运用也由低级逐渐向高级发展,通过不断的创新和发展,篮球比赛过程较其他球类比赛更加复杂,技术动作繁多。战术阵形呈现出机动、集约、多变的特点,特别是对于优秀的运动队和明星队员来说,他们在掌握和创造性运用篮球技术、战术配合方面,已经达到非常熟练的程度,这就将技巧化、集约性、艺术化的显著特点充分体现了出来。同时,这也赋予了篮球比赛更多的生机和活力。根据空间的瞬时变化而开展的争夺,不仅能够将一些因素有机地结合起来。比如,空间与时间的结合,个体单兵作战与协同集约配合的结合,空间攻守与地面攻守立体型对抗的结合,拼抗性与力量性、技艺性、计谋性的结合等,同时还能够充分反映出这些方面。这样,才能够将各世界强队各种类别的集约多变性攻守风格形式和打法特点综合反映出来,并且在瞬息万变的赛场上以不变应万变。通过自主掌握变化的主动权去对对手造成一定的干扰,从而使得比赛更加精彩,使其戏剧性和观赏性的特点更加显著。

　　2.攻守转换迅速

　　攻守时空转换是篮球比赛十分显著的特点。篮球比赛具有特殊的时空性和对抗性运动规律,具体来说,就是在一定的时间内围绕空间的球和篮筐展开攻守对抗。篮球比赛中,队员不但要主动拼抢控制球,同时还要对时间和空间位置面积进行有效的控制,这样能够对参与篮球竞赛的双方展开多元素构成的不同战术阵型与技术手段的立体型进攻、防守。与此同时,通过攻守的不断转换,在一定程度上促进双方的对抗,继而构成自身的运动系统工程,这就在一定程度上体现了现代篮球运动的独特高空运动规律与特点。

　　篮球运动时空立体对抗还在空间与地面全场紧贴对手、身体主动用力的个人防守技术方面得到体现。这种攻击性个人防守技术与近身格斗十分相似,极具破坏力与杀伤力。在进攻上,也使贴身强攻技术得到了一定的发展,如强行突破、强行投篮、篮下强攻技术,从而将篮球比赛的攻守时空对抗特点重复体现。

(六)体能与技术的紧密结合

　　良好的身体素质是运动员在激烈的篮球比赛中发挥技术和战术的重要基础和保证。现代篮球运动的比赛速度不断加快,高空争夺更加激烈,因此,这就要求运动员在地面攻、守争夺中,一定要将技术和速度紧密结合起来;在高空攻守争夺对抗中,一定要将身高、弹跳能力与技术紧密结合起来。

在现代篮球比赛中,双方队员之间有频繁的身体接触,队员要想将技术充分发挥出来,就必须将身体力量与技术有机结合起来。对于身高条件处于相对劣势的球队来说,良好的身体素质和高超的技术是取得比赛胜利的保证,因此,在平时的训练中要将二者密切结合起来训练。

(七)运动文化体系的多元性

篮球运动既是一项综合性游戏,又是一个现代竞技体育的运动项目,更是一种社会文化形态。[1] 现代篮球运动已经形成了自己独特的运动理论和技战术体系,其内容结构具有多元性和综合化的特点。发展至今,篮球已经发展成为一门交叉性较强的学科,与篮球运动有关的知识也开始向着多元化的方向发展。多元性的知识要求运动员和运动队要具备特殊的运动意识、集体团队精神、生理机能、个性气质、心理品质、身体形态条件、道德作风、全面的身体素质、专项技术与战术配合方法体系及实战能力等。

(八)职业化与商业化相结合

职业化和商业化成为了现代篮球比赛尤其是现代职业化篮球比赛的一个新的特点。这一特点在职业篮球比赛和篮球运动员、运动队中表现尤为突出。

现代篮球运动在全球获得蓬勃发展,究其原因,主要体现在两个方面:第一,是由于其所具有的健身强心、文化娱乐、启示教育等功能;第二,得益于欧美国家大量职业篮球俱乐部的成立,促使篮球竞技水平逐步提高以及篮球赛制不断完善。随着篮球运动员智能、体能和技战术水平的逐步提高,篮球运动的职业化进程不断加快。20世纪八九十年代,美、欧、亚等地区建立了大量的职业篮球俱乐部,尤其是20世纪90年代国际奥委会同意美国NBA职业篮球队参加国际大赛后,全球职业化篮球已逐渐发展成为一项新兴产业。

随着现代篮球运动的职业化程度的不断加深,篮球运动也逐渐表现出了商品化的发展特点,这主要在职业篮球运动员和职业篮球比赛、运动队的运动技能水平与运动成绩等方面得到体现,篮球运动的组织体制、赛制和训练管理机制的商业化气息也越来越浓。由此,国内外重大篮球竞赛组织者借助电视传播、广告、授权产品、体育器材以及发放彩票、超国界转让队员和球队等各种形式开展赢利性经营。现代职业篮球比赛中的商业化特点越来越显著。

---

[1]　林克明,王哲中. 篮球文化价值初探[J].体育文化导刊,2008(12),34—38.

二、篮球运动的价值

(一)篮球运动的健身价值

1.促进生长发育

篮球运动是一项拉长肌肉和关节的全身运动,经常打篮球,不断地跳起抢球、舒展身体,不断地进行投篮,拉长身体肌肉,都会促进身高的增长,特别是正处于生长发育期的青少年,经常参加篮球活动是长高的最有效的方法之一。据有关资料统计,经常参加篮球活动的青少年要比不参加活动的青少年的身高多增长 3~5 厘米。同时经常从事篮球运动还能有效地降低脂肪、控制体重,获得匀称修长的身材。

2.提高身体素质与增强体质

跑、跳、投等动作是篮球运动的基本运动技能,这些都可以均衡地发展人的身体素质。此外,篮球运动还能够使人体感受器官的功能增强,提高分配和集中注意力的能力及时间、空间的感觉能力和定向能力,提高中枢神经的灵活性,以及支配、协调各器官的能力。长期坚持参与篮球运动,可以开阔人的视野,增强各感受器官(尤其是视觉感受器)的功能,提高分配与集中的能力,使动作更加精细化,还可以提高人的空间、时间和定向能力。在篮球比赛中,比赛节奏的不断变化能够使人的神经中枢的灵活性和协调性得到锻炼和增强,同时还可以提高其对其他器官的支配和协调能力。

(二)篮球运动的健心价值

1.愉悦身心

篮球运动具有娱乐性。篮球比赛对很多观众有着较大的吸引力,因为从运动员的精彩表演中,人们不仅能够获得美的享受,同时还能够获得很大的满足。因此,篮球运动使人们的文化生活得到了进一步的丰富,具有愉悦身心的功能。

2.培养良好的意志品格与促进心理健康

由于篮球比赛是在激烈的直接对抗中进行的,这就要求运动员除了具备必要的良好技术和较高的身体素质外,更要具有坚强的意志品质,来应对对方的身体或手臂造成的阻碍,克服体能下降的影响,在比分交替时要控制好强烈而鲜明的情绪等。由此可知,参与篮球运动和比赛就是人们在参与的过程中克服各种困难来实现预期目标的一种意志过程,是考验参与者勇敢、果断、顽强等意志品质的过程,实质上也是意志的较量。要想在极度复杂的困难条件下,与强有力的对手进行顽强的斗争,进而争取比赛的胜利,就必须具备坚强的意志品质。篮球运动可以培养人们坚韧不拔、勇敢顽强、吃苦耐劳的意志品质,同时也能培养人们独立工作的能力,培养坚定的目的性、自制力,克服人体的生理惰性。

此外,现代篮球运动能够使人的个性得到张扬,从而使人的个性得到更为自由的发展。篮球运动为人的个性发展和个性的张扬提供了更为广阔的演练空间,人们可以选择表现自己的个性,如塑造拼搏进取的人格精神、品尝胜利欲望的满足、追求内心的自我超越,或表现健康向上的生命力。篮球运动既是使人的个性得到张扬的过程,也是塑造人格精神的文化熏陶过程。

3.培养竞争精神与集团协作精神

竞争是篮球运动的根本属性,作为一项集体对抗性项目,篮球比赛可以使队员们齐心协力、团结配合。在篮球比赛中,突分、传切、策应和掩护等战术组合的完成,均需要两三人的协同配合。只有通过群体内的协同与合作,才能达到良好的攻击效果。而在防守方面,要想完成成功的防守,综合多变的防守战术体系的成功执行更需要全队的密切合作、协同行动才能完成。

合作可以互补,能够把较为松散的个体有机地组合成协同作战的集体,并使个体之间树立统一的目标、统一的思想,通过相互沟通理解的战术形式,形成一个有机的整体,与对手展开竞争对抗。在现代社会中,集体精神和团队合作具有普遍的社会意义,随着社会竞争越来越激烈,必须要学会在竞争中寻求合作。

(三)篮球运动的教育价值

1.规范个体行为

在篮球运动中,个体的行为受到了一定的规则约束,即个体的行为需要在规则允许的范围内,所以要养成自觉遵守规则的行为习惯。每一个个体都要具有强烈的责任感和敬业精神,要表现出全力以赴的精神风范,获得社会规范的认同。在激烈的篮球比赛中,身体的直接对抗无法避免碰撞的发生,因此,在进行合理碰撞的前提下,个体要以争占有利位置或力争球权为目的,而不是以伤人害人为目的,以投机取巧为手段,这都是规则中所不允许的,这也违反了体育道德精神。

2.促进人的社会化

除了具有竞技功能外,篮球运动还具有人文功能,人们也越来越认可人文篮球这一观点,并在篮球运动的比赛和训练中进行应用。在篮球的训练和比赛中,运动员可以学会如何做人、如何做事,并促进其人格的塑造,从而建立人性化的篮球运动。人文教育有助于人的全面教育;有助于弥补运动员的不足,有助于抵制竞技异化,促进竞技人性化。

3.良好生活习惯的养成

经常参加篮球运动的人,白天在运动中消耗了大量的能量,到了晚上睡觉时都会自觉休息,尽快恢复自己的体力;并且注意保证必要的饮食,补充人体必需的能量。篮球运动是一项集体运动,它对团队内每个成员在训练方面是有一定要求的。这些基本要求都有利于规范现代人的作息时间,保证必要的营养等。现代人生活的规律性,是保障良好的身体素质的前提。因此,经常参加篮球运动有利于培养人的良好生活习惯。

(四)篮球运动的社会价值

1.提高个体的社会适应能力

篮球运动能教会运动者竞争与合作。竞争与合作是现代社会人必须具备的重要个人能力和素质。现代社会竞争激烈,但是一个人的竞争力始终有限,因此只有通过团队协作才能真正在社会竞争中取得胜利。在现代社会中,集体精神和团队合作具有普遍的社会意义,随着社会竞争越来越激烈,必须要学会在竞争中寻求合作。

此外,参与篮球运动可以在运动过程中结交许多志同道合的朋友,在丰富个人业余文化生活的同时,增进与他人之间的友谊。

2.提高国民体质

篮球运动因其具有的独特的趣味性和普适性,受到广大青少年和中年人的接受和喜爱。通过参与篮球运动,可以促使运动者的力量、耐力、速度、灵敏度等身体素质得到全面的发展,同时也能够使运动者注意力的分配和集中能力得到保持和提高,提高运动者的控制空间如,时间以及定向的能力,提高和保持神经中枢的灵活性及其支配协调各器官的能力,并改善各内脏器官的功能,从而使运动者的体质水平得到提高。

3.推动社会发展

在我国实施的"全面健身"计划和"奥运争光"计划的过程中,竞技篮球和大众篮球都同样具有很强的吸引力。目前,大众篮球比赛已经进入到了商业化阶段,对经济的发展、市场的繁荣和效益的创造起到了产业化作用。大众篮球也因不受年龄和性别等因素的限制,使越来越多国民参与其中,它能够积极地促进人们的身心健康,提高人们的劳动、工作和学习效率;同时也能丰富和活跃人们的业余文化生活,起到振奋民族精神、推动社会发展与进步、促进社会主义精神文明建设的作用。

(五)篮球运动的政治价值

当前,篮球运动的发展已经进入了国与国之间的交流,既可以将国外的球员引进到本国来打球,也可以将本国球员输送到国外打球。国家与国家之间比赛、访问等形式的交流次数也越来越多。通过篮球运动,国内外球员相互之间既切磋了球艺,又使国家间的友好交流得到了加强,使各国人民之间的相互了解加深,增进并强化了彼此之间的友谊。

第三节 篮球运动技战术的发展演变

一、篮球运动技术的发展演变

(一)篮球技术发展演变的影响因素

在篮球技术的发展过程中,受到多种因素的影响,要想研究篮球技术的发展问题,就不得不对影响篮球技术发展的因素进行了解,其中比较重要的主要有以下几种。

1.人员因素

篮球运动是一项集体运动,人与人之间的一种特殊关系与篮球技术的发展息息相关。运动员是篮球技术主体的操作者,直接影响着技术的质量与发展,而指导者的组织、身教、经验等对篮球技术的发展起着重要的作用,科研人员对篮球技术的研究也发挥着越来越积极的作用,他们之间结成了主体、主导和协作相辅的关系。其中人是最重要的因素,从设计到实践,从教学到训练,从改进到完善,从研究到创新,是促进篮球技术发展的内在动力。

2.物质因素

篮球运动需要一定的场地、器材、设备等,这些物质条件和因素在一定程度上也促进篮球技术的发展。最典型的要数专业篮球运动鞋的问世,可以说,篮球鞋是体育科技引领下的完美产物,它拥有人体工程学和针对篮球运动损伤特点的设计,球员穿上这种球鞋后可以更加轻便、灵活地做出各种急停、急转和快速变向等动作,进而为篮球技术的进一步发展注入了一剂强心针。

3.规则因素

规则是篮球运动的重要组成部分。篮球是一项争夺激烈的竞技运动,竞赛规则对篮球技术的发展有着导向的作用,影响着攻守技术之间平衡与不平衡的发展。规则的具体规定在一定的时间内也直接制约或推动着某些篮球技术与战术的发展速度。篮球竞赛所创造的竞技环境与条件,也使篮球技术得以表现发挥、广泛交流、相互学习和共同提高。例如,三分线的出现促进了球员远投技术的进步;合理冲撞区的设置鼓励双方球员练就在篮下的合理身体对抗技术等。

4.商业因素

商业化是篮球运动的发展趋势,是社会经济影响下的必然结果。篮球竞赛的商业化发展趋势,也使篮球技术受到市场价值规律的驱动并产生积极的影响。只有篮球比赛更加激烈精彩,才能吸引到更多的观众,由此才会使围绕篮球竞赛进行的各种商业开发活动更具意义和效果。因此,从篮球技术发展的角度上来说,更新颖、更刺激和更绚丽的技术自然能够博得更多眼球。在此种观念的推动下,篮球运动员创造了无数花哨的技术,如花式扣篮、远距离投篮等。尽管这些精彩的技术不是经常能在比赛中见到,但无可置疑的是这些技术的出现的确是为满足商业化需求而发展的,对篮球运动的发展有间接推动作用。

5.科技因素

科学技术的进步与体育运动的发展之间有着十分密切的关系。当今体育科学中的许多基础学科和边缘学科的发展,使得它们的理论与方法为研究篮球技术的理论和动作方法的更新提供了依据,起到了指导和论证的作用。同时在教学、训练、竞赛、科研等领域中,运用一些先进的科技手段,可有效促进篮球技术的发展。

(二)篮球技术发展演变的历史进程

1.快攻、跳投、紧逼防守(20世纪50年代)

以我国篮球运动技术的发展演变为例,篮球运动传入我国之初,只是作为一种游戏和体育课堂的教学内容存在,从国家的层面上并没有将之列入主要的体育竞技范畴,因此在这段时间内篮球运动在我国的发展缓慢,水平也较低。这一情况直到新中国成立后才有所改观。从1955年起,我国竞技篮球运动获得了快速的发展,形成了具有自身特色的篮球技战术风格。在当时,由于受到南北地域文化不同的影响,衍生出了"南派"和"北派"两种技战术风格的篮球打法,再加上此时党和政府将篮球运动列为强身健体的"标杆"式运动项目,一时间,军队、工厂、学校等团队纷纷开展篮球运动,由此获得了我国篮球运动发展的一个高峰。当时我国篮球界根据我国人民的身体素质和技战术水平的实际情况提出了"以投为纲",发扬狠、快、准、灵的风格;以我为主、以攻为主、以快为主、以小打大、积极防守的战术指导思想和"积极、主动、快速"的训练指导思想,这是我国竞技篮球运动发展的一次有益的探索。

2.重视中锋的作用(20世纪60年代)

位置分工在篮球运动中具有十分明确的规定,不同位置的队员对战术的组织具有重要影响。由于打法的不同,球队中的位置分工并不绝对固定,但普遍来说均会设有中锋这一关键位置。中锋不论是在进攻端还是防守端都是组织攻防的核心,因此,在20世纪60年代期间,中锋的技术风格成为每支球队都非常重视的内容。我国在这一时期也开始关注中锋在球队中攻防两端的作用,可无奈由于身高不足的客观现状,强行照搬内线攻防的打法非常不实际。自此以后,全国各级球队在选拔篮球人才时都非常注重选拔高大队员,在运动训练中,采用围绕中锋的打法进行训练。当时由于过于重视中锋的技战术打法,而忽略了身体训练和技术训练,在一定程度上制约了我国篮球运动的发展。

3.力求技术的全面性(20世纪90年代至今)

(1)高与灵的结合。时空权是篮球运动中争夺的重要焦点,篮球运动中篮筐离地10英尺(3.05米),从篮球技术原理的分析中就能得知,无论是投篮出手角度、球体入筐面积还是防守技术,身高相对更高的人必定会占有更多的优势。因此,正因为篮球的这种特点,也被人们称为"巨人的运动"。身高和制空优势是篮球比赛取胜的重要前提。这点首先会从运动员的选拔工作入手,在今后的一段时间内高空优势仍然是世界强队追求的目标。但我们应该清楚地认识到,世界篮球在追求高度的同时并没有忽视"灵活"对篮球运动的重要意义,而且并非越高越好,因为身高越高,身体的灵活程度和弹跳能力会受到一定的制约。随着空间争夺的激烈,高大运动员日趋高中有灵、高中有巧,这是世界优秀高大运动员的特点。

篮球运动实践表明,只高不灵,或者只灵不高,都不能适应世界篮球运动的发展。当今世界篮球发展的趋势是既要有高度,也要强调灵巧,两者缺一不可。当然,球员身高的高与矮还要与场上司职的位置有关,如中锋球员通常是身高最高,体重最大的;前锋球员要兼备较高的身高和灵活性;后卫球员的身高普遍最矮,原因在于他们要拥有最佳的灵活度用以串联场上其他位置的球员。

(2)快与准的结合。随着篮球运动的发展,人们对速度的理解也将更加全面和合理。篮球运动发展历程中,规则的改变一直受到人们的关注,而历次规则的改变都会带来这项运动技战术方面的革新。其中最为典型的要数起初不设定进攻时限到如今的进攻方需在 24 秒内完成进攻,以及在底线发球后 8 秒钟必须将球运过中场等规则。这些规则上的变化将篮球运动引向更加追求快节奏和高强度的方向。与此同时,球员必须通过提高技术水平以适应更高的强度和对抗,在战术方面也必定有与之相适应的战术孕育而生。现代篮球非常重视有节奏地加快攻守转换速度,从而增加快攻反击的次数,使快攻得分率提高,就能在速度、高强度对抗中保持较高的投篮命中率。以速度争取主动,以争取时间来控制空间,赢得胜利,这些是现代篮球比赛对抗的又一个特点和趋势。

现代篮球训练都十分重视培养运动员比赛中的快速意识,并同时提高转换技术和运用技术的速率,强化攻守转换的整体速度,快攻将进一步发展,阵地进攻将进一步精炼而有实效,个人投篮强攻能力将会进一步提高,比赛也将随之进一步紧张激烈。这一趋势促使高度与速度结合得更完美,促使当代篮球运动向更高层次发展。

需要注意的是,追求快速是规则变化的要求,在此之中也要同时关注进攻的成功率与得分率。速度应在保持成功率的前提下提高,失掉成功率而换取速度不仅失掉胜利,也终将失掉观众。

(3)凶悍与智取相结合。攻守对抗日趋激烈是现代篮球运动的特点之一,在现代篮球比赛中,只有敢于对抗,才有取胜的条件。对抗体现在技术对抗、身体对抗、战术对抗、心理对抗和智力对抗。现在人们已普遍意识到强悍作风与拼斗能力的重要性,世界强队在拼斗凶悍的基础上,更注重"智""谋"。例如,现代篮球比赛防守过程的凶悍性、主动性、力量性和破坏性日趋激烈,充分讲究技巧,进攻中也是如此。顽强与技巧结合才是技术,这也将是篮球技术发展的一个很重要的趋势。有智有谋地拼斗,才能拼出一个新局面,这已成为普遍认可的当代篮球新观点。

总之,篮球技术的发展经历了一个较长的时间,才最终成为今天人们看到的样子。但是,今天的篮球技术仍旧表现出动态的形式,它仍然在向前发展着。

二、篮球运动战术的发展与演变

(一)篮球战术发展演变的影响因素

篮球战术的设计和执行会受到多种因素的制约和影响。因此,为了制订最为合理有效的战术,就必须将这些因素考虑其中。总的来看,做到这点需要在战术准备过程中明确以下因素与战术的关系,具体包括技术、行动意识、谋略和战略等因素。

1.技术对战术的影响

技术的水平对战术的水平和运用效果起着决定性作用。篮球战术是由多种具有针对性的技术组合而成的。因此,球员的技术水平就成为了战术发展的重要因素。只有技术过硬的球员,才能使战术的执行更为顺利,特别是对于发展速度越发加快的篮球运动而言更是如此。良好的篮球战术水平依赖于一定战术数量与高质量的技术,没有技术就没有战术。而且,战术是技术运用的组织形式,为技术的发挥创造条件。由于战术的需要,某些特定的战术必然要求有相应熟练而准确的技术,甚至需要技术的创新来实现,如参与掩护投篮战术的球员,投手必须具备出色的投篮能力,否则通过掩护创造出了投篮机会,因为投篮技术欠缺,也仍旧不能达到得分的目的。

综上所述,篮球技术对篮球战术有较大的影响,它们之间是内容与形式的辩证关系。战术运用的实质是在比赛中通过组合与配合的方法去创造机会或是相互帮助,而机会的把握和动作的协同都是要通过队员的技术来实现的。从这个意义上讲,战术对于确定球队的发展方向、风格和特点,推动球队技术的进步,都起着重要的作用。

2.战术意识对战术的影响

一般来说,战术意识在一定程度上影响着战术运用,两者成正相关的关系。也就是说,战术意识愈强,战术运用实现的几率就越大,越能在比赛中根据对具体情况的观察及时作出正确的判断和应对,能动地、果断地配合同伴或独立地完成本队的战术意图。从某种角度来说,球员的战术意识对战术更为重要,因为球员对意识的领悟并不简单是通过后天训练就可以达到较高水平的,这其中还有球员的意识悟性强弱问题。这就是为什么有些球员在聆听完教练的战术布置后就能立刻明白他的意图,而有些球员很难在短时间完全理解。

在篮球运动中,战术的实现不仅需要过硬的技术作保障,同时它还需要球员有强烈的战术意识。战术意识应理解为队员在篮球比赛中对战术运用规律性的认识与正确行动,它是篮球意识的核心。从战术角度而言,战术行动反映着队员的竞技能力和经验,行动反过来也促进意识的培养。在比赛中意识支配行动,行动反映意识,两者辩证统一。

3.谋略对战术的影响

篮球谋略具体是指具体的计策计谋,是体现队员篮球意识中施计或应变的思维活动,是在比赛中对战术运用的速决方案。它是队员智慧的瞬间表现,对抗出智慧、对抗出谋略,竞技篮球比赛本身就是智慧的竞争,化谋略为正确的行动去战胜对手,争取主动,对完成具体的攻守任务和整个比赛获胜的目标而言,两者是紧密联系、缺一不可的。再好的战术若由无谋、无术的人去运用,也不可能在复杂对抗中取胜。

4.战略对战术的影响

和谋略对战术的影响相比,战略对战术的影响表现得更为宏观一些。战略是对比赛全局的策划与指导,是领导比赛的艺术;而战术则是比赛中所采取的具体行动,是队员作战的才能。战略和战术是否得当,在很大程度上决定着篮球比赛的胜负。从整个比赛全局来看,战略占主导地位,它决定比赛的最终目标,战术则应服从于战略。但战略目标的实现又取决于战术任务完成的质量。因此,两者既是从属关系,又是依存关系,相辅相成。战略较为宏观,它在实践中的使用主要为对球队在长期训练比赛中,如在赛会制比赛或延续时间较长的联赛制比赛中从整体把握球队的体能状况和心理状态等,甚至还会根据队伍的情况有取舍地对待不同强度的比赛等。

(二)篮球战术发展演变的历史进程

1.快速灵活、全面准确(20世纪70至20世纪90年代)

就我国篮球运动战术的发展而言,从20世纪70年代开始,我国篮球运动确立了赶超国际水平的新目标,在1972年12月全国篮球训练工作会议上总结经验,把握篮球运动规律和发展趋势,从中国实际出发,较全面完整地确定了"积极主动""勇猛顽强""快速灵活""全面准确""以小打大、以快制高、以巧胜大"的篮球运动训练指导思想和贯彻"三从一大"的科学训练原则。我国篮球运动的技战术水平从此得到了迅速的恢复与发展。

2.重视战术综合运用与战术创新(21世纪至今)

(1)全面与特长相结合。现代篮球运动的发展趋势要求运动员掌握全面的技术,能攻善守,同时在某一项技术上应有超人的本领。全面与特长结合是现代篮球运动发展的要求,也是一个发展的趋势。技术全面为在对抗中灵活运用技术和战术变化奠定基础,而运动员对某一项技术在实战中不断地提炼创新,最终形成了个人的特长技术,现代世界篮球明星均是全面与特长结合的典范。例如,NBA前公牛队球星乔丹的全面素质、绝伦的球技、独特的跨步仰身找时间差的跳起投篮技艺;皮蓬的防守和抢断,技巧性的助攻;奥尼尔的篮下强攻;罗德曼的制空抢篮板球能力;马龙的大刀阔斧的攻防和凶悍拼杀等个人特技,使其成为一个时期内不同类型的篮球明星。

(2)常规与创新相结合。创新是现代篮球的灵魂所在。技、战术都需要不断地创新,才有活力。只有不断地创新,才能不断突破前人的成就,篮球运动才能不断发展。常规和创新结合,产生不同流派和风格及多种多样的打法。因此,创新是现代篮球发展的突出特点和趋势。

然而创新是在认识与把握篮球运动本质特征与规律的基础上,对篮球运动发展趋势的真正理解和认识,是基于对当今世界篮球运动发展现状的客观掌握和了解。运动员、教练员以及篮球界的学者们都应在篮球运动的实践中不断地创新,促进篮球运动的不断发展。

(3)个人与集体相结合。篮球运动是一项集体项目,一方面,比赛期间需要团队中5名球员的默契配合才能达成战术设计,因此,注重团队配合是每支篮球队都非常关注的内容,同时培养球员之间的默契也是日常训练的主要内容。另一方面,篮球队是由5名球员组成,每名球员又都拥有一定的自由度,服从集体的意志并不完全代表球员在队伍中"丧失自我",服从集体不意味着个人的发挥被抑制。

　　个人与集体的结合,正是篮球运动的魅力所在。个人超水平的发挥也是人们在比赛特定时刻非常期待的场面,因此,现代篮球队中几乎都有1~2名核心球员,他们或是拥有出众的技术,或是在球队中拥有极高的影响力,使他们能够在比赛的关键时刻挺身而出,带领球队战胜一切困难获得最终的胜利。美国是一个崇拜英雄和个人主义的国家,这在篮球运动中也有非常显著的体现,如人们来到球场观看比赛,实质上他们更关注自己心爱的球队领袖的精彩表演。以美国职业篮球比赛为例,洛杉矶湖人队的科比、达拉斯小牛队的诺维斯基,再比如邓肯、詹姆斯等球员都是队中绝对的核心,他们的存在使篮球更具魅力。

　　总之,注重个人与整体的技战术风格是符合世界篮球运动发展潮流的,有利于我国篮球运动的进一步发展。

第二章 篮球运动教学训练的理论基础

当前,我国高校篮球运动教学训练得到了一定的发展,并且取得了理想的发展成效,这不仅与篮球的特点和价值有关,还与高校对篮球运动的重视有关。可以说,雄厚的理论基础是任何一项体育运动发展的重要前提,对于篮球运动、篮球运动教学训练来说也是如此。本章主要从生理学、心理学、哲学、教育学和社会学几个方面着手分析和研究篮球运动教学训练的学科理论基础。

第一节 篮球运动教学训练的生理学基础

一、物质代谢

生命活动的基本特征是人体内的物质代谢。摄入人体内的糖、脂肪、蛋白质、维生素、无机盐、水能够被人体直接利用。篮球运动教学训练中的物质代谢主要包括糖代谢、脂肪代谢、蛋白质代谢以及水盐代谢。

(一)糖代谢

作为人体组织细胞的重要组成成分,糖也是人体所需能量的主要来源,对人体有着非常重要的作用。一般情况下,人体每天的能量供应大多数都是由糖来供应的,相对于脂肪和蛋白质,糖在代谢供能时消耗的氧气较少。可以说是人体最经济的能源物质。

1. 糖的代谢过程

糖通常是以食物的形式进入体内,在消化酶的作用下,人体的糖质转变为葡萄糖分子(果糖可直接被吸收),然后葡萄糖分子经小肠黏膜的上皮细胞中的葡萄糖运载蛋白转运进入血液,成为血液中的葡萄糖(血糖)。血糖在不同的器官中合成具有不同的功能,在肝脏中合成并储存称之为肝糖原,在肌肉中合成并储存被称为肌糖原。肝脏将体内乳酸、丙氨酸、甘油等非糖质物质合成为葡萄糖或糖原是糖的异生作用。糖的合成代谢便是合成糖原和糖异生的过程。最后糖原和葡萄糖通过糖酵解、有氧氧化、戊糖磷酸和乙醛酸途径等生成乳酸,乳酸通过糖异作用生成葡萄糖或氧化分解。

2. 篮球运动与糖代谢

(1)补糖对篮球运动的影响。由于篮球运动具有激烈对抗性的特征,在运动期间能量消耗非常大,所以在运动前和运动过程合理补充糖,能够使其运动效果得到有效的提高。从相关研究中可以看出,血糖水平的变化和运动前服糖时间的关系较为密切。因此补充糖也要适时适量,补糖时间不同对运动有不同的影响。

一般在运动前半小时或两小时补充糖是效果最好的,这样能够让糖直接随血液运送到肌肉组织或者已完成糖原的合成转化过程,在篮球运动开始后,肌、肝糖原被动员进入血糖供给需要,可以保持较高的血糖水平。在运动过程中,最好每半小时饮用低浓度的含糖饮料,究其原因,主要是由于低浓度的饮料可促进渗透吸收,并且胃在短时间内只能排空少量的液体,而高浓度的饮料会延长胃排空的时间,对篮球运动和对糖的吸收都会产生不利的影响。

(2)篮球运动对血糖的影响。在安静状态下,正常人的血糖值都不会有多大差别的,范围在 3.9～5.9 毫摩尔/升。相对于正常人来说,参加篮球教学的人由于运动内容和强度的不同,造成血糖水平产生不同的变化趋势。这主要体现在两个方面:一方面,在运动强度较大、运动时间较短的情况下,神经兴奋性高,促进了肝糖原的分解,但葡萄糖的消耗量少,因此血糖水平会有升高的趋势;另一方面,当运动强度大且运动时间较长时,所消耗的葡萄糖量大于糖原的转化量,血糖就会出现下降趋势。

(二)脂肪代谢

脂肪是有氧代谢为主的运动中的主要能源物质,动物脂肪和植物油是人体脂肪的主要来源。

1. 脂肪的代谢过程

脂肪具有疏水性,因此它借助机体自身以及机体摄入的各种乳化剂形成乳浊液,然后在机体的水环境中被酶解成甘油、游离脂肪酸和单酰甘油,还有少量的二酰甘油和未经消化的三酰甘油。并通过小肠上皮细胞直接吞饮脂肪微粒或脂肪微粒的各种成分进入小肠上皮细胞形成乳糜微粒被吸收。乳糜微粒和分子较大的脂肪酸进入淋巴管,甘油和分子较小的脂肪酸溶于水,扩散入毛细血管。脂肪进一步分解成二碳单位,最终生成二氧化碳和水。

2. 篮球运动与脂肪代谢

(1)脂肪对人体产生的影响。人体脂肪的获取途径有两个:一个是食物,一个是由体内由糖或蛋白质转变而成。脂肪除了是含能量最多的物质外,还是构成人体组织的结构成分。磷脂、糖脂、胆固醇等是构成细胞膜的重要物质。另外,皮下脂肪还能使体内温度不易外散,对于体温的维持和御寒有一定的帮助。脂肪对身体器官也有较好的保护作用,能够减少摩擦和防止体温散失。

(2)篮球运动对脂肪的影响。相关研究认为,篮球运动的运动供能是有氧与无氧结合的过程。当氧气充足的情况下,才能动员脂肪供能,随着运动时间的延长,脂肪的供能比例会随之增加。因此,长期坚持篮球运动能够使机体氧化利用脂肪酸供能能力得到有效的提高,还能够使血脂升高,降低血浆中 LDL 含量,增加血浆中 HDL 的含量,长期进行篮球运动还能够使体脂的积累有所减少,从而使身体的成分得到有效的改善。

(三)蛋白质代谢

蛋白质是一切生命活动的基础,能为机体的运动提供能量。

1. 蛋白质的代谢过程

食物是蛋白质的主要来源,食物进入消化道,在消化液作用下分解为氨基酸,被小肠吸收。氨基酸被吸收后,几乎全部通过毛细血管进入血液,可在各种不同的组织中重新合成蛋白质。氨基酸经脱氨基作用等代谢过程,最终生成氨、二氧化碳和水。氨基酸在分解代谢过程中释放能量。

2. 篮球运动与蛋白质代谢

(1)蛋白质对人体产生的影响。在人体的肌肉组织和心、肝、肾等器官,乃至骨骼、牙齿都含有大量蛋白质,细胞内除水分外,蛋白质约占细胞内物质的 80%。蛋白质是由多种氨基酸构成的,在人体中有非常重要的作用,主要表现为:建造、修补和重新合成细胞成分以实现自我更新,合成酶、激素等生物活性物质,作为机体的能源物质、维持体液平衡和酸碱平衡等。

(2)篮球运动对蛋白质的影响。在进行篮球教学时,想要提高教学效果,必须对蛋白质进行科学合理的补充。大量研究表明,比例为2∶1∶1的亮氨酸、异亮氨酸和缬氨酸三种氨基酸的混合物,在促进肌肉力量的增长方面是最基本和最关键的物质,需要特别强调的是,其能够使大强度负荷后机体对蛋白质的需求得到较好的满足。

(四)水盐代谢

1. 篮球运动与水代谢

水是生命之源,是人体细胞和体液的重要组成部分,约占体重的$60\%\sim70\%$。水在人体的许多生理活动中都是不可缺少的。水有着不可替代的重要作用,主要表现为:第一,其能够将氧气和各种营养素直接或间接地带给人体各个组织器官,并将新陈代谢的废物和有害有毒的物质通过大小便、出汗、呼吸等途径即时排出体外;第二,水的比热高,温度不易改变,所以当机体进行篮球运动时,体内产热量增多,水通过蒸发出汗消耗大量的热,调节体温,从而使机体温度过高的现象得到有效避免。

2. 篮球运动与无机盐代谢

人体组织中,除碳、氢、氧、氮等主要元素以有机化合物的形式出现以外,其余各种元素统称为无机盐(也称矿物质)。无机盐在人体内的许多生化过程中起着非常重要的作用,主要表现为具有参加构成机体组织、调节生理机能、维持正常代谢等功能。

二、能量供应

伴随物质代谢过程发生的能量吸收、储存、释放、转移和利用的过程,称为能量代谢。能量代谢的核心物质是ATP。

(一)磷酸原供能系统

磷酸原系统是由细胞内的ATP和CP这两种高能磷化物构成的,有着供能绝对值不大、持续时间很短,但供能速度快的显著特点。ATP是细胞唯一能直接利用的能源,其能量输出的功率也最高。篮球运动员完成的跳投等爆发性的动作,全部依靠 ATP-CP 的贮备供能。

ATP、CP 分子内均含有高能磷酸键,在代谢中均能通过转移磷酸基团的过程释放能量,所以将 ATP、CP 合称磷酸原。由 ATP、CP 分解反应组成的供能系统称作磷酸原供能系统。

1. 磷酸原供能系统的基本特点

磷酸原系统供能有着其自身的显著特点,具体表现为:磷酸原系统供能在最开始就已经启动了,是机体快速供能的基础。另外磷酸原系统功能输出功率非常大,能在短时间内达到每千克干肌每秒 2.16~3.0 毫摩尔,可维持最大供能强度运动时间约为 6~8 秒钟。

在篮球运动教学中,场上情况不同,运动强度也有很大差异,受此影响,磷酸原的储量也会发生相应的变化。具体来说,主要表现在以下几个方面。

(1)极量运动至力竭时,CP 储量接近耗尽,达安静值的 3% 以下,而ATP 储量不会低于安静值的 60%。

(2)当以 75% 最大摄氧量强度持续运动时达到疲劳时,CP 储量可降到安静值的 20% 左右,ATP 储量则略低于安静值。

(3)当以低于 60% 最大摄氧量强度运动时,CP 储量几乎不下降。这时,ATP 合成途径主要靠糖、脂肪的有氧代谢提供。

2. 篮球运动对磷酸原系统的影响

篮球运动会对磷酸原系统产生一定的影响,具体来说,主要表现在以下几个方面。

(1)运动过程在很大程度上影响着 ATP 酶活性,使酶的活性得到有效提高。

(2)速度能够使肌酸激酶的活性提高,从而提高 ATP 的转换速率和肌肉最大功率输出,这对于参与篮球教学的学生速度素质的提高和恢复期 CP 的重新合成是有利的。

(3)篮球运动使骨骼肌 CP 储量明显增多,从而提高磷酸原供能时间。

(4)篮球运动对骨骼肌内 ATP 储量没有明显的影响。

(二)无氧代谢与有氧代谢供能系统

1. 无氧代谢(糖酵解)

无氧代谢又被称为糖酵解,是糖原或葡萄糖无氧分解生成乳酸,并合成ATP 的过程。糖酵解供能是机体进行大强度剧烈运动时的主要能量系统。

糖酵解的过程是在细胞质中进行,不需要氧的参与。在缺氧条件下,丙酮酸在乳酸脱氢酶的催化下接受磷酸丙糖脱下的氢,被还原为乳酸。

机体进行糖酵解供能主要分为两个阶段:一个是糖从葡萄糖生成2个磷酸丙糖;一个是磷酸丙糖转化为丙酮酸,生成 ATP。在有氧的条件下,丙酮酸可进一步氧化分解生成二氧化碳和水。

糖酵解供能系统要求每千克干肌每秒1毫摩尔。在最大功率期间,最长能维持2分钟。

2. 有氧代谢供能系统

在氧气充足的情况下,糖、蛋白质和脂肪氧化生成二氧化碳和水的过程,称为有氧代谢。一般来说,有氧代谢供能可以大致分为细胞质内反应阶段和线粒体内反应阶段,具体如下。

(1)细胞质内反应阶段。反应过程及参与的酶与糖酵解生成的丙酮酸完全相同。但丙酮酸和 3-磷酸甘油醛脱氢生成的 $NADH \cdot H^+$,可经不同方式进入线粒体继续氧化。

(2)线粒体内反应阶段。丙酮酸在丙酮酸脱氢酶系作用下氧化脱羧生成乙酰辅酶 A。乙酰辅酶 A 与草酰乙酸缩合成柠檬酸后进入三羧酸循环。

在有氧代谢中,供能物质不同和所产生的功率、维持的时间、产物等都会有一定的差异性,见表 2-1。

表 2-1　运动时有氧代谢供能情况一览表

供能物质	糖	脂肪	蛋白质
底物	葡萄糖、肝糖原、肌糖原	脂肪	支链氨基酸
最大的供能功率	0.5 毫摩尔 Pi/(千克干肌·秒)	0.25 毫摩尔 Pi/(千克干肌·秒)	
维持时间	1～2 小时	无限时	
终产物	二氧化碳	二氧化碳、水	二氧化碳、水、尿素

3. 无氧代谢与有氧代谢的区别

无氧代谢与有氧代谢的区别可以从表 2-2 中看出。

表2-2 无氧、有氧氧化比较

区别	糖酵解	有氧氧化
底物	肌糖原、葡萄糖	肌糖原、葡萄糖
产物	乳酸	二氧化碳、水
反应部位	细胞质	细胞质、线粒体
反应主要阶段	1. G(Gn)→丙酮酸 2. 丙酮酸→乳酸	1. G(Gn)→丙酮酸 2. 丙酮酸→乙酰辅酶 A 3. 乙酰辅酶 A→二氧化碳、水
氧化方式	脱氢	脱氢
反应条件	不需氧	需氧
ATP 生成方式	底物水平磷酸化	底物水平磷酸化、氧化磷酸化
ATP 生成数量	3ATP、2ATP	36(38)ATP

第二节 篮球运动教学训练的心理学基础

一、篮球教学与个体的动机

(一)动机概述

1. 动机的概念

推动个体进行活动的心理动因或内部动力,能够引起并维持人的各种思维活动,并将该活动导向一定目标,如满足个体的念头、愿望或理想等,就是所谓的动机。动机是个体的内在过程,其结果就是行动。

2. 动机的类别

(1)生物性动机和社会性动机。这两种类型是按照需要的性质进行划分的。

生物性动机：以生物性需要为基础的动机，如饥饿、口渴。

社会性动机：以社会性需要为基础的动机，如成就动机、交往动机，很多人是出于健身、扩大交际范围而参与篮球运动的。

（2）直接动机和间接动机。这两种类型是按照兴趣的特点进行划分的。

直接动机：以直接兴趣为基础，指向活动过程本身的动机。有些人从事篮球运动是因为运动兴趣使然，认为篮球运动可以最大限度地发挥和体现自己的潜力，在运动中能体验到一种满足感，这种动机就属于直接动机。

间接动机：以间接兴趣为基础，指向活动的结果的动机。例如，有的人对枯燥的训练并不感兴趣，但认为训练是战胜对手所必须克服的困难而积极从事训练，这样的动机就属于间接动机。

（3）缺乏性动机和丰富性动机。这两种类型是按照情感体验来进行划分的。

缺乏性动机：又称"厌恶的动机"，以排除缺乏和破坏、避免威胁、逃避危险等需要为特征，以生存和安全为目的的动机。一旦目标实现，缺乏性动机就会减弱。如为了保住自己的荣誉和地位而被迫刻苦训练，因为健康状况不佳而被迫进行健身。

丰富性动机：又称"欲望的动机"，以经验享乐，获得满足、寻找新奇，有所成就和创造等欲望为特征的动机。丰富性动机追求刺激，一旦目标达成，动机会得到加强。如参加运动能获得兴奋、愉快、赏识和威望等，能满足自我，这种运动动机就是丰富性动机。

（4）内部动机和外部动机。这两种类型是按照动机来源进行划分的。

内部动机：来源于主观内部原因的动机。内部动机以生物性需要为基础，个体通过积极参加篮球运动，应付各种挑战，从中展示自己的运动能力、实现自己的价值，体验成功或荣誉。内部动机是汲取内部力量的动机，这种运动和成功本身就构成了一种内部奖励，能对人起到激发作用。如因喜爱篮球运动而积极参与训练。

外部动机：来源于客观外部原因的动机。外部动机以社会需要为基础，通过活动获得相应的外部奖励或避免惩罚以满足自己的社会性需要，是从外部汲取力量进行行动的动机。如某学生参加篮球运动并取得了成功可能是为了获取教师的赞扬和同学的承认，或是为了获取奖杯和奖金等。

3. 动机的作用

动机的作用主要包括三个方面，即始发作用、强化作用以及指向或选择作用，具体如下：

(1)始发作用:动机可引起和发动个体的活动,促使个体行动。

(2)强化作用:动机可以使个体维持、增加或制止、减弱某一活动。动机的这种"强度"刺激与一个人激活的程度有关,即为了达到某一目标个体正在付出多大努力。

(3)指向或选择作用:动机可以引起和发动个体活动的具体方向。"方向"与个体对行动目标的选择有关,即人为什么进行某一活动或为什么要做某事。

(二)动机理论在篮球教学中的应用

在篮球教学过程中,教师通过对学生不同动机的分析,采取不同的教学方法来强化学生的动机,并为这种学习动机的达成积极创造条件,使学生完成篮球学习任务。

具体来说,影响学生动机的条件主要有两种,一种是内部条件,另一种是外部条件。其中,内部条件——"需要"是引起动机的根本条件,它是指个体因对某种东西的缺乏而引起的内部紧张状态和不舒服感,它能产生强烈的愿望和推动行为的力量,从而引起人的活动。外在条件——"环境"是引起动机的外在条件,是指个体之外的各种刺激,包括各种生物性和社会性因素的刺激,这种刺激能对人产生重要的影响作用。

针对不同学生的动机形成,教师应结合动机形成的具体条件,在充分了解学生的基础上,通过引导的方式,"对症下药",积极创设动机条件产生的环境,使学生产生学习篮球的兴趣,从而调动学生学习篮球的积极性。

二、篮球教学与个体的心理因素

(一)心理因素概述

个体心智包含的内容有很多,这里主要对情绪、意志品质以及智力能力三个方面进行分析和阐述。

1. 情绪

情绪的内涵主要表现在两个方面:一方面,情感体验在心理过程中的具体表现形式;另一方面,情感体验是人对客观事物的态度体验及相应行为的反应。情绪对人及其生理活动都有着较大的影响。一般来说,如果运动员能够在运动过程中保持积极良好的状态,那么其往往能够正常发挥出其能力水平;而如果运动员所处的情绪状态是较为消极的,那么其运动能力往往会发挥失常,甚至失误。

2. 意志品质

人为了实现确定的目的,而支配自己的行为,并在运动时自觉克服困难的心理过程,就是所谓的意志。作为一种心理活动,意志是在认识的基础上,情感的激励下产生的,其作为一种巨大的精神力量来提高运动成绩。一个人的果断性、坚韧性、自制力以及勇敢顽强和主动独立等精神,就是意志品质。从某种意义上来说,意志品质既是在克服困难的过程中表现出来的,又是在克服困难的过程中培养起来的。

3. 智力能力

智力能力,顾名思义,就是智力与能力的结合,具体来说,就是保证人们能有效地认识客观事物和成功地进行实践活动的相对稳定的心理特点的结合体。由此可以看出,智能包括两个方面的内容:一个是智力潜能,一个是智力能力,这两个概念既相对独立又紧密联系。

其中,智力潜能包括观察力、记忆力、想象力、思维力和注意力五种基本潜能,是保证人们有效地进行认识活动的稳定心理特征的结合。智力能力包括组织能力、计划能力、操作能力、适应能力、创造能力等基本因素,其是保证人们成功地进行某种实践活动的相对稳定的心理特点的结合。

(二)心理因素对篮球运动教学训练的影响

学生的心理因素会对篮球运动教学训练的开展产生较大的影响。下面就对上述三个方面在篮球运动教学训练中产生的影响进行阐述。

1. 情绪对篮球运动教学训练的影响

从心理学分析,情绪对篮球教学的影响非常大。如良好的情绪对篮球教学可以起到"增力"作用,如明显地提高人的活动能力,能促进人体运动能力的提高,使人精神焕发、干劲倍增、积极主动、坚韧不拔、持之以恒。不良的情绪起着"减力"作用,如可以使人表现为精神不振、无精打采、心灰意冷、注意力不集中等。

如果在篮球教学活动中,情绪不稳定,自控能力差,心慌意乱、忧心忡忡,就很难掌握好动作技能。相反,倘若其情绪稳定,精神饱满、注意力集中、斗志昂扬,就一定能取得理想的教学效果。

2. 良好的意志品质对篮球运动教学训练的影响

积极地参加篮球运动能够对学生坚强的意志品质起到积极的培养作用。具体来说,主要从以下几个方面得到体现:

(1)在篮球教学活动中,肌肉紧张程度要比日常生活中的紧张程度更高,而且还面临着在不同困难条件和情景下完成各种动作的要求,此时意志努力能够使更好地完成动作的需要得到较好的满足。

(2)学生在篮球教学活动中,需要高度集中注意力,在意志努力作用下,克服外部和内部刺激的不良影响。

(3)学生参加篮球运动教学训练时,机体很容易产生疲劳。而意志坚强者能够克服由于疲劳和运动损伤而产生的消极情绪,并坚持进行篮球运动。

3. 智力对篮球运动教学训练的影响

人的智力和身体活动有着密切相关的联系,尽管随着年龄的增长,人的智力发展与其身体活动能力的发展逐渐分化开来,它们之间的关系变得不明显了,此时智力与身体活动能力之间的相关很低,但是,智力的发展与身体活动能力的发展仍然存在着联系。比如在进行篮球运动教学训练时,要求学生具备精确的记忆能力、敏锐的观察能力、丰富的想象能力、快速的思维能力等智力素质,这样才能够取得理想的教学效果。

三、篮球教学与认知心理学

(一)认知理论概述

人的认知能力是与生俱来的,同时也会受到多种因素的影响,比如环境、年龄、心理等,而篮球运动对人的认知能力的促进作用是十分显著的。篮球运动的学习能够有效提高学生的智力,使学生的注意、记忆、反应、思维和想象等能力得到提高,还可以使其情绪稳定、性格开朗、疲劳感下降等,这些非智力成分对人的智力功能具有促进作用。

(二)认知理论在篮球教学中的应用

篮球教学不仅是组织学生进行身体运动,而且要传授大量与篮球运动相对应的操作性知识,因此,从某种程度上来讲,篮球运动的教学过程就是促进学生认知能力发展和提高的过程。

在具体的教学实践中,学生对篮球教材的感知、理解、体会、巩固、运用以及评价等认知活动有其固有的规律,教师在篮球教学中必须遵循这些规律,特别注意使篮球知识与篮球技术表象之间建立起巩固的联系,同时通过认知活动不断地激发学生学习篮球运动的兴趣和动机。

第三节　篮球运动教学训练的哲学基础

一、篮球运动教学训练的哲学依据

篮球运动教学训练的开展离不开哲学方面所提供的依据,具体来说,可以从以下两个方面进行分析。

(一)教育哲学立场的提出

哲学与篮球教学的宗旨及过程具有内在的一致性,这种内在的一致性早在古代教育家的思想中就已经得到了体现。下面就对比较具有代表性的柏拉图及其教育哲学思想以及赫尔巴特及其教育哲学思想进行分析和阐述。

1. 柏拉图及其教育哲学思想

柏拉图习惯用对话的形式来将自己的学说阐述出来,其本体论哲学立场是客观唯心主义"理念论",其认识论则是"回忆说"。

柏拉图的主要观点为:"人应当通过理性,把纷然杂陈的感官知觉集纳成一个统一体,从而认识理念。这就是一种回忆,回忆到我们的灵魂随着神灵游历时所见到的一切;那时它高瞻远瞩,超出我们误以为真实的东西,抬头望见了那真正的本体。"在该教育哲学立场的指导下,柏拉图及后来的西方教育家、理性主义教学论专家都认为,理念比经验更重要,他们主张从系统的知识传授中认识和把握永恒不变的本体,这样的教学理念至今仍是理性主义教学流派的指导思想。[①]

2. 赫尔巴特及其教育哲学思想

赫尔巴特是康德哲学的教育哲学代言人,是近现代西方理性主义教学派别的集大成者,他的主要观点为:人们的"精神生活的核心不能卓有成效地通过经验与交际来培养,而教学一定能较深入地渗透到思维工场中去。

---

① 刘元国. 多元视域下高校篮球专修课教学创新研究[D]. 大连:辽宁师范大学,2014.

试想一想每一种宗教教义的威力,试想一想一种哲学讲演的支配力,它是这样轻而易举地甚至不知不觉地掌握一个聚精会神的听众的!此外,还可想一想小说读物的惊人力量——因为这一切都属于教学,不管是好的,还是坏的教学"。

由此可以看出,赫尔巴特的教育哲学思想倡导的是将教育活动与教学过程联系起来,将教学活动与精神建设联系起来,从而使得教学的地位大大提高,也对教育者提出了更高的要求。

(二)教育哲学理念的分析

以卢梭和杜威为代表,他们的教育思想同西方理性主义对应而生,并且逐渐形成了教育哲学传统体系,这一体系包含的内容主要有自然主义、经验主义、实用主义等几个方面。下面就分别对卢梭和杜威的教育哲学理念进行分析和阐述。

1. 卢梭的教育哲学理念

卢梭是自然神论者,他反对用理性方法论证神的存在,主张从人的良心、感情出发来认识神,认为神存在于人的内心深处,这种教育哲学立场在某种意义上对西方理性主义教育哲学进行了较为深刻的批判。卢梭对自然的教育较为提倡,对儿童在美好的自然状态中学习与成长的过程非常重视,可以说,这是一种全新的教育教学理念。

2. 杜威的教育哲学理念

杜威对卢梭的教育哲学理念进行了继承和发展,并且成为自然主义理念的开创者,同时其也是自然主义理念的实践推行者。杜威将教育、教学的实验看作检验哲学真假和有效性的实验场,他指出,如果"把教育看作塑造人们对于自然和人类的基本理智的和情感的倾向的过程,哲学甚至可以解释为教育的一般理论",如果"从和哲学上的争论相应的心理倾向出发,或者从这些争论在教育实践中所引起的分歧出发来研究哲学问题,那就不难看到哲学问题所表述的生活情境。如果一种哲学理论对教育上的努力毫无影响,这种理论必然是矫揉造作的。这种教育观点使我们能够做到:哲学问题在哪里产生和泛滥,就在哪里研究它们;哲学问题在哪里立足安家,就在哪里研究它们;对哲学问题的承认或否认在哪里产生了实际影响,就在哪里研究它们。"①

---

① 杜威.民主主义与教育[M].王承绪,译.北京:人民教育出版社,2001.

杜威的教学思想指出,教学是一个实实在在的过程,是"行动—经验—效果"这一理性过程的实用主义哲学;哲学在教育中"立足安家",就应在教育中进行研究,因此,教学是检验和研究哲学问题的有效途径。对各种问题明确地表述培养正确的理智的习惯和道德的习惯的问题,就是教育哲学的本质所在。可以说,哲学是教育的一般理论。

二、哲学对篮球运动教学训练的指导作用

教育哲学的一般性理论在现代体育教学中仍然适用。教育哲学对篮球教学的指导作用主要表现在:教学研究者和广大教师需要理解隐藏在篮球专修课教学事实背后的教育哲学观念和教学研究的方法论,要求教师重视学生的兴趣、尊重学生,并通过篮球教学来使学生的综合素质得到有效的提高。

(一)哲学思想对篮球运动教学训练的指导

教学哲学理论具有一定的哲学理论作理论支撑,而教师的教学意见、议论及教学行为都受教育哲学观念的影响和支配,具体来说,其主要从以下几个方面得到体现。

第一,如果是十分认同柏拉图哲学立场的教师,那么该教师在认识论上必然会将人的认识看作对潜藏在心中固有观念的回忆,在教学方法上必然强调用提问和对话的方式来激发学生的意识。

第二,如果教师接受了亚里士多德的唯实论哲学,那么该教师在认识论上必然认为认识来源于人们对物体的感觉,只有通过对感觉材料的抽象才能形成与现实物体相应的概念,在具体的篮球教学实践中,也必然表现为该教师更加重视、强调和遵守直观性原则,并利用各种方式充分刺激学生感官的活动。

第三,如果教师深受杜威实用主义哲学熏陶,那么该教师则可能认为经验和知识都是人与环境相互作用的产物,因此,他在教学中强调要让学生参与各种解决实际问题的活动,并使学校教学与整个社会生活更加紧密地联系起来。①

(二)哲学价值论对篮球运动教学训练的指导

篮球的哲学基础涉及教学论各个层面价值追求的哲学解释以及教师哲

①　刘元国. 多元视域下高校篮球专修课教学创新研究[D]. 大连:辽宁师范大学,2014.

学立场的分析。单就教学内容的选择看,涉及的哲学问题是"什么知识最有价值"。换句话说,篮球教学作为师生间的生活,涉及的问题是"什么样的生活最有价值,最值得师生追求"。对此,具有不同哲学价值论的教师的认识也会有所差别(表2-3)。

表2-3　代表性哲学价值论对篮球教学的典型指导

价值论	唯名论或永恒主义立场的教学论	唯实论或经验主义立场的教学论
教学论内容	经典作品最有价值,即使失去了实用功能的古典学科,仍然具有训练思维的价值,而训练思维的价值是至高无上的	经过系统组织的科学知识和学生的经验最有价值,传统形而上学的前提和假设像宗教前提和假设一样,不能证明为真,也不能证明为假,不具有教学上为真的意义,而系统的科学知识是经过确证的知识,而且被证明能够切实改善人类社会的知识,学生经验除了教育学上的特殊意义外,还是前科学的"生活世界"
教学指导	"为将来做准备"的篮球教学应该是师生间持久而充满活力的精神生活	基于学生经验的科学知识的传授和探究是师生间最重要的也是最必要的生活

从哲学认识论的角度来看,哲学能够使篮球教学创新的理论思维层次得到有效的提升。哲学从"教"的层面讲是思维的训练,从"学"的层面讲则是思维的历练。篮球教学中的一切问题(教学事实、概念、命题、体系、创新等)都可以通过哲学提供"思维"来得到解决。

第四节　篮球运动教学训练的教育学基础

一、现代教学论思想

(一)传统教学论的弊端

教学理论必须在遵循教育学的原理和原则的基础上才能得以发展,教学理论与方法的发展必须遵照现代教育的观念更新运动教学观念。先进的教学论思想对教学理论与方法的发展起着重要的指导作用。

在篮球教学理论的发展过程中,不同时期有影响的教学论思想和观点,都对篮球教学理论的改革和发展起到过重要的影响。传统的篮球教学观是灌输型的教学观,其核心是教师向学生传输和灌输书本的知识与技术方法,这种教学思想忽视了学生在篮球教学中的主体地位,不能适应培养现代创造型篮球运动人才的需要。

(二)现代教学论的核心

教学理论都是根据社会发展和历史潮流的发展而不断发展和变化的,经过长期地探索和发展,当前,我国的现代篮球教学观已经形成了发展型(开拓型)的教学观,要求教师把知识的传授与学生的发展很好地结合起来;不仅要通过篮球教学促进学生智力的发展,而且要通过篮球教学促进学生的包括情感、意志、个性等多方面的心理品质的发展。

现代化篮球教学的核心观念是发展。这种理论认为,只有以智能为中心的个性全面发展,才是学生有效地掌握知识的可靠基础。这种教育观念,就是以"学生为主体""发展为中心",变传授型教学为开拓型教学。这种教学对于解决传统篮球教学中死记硬背、满堂灌、呆板地模仿、高分低能等问题和弊端具有重要意义。

二、道德教育与篮球运动教学训练

作为我国学校教育工作的重要内容,道德教育对学校的办学方向和学生的健康成长有着非常重要的影响。1994 年《中共中央关于进一步加强和改进学校德育工作的若干意见》中明确指出:要按照不同学科的特点,促进各类学科与课程同德育的有机结合,各门课程的建设应体现社会主义的办学方向和全面发展的办学指导思想。[1]

(一)篮球教学与道德教育的关系

1. 道德的实现要以篮球教学为主要途径

增强学生体质,促进身心发展,培养德、智、体全面发展的社会主义建设者,是篮球教学的根本目标。由此可以看出,道德教育是篮球教学的重要内

---

[1]　冯天瑾. 论高校体育教学与道德教育[J]. 湖南农业大学学报(社会科学版·素质教育研究),2007(1),14—15.

容之一。另外,篮球教学的教学形式有很多种,是通过各种身体练习和活动来进行教学的,而在这一过程中的各个方面中都渗透着道德教育,这样往往能够取得事半功倍的教学效果。

2. 篮球教学质量的提高在一定程度上得益于道德教育

篮球教学是道德教育的有效途径,同时道德教育是提高篮球教学质量的重要途径。这主要是由于,要想使学生积极主动地参与体育课,就必须使学生对篮球学习的结果产生一定的认识和理解。通过道德教育,能够使学生的思想认识水平有所提高,学习态度有所端正,对篮球学习的认识进一步提高,等等,从而使他们在篮球运动训练中能够达到克服困难、完成教学任务的目的,进而使教学质量得到有效提高。

(二)道德教育对篮球教学的影响

在篮球教学中,道德教育对其产生的影响主要从在以下两个方面得到体现。

一方面,道德教育对学生的全面发展会产生直接的影响。通过道德教育的理论与实践相结合的教学方式,能够有效地将学生身心活动、理论与实践、思维与动作统一起来,对理想信念教育进行强化,使学生的知、学、行的统一性得到进一步增强和深化,从而使学生的篮球运动能力和思想意识等有机统一起来,成为全面的优秀人才。

另一方面,当前社会与经济的不断发展以及文化的多元化,对学生的综合素质提出了更高的要求。同时,这也是高校教育工作的需要。学生时期是一个学习系统的道德知识、树立理性的道德观念,拓展道德实践空间的关键时期,在这一阶段在篮球教学中渗透道德教育,能够将我国优良的品德传授给学生,使学生对他人、对社会都能做出一定的贡献。

三、多元智能教学理论与篮球运动教学训练

(一)多元智能教学理论概述

多元智能理论是由美国哈佛大学心理学教授霍华德·加德纳博士于1983年提出的。[①] 加德纳是最先将身体运动智能纳入人类智能的范畴的,

---

① 尚宝增,杨琰,王建华. 高校体育多元智能教学的实践与探索[J]. 内蒙古体育科技,2013,26(3),79—81.

加德纳对多元智能理论的理解是,每个人都具有多元智能。多元智能理论的提出具有非常重要的意义,其在很大程度上为世界各个国家的教育教学实践的改革提供了必要的理论依据。他还指出"一个学生存在着许多不同的、相互独立的认知能力,不同学生具有不同的认知能力和认知方式。当一个人中风或脑受伤后,有些能力可能受损,有些能力可能因为与受损能力没有联系而保留下来。从脑伤病人得到的有力的证据说明,人类的神经系统经过一百多万年的演变,已经形成了互不相干的多种智能"。[①]

具体来说,多元智能主要包括八种智能,即语言智能、逻辑—数学智能、空间智能、身体运动智能、音乐智能、人际智能、自我认识智能等。多元智能理论要求教师对学生的能力进行全面、多维的评价,而不能够单从某一方面进行。

目前,传统的教学模式对学生的学和教师的教都起到了一定的限制作用,鉴于此,我国教育改革将主题定为提倡素质教育,培养有个性的学生。另外,今后体育教学改革的一个方向,就是通过多元化的教学模式和手段的运用进一步对学生特质和发展潜能引起关注,使学生不仅具有强健体格,还应具有健全的人格,实现身心全面发展。

通过深入了解多元智能理论,可以认识到个体的认知方式是独特的,每一个人的智能强项都是与其他个体之间有着一定的差别的。鉴于此,这就要求在开发学生的智能时,要遵循个体差异性原则,做到因材施教。因此,通过各种各样有创意的、有情趣的、能够吸引学生的教学形式和方法的运用,多维度地为学生搭建发挥各自智能强项的平台是十分必要的。

(二)体育多元智能教学的模式

在多元智能教学理论的指导下,体育教学的多元智能教学模式要将多元化的特点体现出来,具体来说,主要表现在以下几个方面。

(1)体育教学形式的多元化。要将体育教学形式在教学中的引导性突出出来,包括多个方面的有机结合,如教师与学生、理论与实践、示范与指导和分组与合组。

(2)体育学习形式的多元化。突出学生在体育学习过程中的自主性,包含的内容主要有学生的创新能力、教学实践能力、语言表达能力和思维能力。

(3)体育教学内容的多元化。要将体育教学内容的综合性突出出来,其包含的内容主要有教学内容针对性、创新性、现代性和丰富性。

---

① (美)加德纳. 多元智能[M]. 沈致隆,译. 北京:新华出版社,2004.

(4)体育教学方法的多元化。突出体育教学方法的科学性,包含的内容主要有教师带领法、小组合作法、教学比赛法和角色置换法。

(5)体育考核评价的多元化。突出考核与评价方式方法及内容的合理性,包含的内容主要有平时成绩、技术考试成绩、理论考试成绩和教学实践成绩的有机结合。

(三)体育多元智能教学的实施

体育多元智能教学的实施方法有很多,表 2-4 中将现代化体育教学的智能化及其教学设计和具体实施方法展示了出来。

表 2-4　体育多元智能教学的实施方法[①]

多元智能	教学设计	具体实施方法
语言智能	1.创造语言学习环境,让学生学会有效的说话 2.帮助学生在倾听中学习 3.让学生撰写学习心得	1.教学中学生互评,锻炼语言表达能力 2.授课过程中鼓励学生勇于提问 3.课后撰写心得,培养写作语言能力 4.在学生与学生、教师与学生的教学形式中,有效的沟通,培养语言交流能力 5.在角色置换中,以老师的角色在教学实践中培养和发展学生的语言组织能力
逻辑-数学智能	1.采用不同的提问策略,提出问题让学生解答 2.要求学生判断他的陈述和观点	1.技战术教学,让学生发挥想象力,鼓励用开放式思维思考问题并判断正误 2.运用物理学、生物力学、解剖学等理论知识分析技术动作要领
音乐智能	1.让音乐成为学习的一部分 2.通过音乐进行学习 3.用音乐激发学生的创造力	1.准备活动采用伴随音乐的活动操,培养学生身体的协调性和节奏感 2.鼓励学生自选音乐创编活动操 3.利用角色置换法,带领大家进行活动操
身体运动智能	1.创造身体的学习环境 2.通过表演的方式进行教学 3.通过体育活动促进智能发展	1.教学中以学生实践为主,增加练习时间 2.通过效果展示和比赛,让学生展现自我 3.通过学习街球、球类操等促进智能发展

---

① 尚宝增,杨琰,王建华. 高校体育多元智能教学的实践与探索[J]. 内蒙古体育科技,2013,26(3),79—81.

多元智能	教学设计	具体实施方法
空间智能	1.为学生创造视觉化的学习环境 2.采用多媒体分解技术动作成因	1.采用直观教学方法,增强学生观察能力 2.鼓励学生多看体育教学录像、比赛录像
人际智能	1.实现真正的合作学习 2.在与他人接触中学会成长 3.学会解决矛盾和冲突	1.教学中,培养团队精神、集体主义精神 2.学会处理学生与学生及老师间的关系 3.培养学生组织能力
自我认识智能	1.引导学生树立并实现自己的目标 2.有效地运用各种积极的评价 3.注重情绪学习,促进学生反思	1.采用阶段性目标教学,鼓励学生自我树立学习目标,并逐步实现 2.学会自我评价,发现优势潜能和不足

(四)多元智能教学理论对篮球教学的影响

在体育教学中运用多元智能理论,能够将多元智能理论与体育教学有机结合起来并寻找最佳结合点,从而更好地为体育教学提供新的理论依据和支持。

具体来说,多元智能教学理论对篮球教学的影响主要从以下几个方面得到体现。

第一,多元智能教学模式的构成因素有很多,其中,多元化教学形式、多元化教学内容、多元化教学方法、主体化教学形式、多维化考核评价等几个方面是最为重要的。这些方面都能够在篮球运动教学中得到充分的体现。

第二,在篮球教学中,运用多元智能教学往往能够起到非常积极的促进作用,具体来说,不仅能够使学生更加熟练、牢固地掌握篮球运动的基本知识和运动技术,而且能够有效提高学生的语言表达能力和思维能力,这对于理想的教学效果的取得是较为有利的。

第三,在篮球教学中运用多元智能教学理论,能够使一些矛盾和弊端得到有效避免,比如较为典型的传统教学模式中对学生综合能力培养相对不足等问题,能够使教学模式与智能培养的特点更加相符,这对促进学生的全面发展是十分有益的。

四、现代教育思想在篮球运动教学训练中的应用

(一)"健康第一"教育思想

"健康第一"的教育思想的产生主要有两个方面的依据:一个是健康教育思想与世界发展潮流相符,一个是健康教育思想与社会发展的需求相适应。

"健康第一"的思想应该始终贯穿于高校篮球运动教学训练之中,成为篮球教学的灵魂之一,所开展的一切教学活动都要以此为基础,另外,还可以将其与"终身体育"理念有机结合起来,共同达到让学生拥有健康的体魄的目标。要想达到这一目标,在篮球教学中需要从以下几个方面来加以实施:第一,要大力提高教师的综合水平;第二,要将体育、卫生、美育有机结合起来,从而使篮球运动教学训练的顺利开展得到有力的保障;第三,要加强篮球运动教学训练的实用性,使学生能够在走向社会以后也能够继续通过这些知识和技术进行身体锻炼,从而促进健康;第四,教师要将篮球知识和技能方法通过正确的方式传授给学生。

(二)"终身体育"教育思想

20世纪70年代初,日本学者早川太芳首先提出"终身体育",这一观念在90年代初传入中国。关于"终身体育"的概念,当前得到普遍认可的是:终身体育是指人在生命过程中所进行的有效健身手段或接受体育教育的行为。根据接受教育的等级区别,可以将终身体育教育的全过程划分为学前体育、学校体育和社会体育三个阶段。其中,学校体育中等级最高的是高校体育教育。

将"终身体育"纳入高校篮球教学中,能够使学生加强对篮球教学的重视,从而有效激发出学生对篮球运动教学训练的兴趣和参与的积极性,更加主动地参与到篮球活动中,为良好教学效果的取得奠定良好的基础。

(三)"以人为本"教育思想

教育作为人类社会特有的现象,有着深远的社会学理论来源。早在商周时期,先人就提出了民本的思想,认为人民是这个国家的基础。西方人本主义思想最早可以追溯到古希腊时期,其正式形成是在意大利文艺复兴时期,19世纪初,第一次提出了"人本主义"口号的人是哲学家费尔巴哈。

以马克思历史唯物主义的观点为依据,可以得出这样的结论:"以人为

本"中的"人"既是个体,又是群体,既具有自然属性,又拥有社会属性。在新时期和新形势下,教育领域在以人为本的基础上建立起来,坚定不移地实施科教兴国战略和人才强国战略,不断满足人民群众日益增长的教育需要。教育中以人为本中的人包括教师和学生。我国教育思想是在马克思主义关于人的全面发展的理论基础上,与中国实际和时代特点有机结合起来,而逐渐形成了完整而科学的以人为本的教育价值取向。在社会主义制度下要实现人的全面发展,就必须大力实施"科教兴国"战略,优先发展教育。

将"以人为本"教育思想应用于篮球教学中,就是要将教师的主导地位凸显出来,将学生的主体作用展现出来。具体来说,就是要求教师根据学生的实际情况,有针对性地开展篮球教学,切忌"一刀切"。另外,在篮球教学过程中,教师要将单一的传授知识和技能,转变为使学生在教学过程中参与讨论,将教与学有机结合起来,在有效提高学生学习积极性的同时,获得理想的教学成效。

第五节 篮球运动教学训练的社会学基础

一、人的社会化定义

人的社会化在社会的生存与发展中起着非常重要且深远的影响作用。很多学者对人的社会化进行了相应的研究和探索,但是并没有形成统一的研究角度和重点。因此,对于人的社会化,可以大致将其定义为:是社会将一个"自然人"教化为一个"社会人"的过程。

二、体育教育的社会作用及意义

体育教育在现代社会中具有非常重要的作用和意义,具体来说,主要表现在以下两个方面。

(一)对个体社会化起到积极的促进作用

个体社会化,也就是所谓的人的社会化。社会化是一个人学习他所属的社会中的人们必须掌握的生活技能、行为规范和价值体系,以取得社会生活适应性的过程。而由生物的人变成社会人的过程,则是所谓的社会化。社会化是个体趋同、融入群体的过程。在人的社会化过程中,体育教育有着非常重要的作用,而体育运动则是体育教育实施的重要内容和手段。体育课堂存在着特殊的社会组织、社会角色、社会活动和特定的社会规范。因此,师生、生生间在课堂社会中发生各种行为,如控制与自控、对抗与磋商、竞争与合作等。而学生从中体验着服从、竞争、合作、展示、成功、失败等,逐步经历着社会适应的过程,并在不断学习、调适的个体社会化过程中提高适应社会的能力。

体育教育对于人际关系的协调和青少年社会化的进程都会产生积极的影响。在体育活动中,体育教育能够沟通情感,加深友谊,促进人际关系的协调,培养学生集体的力量、智慧、集体尊严的价值观念,进而有效地推动学生个体社会化的进程。

(二)能够使学生的个性发展得到完善

不同的学科对个性的理解也会有所差别。比如,哲学对个性的理解就是人的个体性,就是人和他人的不同特征,包括生理、心理和社会的特征的总和。心理学对个性的理解则往往是指个人所具有的比较稳定的、有一定倾向性的特征的总和,包括能力、性格、动机、兴趣、意志、情绪等。总的来说,人的个性就是个体独特的社会性。

使学生的个性发展得到进一步的完善,就是要尊重学生的差异性、独立性和自主性。个性往往可以分为两种,即健康的个性和不健康的个性两种,教育所提倡发展的是学生的健康个性。健康的个性不是天生的,它需要教育的引导、培植和塑造。参与体育运动本身就是一种个性的展示,知识经济的社会尤其需要独具特色的个性。体育运动恰恰为老师和学生提供了一个轻松和健康的舞台。作为个性教育的体育教育,一方面在尊重学生个体差异性的基础上,通过精心设计的各种情况去塑造学生的个性,另一方面还要给学生提供一定自主运动的时间和空间,使他们有可能将自己的独立性和自主性充分发挥出来,在无拘无束的自主环境中磨炼个体。

体育教育对于人的个性的完善,优良的品格和心理素质的培养都是有所助益的。学校体育教育是对学生进行有组织、有计划的个性培养和完善的过程,实践证明,体育教育能够使一些青少年的不良心理素质得到有效改善,个性也得到相应的完善。

三、篮球教学的基本社会价值

篮球教学在现代社会中具有重要的价值和意义,具体来说,主要从以下几个方面得到体现。

(一)有效促进生活技能的掌握

个体的生活技能主要包括日常生活技能和谋求生活、参加生产的技能两个方面。在不同的发展阶段,人们学习和掌握生活技能的侧重点也有一定的差异性。

身体练习不仅是体育教学的一种,同时也是篮球教学的基本手段,还是生活技能的学习途径,因此,对于生活技能的掌握来说,篮球运动教学过程中学生的身体练习具有非常重要的作用。除此之外,篮球教学还能为体质的增强、专门技能的训练等提供必要的物质和精神保障,为学生更好地掌握生活技能奠定坚实的基础。

(二)培养学生社会角色的有效途径

社会中的人都会具有多种社会角色定位,这对于人的社会化起到积极的促进作用。同样,篮球教学能够在一定程度上促进学生社会角色的培养,具体来说,主要体现在以下几个方面。

第一,篮球教学对学生的行为起到约束作用,能够使学生遵守社会规则。在篮球运动中,每一位参与者在活动中,都不同程度地接受团队活动的约束、限制、督促与激励,促使每个学生适应群体的需要。

第二,篮球教学能够使学生的情感体验得到有效增强。在篮球教学中,学生有可能扮演着不同的角色,比如,运动员、裁判员或者教练员等,这些不同角色扮演的教学过程,有助于学生对不同角色任务的了解,角色多样性和稳定性的理解,扮演角色技能的锻炼,角色的态度、情感以及心理习惯和社会习惯的培养。

第三,篮球教学主要是通过教师的示范和学生的模仿来完成的。学生通过对教学中模仿与扮演角色的体验,能够使自己以及自己与集体和社会关系的意识得到进一步的强化,这对于学生日后深入认识自己的社会角色地位、理解和控制自己的社会行为都是较为有利的。

(三)对于社会文化的学习较为有利

社会文化的核心是由两部分构成的,一个是社会规范,一个是价值体系。

一方面,篮球教学对社会规范的影响。以篮球教学中的篮球游戏教学内容为例,篮球游戏对社会文化学习有着非常重要的影响,对此,有学者指出:"体育游戏独具价值的规则,使得青少年在游戏中初步认识了规则,养成遵守规则的习惯,并加深了对社会约束力的理解。而这种体验,则在一定程度上迁移和反映到现实生活中去,直接或潜移默化地影响他们在现实生活中对社会行为规范的意识,缩短对社会行为规范掌握的过程,并转化为实际行为,形成习惯,造成行为的社会定势。"①

另一方面,篮球教学对价值体系的影响。篮球教学对于学生价值体系的形成也有非常重要的作用,其主要表现在篮球教学相较于体育游戏的学习和教学,在形成个体系统的文化知识、开发个体的一般智能、形成个体系统化的价值观念和道德概念体系,使形成的个体价值观念与主流的方向相一致,对学生认知和服从社会规范有重要影响。

(四)有助于学生社会需要的个性的形成

个性是指一个人在其生理素质和个性心理特征的基础上,在一定的社会历史条件下,通过社会生活的实践锻炼与陶冶逐步形成的观念、态度、习惯与行为,主要包括动机、兴趣、理想、信念、气质、能力、性格等。② 个性的形成的影响因素主要有两个方面,一个是遗传生物因素,一个是包括家庭、学校、社会实践等在内的社会环境因素。

促进学生形成社会需要的个性并胜任相应的社会角色,是体育的重要功能之一。篮球教学对于学生良好个性的形成具有积极的促进作用。因此,相较于其他学科来说,篮球教学对学生良好个性的形成起到的作用,主要体现在教学的主动性、实践趣味性、直接参与性等方面。通过篮球教学,可使学生提高学习自主性、培养良好的意志品质和集体主义精神。

---

① 陈彦,赵丽光. 高校体育教学与人的社会化问题的分析[J]. 沈阳体育学院学报,2003(2),32—34.

② 同上.

第三章 篮球运动教学训练的 安全营养保健

篮球运动是一项对抗性大球运动,在比赛中队员之间的身体碰撞较多,因此也更易出现运动性伤病的风险。另外,篮球运动对学生的身体素质要求较高,因而需要学生在篮球运动中加强营养的补充,运动后注意疲劳的消除,如此才能更加顺利地参与到篮球运动之中。

第一节 篮球运动的疲劳与消除

一、运动性疲劳概述

(一)运动性疲劳的概念与分类

1. 运动性疲劳的概念

疲劳是一种与人的生理和心理因素有关的综合性症状。当任务超出个人的能力,或一个人的情绪消极时,人的生理上和心理上都会很快地产生疲劳。人体的疲劳有体力和脑力之分,即以身体紧张为主的身体疲劳和以精神紧张为主的精神疲劳。

运动疲劳是指在运动过程中,机体的能力或工作效率下降,不能维持在特定水平上,或不能维持预定运动强度的生理过程。运动性疲劳是由运动引起的一种特有生理现象。运动后出现的正常疲劳对身体并无损害,而且它是对身体的一种保护性信号,或称"保险阀",它提示人们不要过度疲劳。

2. 运动性疲劳的分类

(1)根据疲劳发生的性质分类。可以把疲劳划分为生理性疲劳、病理性疲劳、心理性疲劳三类。

1)生理性疲劳。生理性疲劳是由身体活动或肌肉活动过量引起的工作能力及身体机能的暂时性降低的现象。生理性疲劳一般发生在以肌肉活动为主的各种运动训练、体力活动以及工作、学习和日常生活中。常表现出肌力下降、肌肉酸痛、肌肉和关节僵硬等症状。

2)病理性疲劳。病理性疲劳被称为"过度疲劳",它是指在日常生活、工作或运动中,长期从事因刺激强度过大、时间过长、节奏过单调的体力或脑力等活动而带来的身体机能及神经功能调节紊乱和各器官的组织学改变,并导致思维及活动能力降低的现象。在以肌肉活动为主和以脑力活动为主的各项运动训练、体育锻炼以及工作、学习和日常生活之中都可能发生过度疲劳。病情严重者还可能出现厌世情绪,甚至出现个别人轻生自杀或过劳死的情况。

3)心理性疲劳。心理性疲劳是指在日常生活、工作或运动中,精神负担重,神经紧张性高,思想压力大而引起神经能量消耗加大,导致神经系统机能能力暂时性降低的现象。心理性疲劳一般发生在以脑力活动为主的运动训练、体育锻炼以及工作、学习和日常生活之中。其主观症状有注意力不集中,记忆力障碍,理解、推理困难,脑力活动迟钝、不准确。行为改变表现为动作迟缓,不灵敏,动作的协调能力下降,失眠,烦躁与不安等。

(2)根据疲劳发生的生理学和心理学特点分类。可将疲劳划分为脑力性疲劳、感觉性疲劳、情绪性疲劳、体力性疲劳四类。

1)脑力性疲劳。脑力性疲劳是由于机体神经高度紧张,脑细胞高度兴奋、活跃而能量消耗加剧,以致大脑思维工作能力暂时性降低的疲劳。

2)感觉性疲劳。由于分析器高度紧张而能量消耗加剧,以致机体各感觉机能暂时降低的疲劳为感觉性疲劳。

3)情绪性疲劳。情绪疲劳是指在日常生活、工作或运动等体力及脑力活动中,因精神和体力负担重、思想压力大以及情绪高昂激动而能量消耗加大,以致机体情绪暂时处于低落的现象。

4)体力性疲劳。日常生活、工作或运动等体力活动中,因肌肉能量消耗加大而使肌肉工作能力暂时性降低的现象就是体力性疲劳。

(3)根据运动性疲劳发生的部位分类。可分为中枢疲劳和外周疲劳两大类。

1)中枢疲劳。中枢疲劳是指自脑至脊髓所产生的疲劳,即由于运动神经中枢紊乱,兴奋性下降而引起。

2)外周疲劳。外周疲劳是指运动神经以下部位所产生的疲劳,主要表现为肌肉疲劳、肌力下降等。

(二)运动性疲劳的表现与判定

1. 运动性疲劳的表现

(1)生理性疲劳的表现。产生生理性疲劳后会出现各种各样的症状,但是在从事不同的体育运动项目时,每个个体表现出来的疲劳症状的差异是很大的。

1)生理性疲劳的自觉症状:头部沉重,头昏眼花,眩晕,全身乏力,动作迟钝,注意力和精力不集中,呼吸困难,紊乱,心情焦急,脚步沉重,口舌发干、发粘,打哈欠,出冷汗,心悸、恶心甚至呕吐,有时出现肌肉痉挛或疼痛,眼睛疲劳,视线模糊等。

2)生理性疲劳的客观体征:动作僵硬,不协调,运动积极性下降,步法紊乱,判断力和反应速度下降,运动单调,动作失误增多,在运动过程中发生肌肉痉挛,力量不足,斗志下降等。

3)过度生理性疲劳表现:精神萎靡,对周围事物兴趣下降,食欲减退,饮食量下降,失眠,情绪不稳,对运动产生排斥心理反应。血液微循环出现血液黏滞现象,组织渗出,使肌肉膨胀僵硬,肌肉酸痛麻木,关节活动困难,骨骼坚固性受到不良影响。外周血中 T 淋巴细胞和单核细胞数减少,免疫监视细胞的活性受抑制,损害非特异性免疫力,使特异性免疫的建立能力减弱。严重者出现血尿、蛋白尿和心律不齐(表 3-1)。

表 3-1 疲劳程度判断的标志

内容	轻度疲劳	中度疲劳	重度疲劳
自我感觉	无任何不舒服	疲乏、腿痛、心悸	除疲乏、腿痛、心悸外,尚有头痛、胸痛、恶心甚至呕吐等现象。这些现象持续时间相当久
面色	稍红	相当红	十分苍白,有时呈紫蓝色
排汗量	不多	甚多,特别是肩带部分	非常多,尤其是整个躯干,在颞部以及汗衫、衬衣上可出现白色盐迹
呼吸	中等度加快	显著加快	显著加快,且表浅,有时呼吸节律紊乱
动作	步态稳定	步伐摇摆不稳	摇摆现象显著,行进时往往掉队,出现不协调的动作
注意力	比较好,能正确执行指令	执行口令不准确,改变方向时发生错误	执行口令缓慢,只有大声口令才能接受

(2)心理性疲劳的表现。

1)早期疲劳。大脑兴奋性提高,内抑制能力减弱。表面上看,人的工作速度在加快,各种次要活动(如起身喝水、上厕所)频率增多。有些人开始烦躁不安,另一些人则显得很兴奋,实际上都有疲劳的早期表现,即心不在焉,注意力不集中,精细工作时出现错误的次数增加。

2)中度疲劳。大脑皮层兴奋性和内抑制能力都减弱,表现为瞌睡,打哈欠,头昏脑胀,全身无力,肌肉松弛。如继续工作,则会出现烦躁不安,易激怒和发脾气,对周围的很小刺激都很敏感。工作效率降低,容易出现各种显而易见的错误。

3)慢性疲劳。又称为"过劳",大脑皮层处于高度抑制状态。面色苍白,萎靡不振,手部震颤,记忆力和注意力全面减退,工作速度减慢,逻辑思维、抽象判断和想象能力出现明显障碍。

2. 运动性疲劳的判定

运动疲劳一般采用主观感觉或者一些生理生化指标来判定。人体运动时的主观体力感觉与工作负荷、心功能、耗氧量、代谢产物堆积等多种因素密切相关,因此,运动时的自我体力感觉是判断运动性疲劳的重要标志。

(1)主观感觉判定法。

1)自我体力感觉判定法。人体运动时的主观体力感觉与工作负荷、心功能、耗氧量、代谢产物堆积等多种因素密切相关,因此,运动时的自我体力感觉是判断运动性疲劳的重要标志。1973 年,瑞典生理学家冈奈尔·鲍格制订了判断疲劳的主观用力感觉等级表(RPE)(表 3-2)。鲍格认为,在运动时来自肌肉、呼吸、疼痛、心血管各方面的刺激,都会传到大脑,引起大脑响应感觉系统的应激。因此,测试这种主观感觉是判断运动性疲劳的重要标志。这种判定方法使原来粗略的疲劳定性分析变为较精确的半定量分析。

表 3-2 主观运动强度判定表(RPE)

RPE 值	主观运动感觉特征	强度/%	体力/%
6	安静		
7	非常轻松	7.1	40
8	非常轻松	14.3	45
9	很轻松	21.4	50

续表

RPE 值	主观运动感觉特征	强度/%	体力/%
10	很轻松	28.6	55
11	轻松	35.7	60
12	轻松	42.9	65
13	稍费力	50.0	70
14	稍费力	57.2	75
15	费力	64.3	80
16	费力	71.5	85
17	很费力	78.6	90
18	很费力	85.8	95
19	非常费力	93.1	100
20	非常费力	100.0	105

　　该表利用运动感觉确定运动负荷强度,按自我感觉分为6～20级,并以 RPE 值乘以10为接近当时负荷者的心率水平。许多研究者对运动实验时的 RPE 与各项客观检查指标,如心率、血乳酸、最大吸氧量等作了比较,发现主观用力感觉和上述生理指标密切相关,RPE 心率之间的相关系数为0.8～0.9。

　　2)疲劳自觉症状测定法。日本产业卫生学会提出的疲劳自觉症状的具体调查内容见表3-3。疲劳症状主要分为身体、精神和神经感觉三项,每一项又分为10种。在实践中,调查表可预先发给受试验者,在运动前、运动中和运动后分别记述,最后计算分析 A、B、C 各项有自觉症状者所占的比例。

表3-3　疲劳自觉症状调查表

姓名:	年龄:	记录:	年　月　日
运动内容:			
种类	身体症状(A)	精神症状(B)	神经感觉症状(C)
1	头重	头脑不清	眼睛疲倦
2	头痛	思想不集中	眼睛发干、发滞
3	全身不适	不爱说话	动作不灵活、失误

续表

姓名：	年龄：		记录：	年　月　日
运动内容：				
种类	身体症状（A）		精神症状（B）	神经感觉症状（C）
4	打哈欠		焦躁	站立不稳
5	腿软		精神涣散	味觉变化
6	身体某处不适		对事物冷淡	眩晕
7	出冷汗		常忘事	眼皮或肌肉发抖
8	口干		易出错	耳鸣、听力下降
9	呼吸困难		对事不放心	手脚打战
10	肩痛		困倦	动作不准确

可以根据体力或脑力疲劳的不同特点，参考表中各指标，症状总数越多，疲劳程度越深。在调查疲劳自觉症状的基础上，还应根据运动的特点，结合其他指标的测定，综合对疲劳状况和疲劳程度进行分析判断。

（2）生理生化指标判定法。

1）心率。心率是评定运动性疲劳最简易的指标，一般常用基础心率、运动后即刻心率和恢复期心率对疲劳进行评价。

基础心率：基础心率是基础状态下的心率，即清晨、清醒状态下、起床前、静卧时的心率，一般用脉搏表示，机体功能正常时基础心率相对稳定。如果大运动负荷训练后，经过一夜的休息，基础心率较平时增加 5～10 次/分以上，则认为有疲劳累积现象；如果连续几天持续增加，则应调整运动负荷。在选用基础心率作为评定疲劳指标时，应排除惊吓、噩梦、睡眠等其他因素的影响。

运动中心率：可采用遥测心率方法测定运动中的心率变化，或用运动后即刻心率代替运动中的心率。按照训练—适应理论，随着训练水平的提高，完成同样运动负荷时，心率有逐渐减少的趋势。一般情况下，如果从事同样强度的定量负荷，运动中心率增加，则表示身体机能状态不佳。

运动后心率恢复：人体进行一定强度运动后，经过一段时间休息，心率可恢复到运动前状态，身体疲劳时，心血管系统机能下降，可使运动后心率恢复时间延长，因此，可将定量负荷后的心率恢复时间作为疲劳诊断指标。如进行 30 秒 20 次深蹲的定量负荷运动，一般心率可在运动后 3 分钟内恢复到运动前水平，而身体疲劳时，这种恢复时间会明显延长。

2)肌肉功能测量。疲劳时参与工作的肌肉(或肌群)的力量会下降。因此,测定工作前后的肌肉力量,可判断参加工作的肌肉是否出现疲劳及其疲劳的程度。

背肌力与握力:早晚各测一次,求出其数值差。如次日早晨已恢复,可判断为正常肌肉疲劳。

呼吸肌耐力:可连续测定受试者5次肺活量,每次测定间隔15～30秒,记录每一次的肺活量值,疲劳时肺活量逐次下降。

肌肉硬度:骨骼肌疲劳时不仅收缩机能下降,而且肌肉的放松能力也下降,表现为肌肉疲劳时,肌肉不能充分放松,肌肉硬度增加。用肌肉硬度计可以测定肌肉收缩及放松状态的硬度,或肌肉附近组织的硬度。

3)膝跳反射阈。随着疲劳的增加,膝跳反射的敏感性发生变化,引起膝跳反射所需的叩击力量增加。因此,可根据运动前后膝跳反射的敏感性评价疲劳。通过测定由疲劳造成的反射机能钝化程度来判断疲劳的方法,不仅适于体力疲劳测定,也适宜判断精神疲劳。让被试者坐在椅子上,小腿下垂,检测者用医用小硬橡胶锤,按照规定的冲击力敲打被试者膝部髌韧带的中央,从角度计5°让小锤落下,以后每次增加下落角度5°,间隔5秒,测定时观察引起膝腱反射动作的最小落下角度的阈值(称为膝腱反射阈值)。当人体疲劳时,膝腱反射阈值(即落锤落下角度)增大,一般强度疲劳时,运动前后阈值差5°～10°;中度疲劳时,为10°～15°;重度疲劳时,可达15°～30°。

4)血液指标测量。具体包括以下指标。

血红蛋白:我国成人血红蛋白正常值:男性为120～160克/升,女性为110～150克/升。在一般运动员中,男性低于120克/升和女性低于110克/升标准时诊断为贫血,可出现倦乏无力、头晕等各种疲劳症状。常居高原者,血红蛋白不能充分转变成高铁血红蛋白,使结果偏高。

血糖:血糖测定是评定运动耐力素质、疲劳发生及程度的一种方法。如马拉松赛跑时,运动员多因血糖下降而中途退场、被迫终止比赛。成绩优异者,血糖不下降或下降很少。

血乳酸:安静时,人体静脉血中乳酸物质的量浓度为0.45～1.3毫摩尔/升。剧烈运动时,肌肉内糖的无氧分解加强,血乳酸浓度显著升高,因此,可直接应用运动后血乳酸的浓度来评定无氧代谢的能力,观察疲劳程度。

血尿素:尿素是人体内蛋白质和氨基酸代谢的终产物。检测运动员在长时间运动时和恢复期的血尿素变化,可以了解蛋白质和氨基酸代谢的供能和合成情况,以此评定运动员身体机能、运动量是否适宜、运动后疲劳程度,以及疲劳产生后,体内在特定的条件下蛋白质的代谢水平。血尿素变化与运动负荷量的关系较负荷强度更密切,当负荷量越大时,血尿素增加越明显,恢复也较慢。

5)尿液指标测量。具体包括以下指标。

尿蛋白:正常人在安静时尿中蛋白质含量甚微(日排出量<150毫克,一般为40~80毫克),常规检验方法不能检出,故通常称为阴性。运动能使尿中蛋白质排出量增加呈阳性,称为运动性尿蛋白。运动性尿蛋白属于功能性尿蛋白,一般在24小时内可自行消失。运动后尿中蛋白质的排泄量因机体机能状态、运动负荷的不同而不同,因此可根据运动后尿蛋白排泄量和组成成分来评定运动员身体机能状态及其适应情况。一般取运动后和次日晨尿做检验来评定其疲劳和恢复程度。如果晨尿中蛋白质含量较高或超过正常值,可能是过度疲劳或过度训练的表现。运动性尿蛋白存在很大的个体差异性,但个体本身具有相对稳定性,所以应用尿蛋白指标时,一要注意个体特征,二要和其他指标相对照。

尿胆原:尿胆原是血红蛋白分解的代谢产物。在一般情况下,人每天由红细胞破坏而释放出来的血红蛋白约8克,经代谢约有终产物胆色素280毫克,尿胆原排泄量与运动负荷、肝功能、肾功能及其肾小管腔的酸碱度等因素有关。运动员在大运动负荷时,体内溶血增多,尿胆原排出量增加。运动员血红蛋白下降,尿胆原增加是机能水平下降的表现。

尿肌酐:尿肌酐是肌酸的代谢产物,24小时排出量相当稳定,不受食物蛋白质及尿量的影响。正常成年男子每天排出1~1.8克,女子为0.7~1克。24小时每千克体重排出肌酐的毫克数,称为肌酐系数,男性为18~32,女性为10~25。尿肌酐日排出量反映了骨骼肌酸磷酸的贮存量,运动员经过一阶段训练后,肌酐系数可能增加,这反映肌肉的CP浓度或肌肉发达的程度提高。所以,运动员尿肌酐系数高于不经常运动者,但短时剧烈运动或过量运动发生疲劳时,尿肌酐数值可增加明显。因此,测定尿肌酐系数,是检测和判断运动性疲劳与程度的方法之一。

6)唾液pH值测量。由于长时间剧烈运动后,乳酸生成增多,血液pH值下降,使唾液pH值也下降,因此,测定唾液pH值可用于判断运动性疲劳。

综上所述,疲劳是一种复杂的生理现象,其表现形式多样,个体差异性大,而且不同原因形成的疲劳,其灵敏性指标也不一样,因此,指标的选取也有特异性。只有找出好的评价指标,找出指标与运动强度、负荷量、自我感觉之间的相关性,才能全面、系统、准确地评价疲劳,进而采取恢复手段。

二、篮球运动疲劳产生的原因

高校篮球运动疲劳产生的原因有多种,其主要与人体多方面的因素及生理变化有关。高校篮球运动疲劳产生的直接原因主要有以下三方面。

(一)运动能力与身体素质的变化

人体的运动能力和身体素质与身体各器官、系统功能紧密相关。身体素质就是人体各器官、系统的功能在肌肉工作中的综合反映。各器官功能下降,运动能力与身体素质便会受到影响。如在耐力性运动中心肺功能下降,承受耐力负荷的能力当然会降低,机体就会产生疲劳从而降低工作能力。

(二)体内能源物质消耗过多和身体各器官功能的降低

通过研究发现,人体从事运动导致疲劳时体内能源物质往往消耗较多。如快速运动 2～3 分钟至非常疲劳时,肌肉内的磷酸肌酸可降低至接近最低点;而长时间的持续运动中,由于糖的大量消耗,肌糖原及血糖含量均大幅度下降。能源贮备的消耗与减少,会引起各器官功能的降低。加上肌肉活动时代谢产物的堆积,水、盐代谢变化以及内环境稳定性失调等影响,机体工作能力下降而导致疲劳的产生。

(三)精神意志因素的影响

运动中人体各器官、系统的活动都是在神经系统指挥下完成的,神经系统功能的降低,神经细胞抑制过程的加强都会使疲劳加深。此时人的情绪意志状态与人体功能潜力的充分动员关系极大。其实人体在感到疲劳时,机体往往尚有很大功能潜力,能源物质远未耗尽,良好的情绪意志因素可起到动员机体潜力,推迟疲劳发生的作用。

高校篮球运动员出现这些疲劳症状时,应注意及时休息,并对运动内容进行必要的调整,才有利于疲劳的消除。运动能力下降是暂时的,经过休息可以恢复,它与过度训练和某些疾病不同。

三、篮球运动后疲劳的消除

(一)合理补充营养

运动性疲劳产生的重要原因就是能源物质的大量消耗,因而营养物质的适当补充,可以促进机体疲劳的消除。

1. 糖的补充

人体中糖是运动的基本供能物质。运动能力直接受肌糖原储量多少的影响,因此机体应重视糖的补充。吃果糖后肝糖原的恢复速度大于吃葡萄糖。

2. 蛋白质的补充

蛋白质作为生命的物质基础,是一切细胞和组织结构的重要成分,大运动量训练时应注意蛋白质的补充,特别是氨基酸的补充。

3. 碱性盐类的补充

大强度运动中,由于产生乳酸等代谢产物,使肌肉中的 pH 值下降,导致肌肉疲劳。因此运动后适当地补充碱性盐类,可以提高运动者耐乳酸的能力,提高负氧债的能力。

碱性盐的使用:碳酸氢钠 0.2～0.3 克/千克体重,运动前 30～60 分钟加在足够的水或饮料中使用;磷酸盐可以提高运动员的运动能力,促进训练后恢复,可于赛前 3～4 时食用磷酸钠,每次 1 克,1 天 4 次,最后一次应在赛前 2～3 时服用。

4. 维生素的补充

当人体缺乏维生素时,会影响运动者的运动能力,因此应注意维生素的补充,尤其是维生素 B_1、维生素 B_2、维生素 B_6、维生素 C、维生素 E 的补充,但达到每日的推荐量即可,不可过多服用,以免产生毒性作用。

人体内的微量元素含量极少,仅占体重的 0.05‰～0.1‰,但微量元素是维生素和酶的必需因子,构成某些激素,并参与激素的作用,影响蛋白质和核酸的代谢与合成。运动者常用的微量元素补充剂为施尔康,每日服 1～2 粒。

(二)活动性手段消除身体各部位疲劳

1. 全身疲劳消除法

作用:消除全身疲劳;解除身体的压迫感;强化肠胃功能;增强耐力。
方法:
(1)仰卧在地板或床上,双手呈十字水平推开。
(2)双腿并拢,举到头部上端。

(3)把脚尖放在头前的地方静止6秒。

(4)慢慢地把双腿复归原处。

时间:30秒。

2. 肩部疲劳消除法

作用:消除肩部酸痛;消除身体疲劳;增强活力,强化脊背、心脏的机能。

方法:

(1)仰卧。

(2)屈膝。

(3)用肩部和脚掌支撑身体。

(4)在酸痛的肩部停留10秒。

时间:1分钟。

注意:当感到身体全部重量都压在了肩部时,把腰部高高抬起。这时要用头顶支撑身体,便能锻炼脖子的肌肉。

3. 腰部疲劳消除法

作用:消除腰部的酸痛和疲劳,使身体柔软;扩张胸部。

方法:

(1)屈膝跪地或跪在床上,用双手抓住自己的脚脖子,身体后仰,胸部前倾。此时要注意深呼吸,保持此姿势6秒。

(2)腰部的淋巴按摩法:俯卧,轻轻按摩脊椎骨、腰部和臀部,要特别注意按摩淋巴停滞的地方。

时间:动作需做5次,每次6秒。

4. 胳膊疲劳消除法

作用:消除胳膊的酸痛和疲劳,消除懒倦。

方法:

(1)用手掌轻轻地摩挲整个酸痛的胳膊。

(2)按顺序先按摩小臂、肘部、三角肌;在按摩过程中用手指满指尖寻找硬化部分,然后利用淋巴按摩法按摩。

(3)要特别注意按摩胳膊上发麻和发硬的地方。

(4)按摩肩部。

(5)还可运用前后摇动胳膊的运动疗法。

时间:3分钟。

注意:用手指横着按摩较容易发现胳膊的僵化肌肉;使劲按摩完一个地

方后,再轻轻用手掌擦抚一下,使淋巴顺畅;肘部酸痛时,要以胳膊三角肌为中心进行按摩。

5.大腿疲劳消除法

作用:消除大腿和脚部疲劳,消除脚部水肿。
方法:
(1)坐下后弯曲一条腿。
(2)用淋巴按摩法从脚脖子往上按摩。
(3)要特别注意轻轻地按摩膝盖后部。
时间:3分钟。

(三)消除肌肉迟发性酸痛的持续静力牵张练习

静力牵张练习可以缓解运动后迟发性肌肉酸痛和肌肉僵硬,使肌肉放松,并可加强骨骼肌蛋白质的合成过程,促进骨骼肌变化的恢复。

静力牵张伸展练习要以静为主,动静结合。开始进行静力牵张伸展练习时,伸展动作的速度要比较缓慢,伸展幅度要适当。牵张练习持续时间约1分钟左右,间歇1分钟,重复2~3次为1组。牵张时间的长短、重复组数的多少,以及每天进行牵张练习的次数,可根据负荷大小而定。静力牵张伸展练习最好在主项训练结束后立即进行。牵张后可适当配合揉捏、抖动等按摩手法,有利于消除牵张引起的不适感。

(四)拔罐及刮痧疗法

拔罐及刮痧疗法通过刺激人体的经穴,可以改善血液循环,促进新陈代谢,有利于组织代谢产物的排泄,使疲劳得以消除。

(五)理疗

常用红外线、生物频谱仪、TDP灯、生物信息治疗仪等消除运动后的疲劳。理疗可以促进血液循环,改善血液供应,有利于营养物质的吸收和代谢产物的排泄,达到消除疲劳的目的。

(六)吸氧及空气负离子疗法

吸氧能够促进新陈代谢,改善微循环,有助于消除疲劳。对于有条件的学生或运动员来说,大运动量训练后可采用高压氧治疗,对消除疲劳有明显的效果。空气负离子能改善肺的换气功能,增加氧吸收量和二氧化碳排出量,改善大脑机能,刺激造血机能,使红细胞、血红蛋白、血小板增加,血流速度加快,心搏输出量加大,扩张毛细血管,加速乳酸的代谢,因此有助于疲劳的消除。

　　总而言之,要想获得好的消除疲劳的效果,必须根据个人的具体情况,综合运用上述方法。单独采用以上任何一种方法消除运动疲劳,其效果都不够理想。

第二节　篮球运动的常见损伤与疾病

一、篮球运动常见损伤的预防与处理

(一)篮球运动常见损伤产生的原因

　　了解篮球运动的损伤可以提前预防篮球运动员受损伤。篮球运动中导致运动者受伤的原因很多,大体可以归结以下几个方面。

　　1.篮球运动常见损伤的外在病因

　　(1)间接作用力。由于篮球比赛中队员之间身体接触频繁、对抗性较强,间接作用力(包括传导作用力、扭转和剪切应力及杠杆作用力)就成为篮球运动员软组织损伤的首要致伤因素,常引起扭伤、拉伤等,重者也可导致骨折和脱位。运动员因间接作用力而受伤的常见情况是队员缺乏自我保护意识和行之有效的自我保护专门练习。

　　(2)教练员的不合理训练。因为训练的不合理而直接导致运动员训练程度不高而受伤的病案在年轻(新)运动员中最为明显。主要表现为许多年轻运动员在完成技术动作时存在不规范、不合理,主动肌与对抗肌收缩不协调,以及自我保护能力较差等问题,因此他们受伤的几率比老运动员明显大。要求教练员对于年龄较小、个子很高、体形单薄、动作迟缓的运动员要着重专门训练其协调性。

　　(3)直接暴力。直接暴力致伤具有突发性的特点,常由于对手的无意识习惯动作,或有意犯规动作导致,最常出现的作用力点是与对手的肘或膝部发生直接冲撞,造成身体某部位的受伤,受伤局部多伴有皮下出血而形成的血肿和淤斑,如胸壁挫伤、股四头肌下血肿等病况。

　　(4)慢性劳损。慢性劳损是运动员身体局部过度活动、长期负重,或某部受到持续、反复的外力作用而造成的慢性积累性损伤,老队员这方面伤病是最为突出的。慢性劳损致病大多数发于人体活动枢纽的腰部和反复受到牵拉、应力作用的髌骨,具有不易治愈和队员又不能停训的特点。慢性劳损还与不科学的运动训练、新伤没有完全恢复以及重复受伤有很大的关系。

2. 篮球运动常见损伤的内在病因

(1)运动员生物学机能状态不佳。由于过度训练、处于生物周期性低潮期、疾病、女运动员经期等因素,使运动员的生理机能出现不良的状态,运动员在训练时往往注意力不够集中,动作协调性下降,肌肉、关节的本体感受性降低,竞技状态低下,此时对抗能力和运动能力减弱,因而在激烈的拼抢过程中极易受伤。此外,在大强度、大运动量的训练中也容易造成心血管、呼吸等系统的"内伤"和过度疲劳综合征。

(2)技术动作的缺点和错误。篮球运动过程中,运动员的技术动作违反人体结构与功能特点及运动时的力学原理,就很容易受伤,这是刚参加系统训练或学习新动作时发生损伤的最主要的原因。

(3)缺乏充分的准备活动或整理活动。运动员在比赛和训练前充分做好准备活动,是预防外伤和内伤非常关键的因素。在篮球比赛(训练)的开始阶段,由于对方队员导致的扭伤、拉伤病例中,绝大多数是运动员自己没有充分做好准备活动。特别是在环境温度较低、停训时间较长的情况下,肌肉的黏滞性大,动作僵硬,肌肉及其纤维结缔组织更容易被拉伤。在训练或比赛开始后,随着双方的激烈拼抢,生理负荷强度在很短的时间里快速的升高,运动员的内脏机能跟不上运动系统的速度,从而会出现"极点"现象,影响队员技、战术水平的正常发挥。充分做好准备活动,能有效地预防内脏机能的生理惰性,将"极点"现象造成的不良影响降到最低程度。此外,重视训练后的整理活动,也是获取训练效果的很好方式,它还可起到防止肌肉僵硬,消除体内运动性代谢产物,促进心血管、呼吸系统机能的快速恢复,预防运动性损伤的重要作用。

(4)肌肉收缩力引发。肌肉收缩力引发的损伤在年轻运动员的伤病中常常遇到,往往是由于队员技术动作僵硬和不合理、主动肌群和被动肌群收缩不协调,或身体大,小肌群力量的不协调所造成的。受伤多为撕裂伤,累及部位多为肌腹、肌肉与肌腱过渡部位,以及肌腱附着处。

3. 篮球运动常见损伤的其他影响原因

(1)篮球运动本身的技术特点。篮球运动本身就对人体有一定的伤害,篮球最易伤膝关节。篮球运动基本技术动作如滑步、急停、转身、变向跑和起跳上篮等都要求膝关节处于半蹲位进行屈伸和扭转,因此就容易受伤。

(2)医务监督。调查资料表明,医务监督工作较为薄弱的球队,其新队员出现过度训练综合征和意外受伤、老队员出现慢性积累性损伤的病案,不仅数量会大增,而且在该队运动性伤痛总数中所占的比例,明显比其他伤病监测工作较好的球队多。所以,提高教练员和运动员的医务监督意识,让其主动配合医学科技人员开展运动性伤病的监测工作,将有助于教练员准确掌握运动员的身体状况,合理安排运动量,从而有效地预防运动性伤病的出现。

(3)场地、器材条件。篮球运动场地滑或不平坦、灯光不适宜,是造成运动员摔伤和扭伤、拉伤的重要原因。

灯光暗淡影响运动员视力判断,使其在移动、完成技术和战术动作时出现身体失控而造成受伤。地面过硬极易诱发运动员出现胫腓骨疲劳性骨膜炎和跟(底)痛症,也会间接地加重损伤的程度。

篮架未用软物包裹、球场边线外障碍物过分靠近,以及灯光照明不够,也是运动场所不安全的重要原因,有时也会引发意外伤害。排除场地、器材条件中不安全的隐患,虽是后勤保障部门的本职工作,但对于教练员和运动员而言,养成在训练和比赛前有意识地检查灯光、场地、器材的习惯,对于预防运动中损伤的发生具有重要的实际意义。还有运动员服装与运动鞋袜不合适,也会导致意外伤害事故,必须予以重视。

(4)环境气候的影响。如气温过高容易引起疲劳和中暑,气温过低则容易导致冻伤,或者因为潮湿高热引起大量的出汗,发生肌肉痉挛或虚脱。

(二)篮球运动常见损伤的预防

造成运动损伤的原因是多方面的,预防措施也必须是综合性的。采取切实有效的综合措施,努力消除各种致伤因素,才能达到以防为主,防患于未然的目的。下面从几个方面谈谈预防的方法。

1. 准备活动要科学

准备活动要充分,有针对性,既要做一般准备活动,也要做专项准备活动。准备活动的最后部分内容,应与即将进行的运动紧密联系。对运动中负担较大和易伤的部位,要特别做好准备活动。在运动间歇时间较长时,也应在运动前再次做好准备活动。准备活动的内容与量应依训练内容、比赛情况、个人机体状况、气象条件等而定。

机体兴奋性较低时,或气温较低,肌肉韧带较僵时,准备活动要充分些。有伤的部位,准备活动要小心谨慎。

准备活动结束与正式运动的间隔,以 1～4 分钟为宜,准备活动的时间与量,以 20 分钟左右,或身体觉得发热、微微出汗为好。在准备活动中,要注意力集中,动作认真。

2. 思想重视

篮球运动锻炼的目的是促进身体的生长和发育,增强体质,提高健康水平。篮球运动参加者要明确体育运动的目的,在思想上重视对运动损伤的预防和懂得如何进行预防。

3. 拒绝在疲劳状态下大运动量训练

运动量、运动强度和动作难度必须与身体状况和训练水平相适应。要遵守循序渐进和区别对待的原则。学习动作时,要从简到繁,由易到难,从分解动作到完整动作。

合理安排运动量,尤其要注意局部负担量和伤后的体育锻炼问题。教练员要注意大运动量训练后,应有所调整,及时观察运动员的训练反应,发现有疲劳状态产生时,要及时调整量和强度的安排,以防损伤的出现。

4. 易伤部位需加强训练

有针对性地加强易伤和相对较薄弱部位的肌肉力量和伸展性练习,提高它们的功能,是积极预防运动损伤的一种有效手段。例如,预防膝关节损伤,必须加强大腿肌肉力量的训练,不仅注意股四头肌,也要注意大腿后面的肌群,它们对增强膝关节的稳定性和保护膝关节有重要作用。

在发展肌肉力量的同时,要注意发展肌肉的伸展性,这可防止肌肉拉伤。而预防关节扭伤,要增强关节周围的肌肉和韧带,以加强关节的稳定性。

5. 加强保护和自我保护

运动员要学会自我保护的方法,防止损伤的出现。例如,当重心不稳而快摔倒时,要立即低头、屈肘、团身,以肩背部着地,顺势滚翻,绝不可用手直臂撑地,以免发生腕部或前臂骨及肘关节脱位等。

在进行力量器械练习时,应有懂得保护方法的人或教练员在旁进行保护,以防意外事故的发生。

6. 进行医务监督及使用安全合适的设备

经常参加篮球运动的人要定期进行详细的体格检查。在参加大型篮球比赛的前后,还要进行补充检查和复查,以便根据身体功能状况提出合理的建议。伤病初愈的人参加篮球运动时,应根据医生的意见进行。

在进行篮球运动的过程中要做好自我监督,随时注意自己的身体有无疲劳征象(如头晕、疲乏感等),特别要注意运动器官的局部反映(如局部肌肉有无酸痛、僵硬,关节有无疼痛等)。当有不良反应时,要及时调整运动量。

要经常认真地对运动场地设备进行安全检查,不应在不符合要求的场地上或穿着不合适的服装及鞋子进行运动。

7. 及时治疗运动损伤

许多运动员在出现轻度运动损伤后仍照常训练,以致出现新的损伤,或形成劳损。当然,损伤不严重的时候,可以坚持训练,但要注意积极配合治疗,边治边练。可做一些理疗,也可以通过按摩的方法治疗。同时,在伤后的训练过程中,应运用支持带和护膝进行保护,这样可以减轻受伤部位所承受的负担。

8. 严格裁判,禁止粗野动作

任何违反规则的粗暴行为都会增加损伤发生的概率。因此,裁判员要严格按照篮球裁判规则执裁,同时在球场上运动员应该自觉遵守篮球运动规则,在正确的规则下尽量避免伤害的发生。

(三)篮球运动常见损伤的处理

1. 膝关节半月板损伤

(1)原因与症状。在膝关节屈伸过程中若同时伴有膝关节的扭转内外翻动作时,半月板本身就出现不一致的矛盾活动,使半月板在股骨髁与胫骨平台之间发生剧烈研磨,容易造成损伤。篮球运动中,当膝关节屈曲,小腿固定于外展、外旋位,大腿突然内收、内旋并伸直膝关节时,就可能引起内侧半月板损伤。此外,膝关节突然猛力过伸及腘肌腱的前后割裂,可引起半月板前角损伤或半月板边缘分离。半月板损伤表现为压迫性疼痛,可动区域受到限制,膝关节不能伸屈等。

(2)处理方法

急性损伤以制动、消肿止痛的冷敷方法为主,严重者要加压包扎2～3周的时间;慢性,严格避免重复受伤动作,以免再次受伤。

2. 膝关节内侧副韧带损伤

(1)原因与症状。膝关节由股骨、胫骨及髌骨构成,它部位较浅,是人体中结构最复杂、关节面最大、杠杆作用最强、负重大、不稳定、而易受伤的关节。几乎所有的体育运动,都会给膝关节造成很大的压力。从膝关节的构造机制上看,韧带发生的损伤是非常多的。膝关节做伸展动作时,不论外侧或者内侧都容易受到外来的压力。膝关节侧方的韧带称为胫侧副韧带,特别是内侧胫侧副韧带最容易发生扭伤及完全性断裂。膝关节的损伤完全是由外力所引起的。膝关节在承受外力时,支撑髋关节的韧带发生异常的活动而产生挫伤。伤后膝内侧剧痛,随即又可减轻,随后疼痛又逐渐加重。出现皮下淤血,如深层断裂或合并半月板或十字韧带损伤,膝关节出现血肿,局部压痛。

(2)处理方法。伤后应立即用氯乙烷或冰袋局部冰敷,而后用棉花夹板包扎固定,或用海绵、棉花和绷带作加压包扎,并抬高伤肢以减少出血、肿胀。

3.大腿肌肉拉伤

(1)原因与症状。肌肉拉伤是由于过多地使用肌肉及给予了肌肉超负荷的压力所造成的损伤。肌肉拉伤按其受伤程度不同分为连接在肌肉上的多数肌纤维由于过度伸展被拉伤(轻度)、一部分发生断裂(中度)、完全断裂和筋断裂(重度)。大腿肌肉在做跑、跳等急性动作时最易拉伤。症状轻者,停止运动后不疼痛,如果继续运动将会加重症状。严重时走路都会很困难,甚至出现皮下淤斑,大腿迅速肿胀,肌肉出现收缩畸形。

(2)处理方法。肌肉微细损伤或伴有少量肌纤维撕裂者,伤后应迅速给予冷敷,局部加压包扎,休息时应抬高患肢。24～48 小时后可开始理疗和按摩,按摩时手法宜轻柔,伤部仅能做些轻推摩,伤部周围可做揉、捏、搓等,同时配合点压穴位(宜取伤周穴位)。如肌肉大部或完全断裂者,在局部加压包扎并适当固定患肢后,应马上送往医院诊治。

4.肘关节骨折

(1)原因与症状。肘关节的骨折是在牵拉手臂、肘被扭曲摔倒、受到直接撞击时发生。手被拉伸摔倒时肱骨也会发生骨折。前臂及腕关节的骨头也会发生像骨折一样的损伤。肘关节骨折会出现淤血、肿胀、肌肉痉挛,关节活动异常等症状。

(2)处理方法。止血、绑缚绷带。如很严重立即送往医院进行手术。

5.腕关节的骨折

(1)原因与症状。引起外伤性骨折的暴力,按其作用的性质和方式,可分为直接、传达、牵拉和积累性暴力四种。腕关节的骨折是指桡骨和尺骨下端的骨折,发生的机制同腕关节的受伤有共同点,是摔倒时掌心触地引起的。腕关节骨折会出现关节活动异常、疼痛、损伤、皮下淤血、肿胀、肌肉痉挛、畸形等症状。

(2)处理方法。不要轻易挪动躯体或四肢,如果出血则先止血,打120急救电话立即送往医院。

6. 掌指间关节扭伤

(1)原因与症状。如果关节活动过度,把与邻近骨头连接固定在一起的韧带撕裂时,就可能造成扭伤,尤其是膝关节、踝关节以及手指关节。由于手指受到侧向的外力冲击或受到暴力作用使关节过伸所致。篮球运动中因手指经常受到球的撞击,或因接球技术动作的错误而发生掌指关节的扭伤,引起侧副韧带和关节囊的损伤或撕裂,一般多发生在第一掌指关节和其他各指的近侧指间关节,有时伴有撕脱骨折。扭挫伤的典型症状是局部肿胀痛楚、伤处明显压痛、关节屈伸不利、皮肤青紫,日久失治者常因风寒湿邪反复发作。

(2)处理方法。立即冷敷患部,将伤指屈曲固定,用弹性绷带包住扭伤部位2～4周。

7. 腰背部的扭伤

(1)原因与症状。急性腰扭伤包括肌肉、筋膜、韧带和椎间关节等软组织的损伤,其中约有90%的病例发生在腰骶部及骶、髂关节。腰骶部为人体躯干连接下肢的桥梁,负重大,活动多,在篮球运动中遭受外伤的机会最多。多是重力超过了躯干所能承担的负荷造成的,尤其是当肌肉力量不足,提取重物时姿势不正确或负荷过重时更易发生。脊柱运动超越了正常的生理范围,或当技术动作发生错误时也容易发生。腰背部的扭伤分为急性和慢性两种。急性腰背疼痛,会有突然的剧烈痛感,在受力瞬间感到腰像被"截断了"似的痛或听到响声;慢性腰背疼痛是因为身体姿势不正确或疲劳造成的,症状较轻有酸痛感。

(2)处理方法。腰部急性扭伤后,腰后垫上一个小枕头躺在床上休息,以使肌肉韧带处于松弛状态,同时用冰块冷敷,有助于消除背部肌肉的肿胀及紧绷。

8. 髌骨劳损

(1)原因与症状。髌骨劳损是指髌骨软骨软化症和髌骨张腱末端病的统称。此伤在篮球、排球运动员中发病率最高。在篮球运动中,篮球的滑步、防守、急停、进攻和上篮;跳高、跳远的踏跳和最后一步制动等,若运动量安排不当,在一次或一段时间内膝关节的这种负荷过多,都可能发生这种损伤。早期或轻型病例,在大运动量训练后感到膝痛和膝软,但休息后症状多可消失。随着病变的发生,疼痛逐渐加重,准备活动后症状常可减轻,运动结束后又加重,休息后又可减轻。以后出现持续痛,个别严重者走路和静坐时也痛。主要表现为半蹲和上下楼梯痛,甚至在半蹲"发力"时突然坐下或跌倒。膝关节常有不同程度的积液。髌骨周缘有压痛。

(2)处理方法。髌骨劳损属于慢性劳损,运动时应充分做好准备活动,同时绑缚带松紧的绷带。

9. 关节脱位

(1)原因与症状。通常在篮球运动的对抗中摔倒时,手撑地会引起肘关节或肩关节脱位。关节脱位通常伴有关节囊撕裂,关节周围的软组织损伤或破裂。关节脱位后,关节完全不能够活动,甚至发生肌肉痉挛现象,并且伴随着关节畸形,关节内发生血肿。此时受伤关节疼痛,有压痛和肿胀。如果复位不及时,血肿会激化而发生关节粘连,增加关节复位的困难。

(2)处理方法。应马上用夹板和绷带在脱位所形成的姿势下固定伤肢,如果没有夹板,可用纸板、绷带或布巾,将伤肢固定在本人的躯干或健肢上,防止震动,并尽快送医院治疗。必须注意的是,如果没有把握做好整复处理时,切忌不可随意做整复手术,以免加重损伤,增加疼痛。

10. 踝关节扭伤

(1)原因与症状。扭伤是一种由间接外力所致的闭合性损伤,是在外力作用下使关节发生超越正常范围的活动而造成的关节内外侧韧带损伤。在篮球运动中,由于场地不平,以及跳起落地时身体失去平衡等原因,使踝关节发生过度内翻(旋后),引起外侧韧带的过度牵扯、部分断裂或完全断裂。伤后踝关节外侧疼痛、迅速肿胀,并逐渐延及踝关节前部,若距腓前韧带撕裂,关节出现普通肿胀,致使行走时疼痛,足跖不敢着地,或只能用足的外缘着地。局部疼痛,肿胀;若伤及骨膜,则整个关节肿胀;若伤及皮下血管则出现青紫,出现关节功能障碍,局部有压痛。牵拉受伤韧带时疼痛加重。若出现关节松动,关节可被拉开或患有"卡住"感,应考虑韧带完全断裂和其他组织合并损伤。

(2)处理方法。立即冷敷,用绷带加压包扎,在 24 小时以后才可以做轻度活动,在踝关节扭伤 24 小时以后,根据伤情可选用外敷中药、针灸、按摩、药物痛点注射及支持带固定等方法治疗。

二、篮球运动常见疾病的防治

对于高校篮球运动员而言,运动性疾病是篮球运动中不可避免的。导致高校篮球运动员运动性疾病的原因主要是机体对篮球运动的应激因子不适应或是篮球运动训练安排不适合,而造成的体内机能紊乱、机能异常、综合征或疾病,如运动训练、过度紧张、肌肉痉挛、运动性贫血、运动性腹痛、运动性中暑等。

(一)过度训练

在篮球训练过程中,高校篮球运动员训练不当往往会导致运动性疾病的产生。运动性疾病是一种训练与恢复、运动与运动能力、应激与应激耐受性之间的失衡状态。从运动疲劳的程度进行分类,过度训练可分为短期过度训练和过度训练综合征。短期过度训练经过 1～2 周恢复,运动能力能够恢复或超过原来水平。而过度训练综合征则表现为持续的运动能力、免疫力下降,易感染,持续疲劳,且情绪低落、易烦躁等症状。

1. 原因与症状

造成高校篮球运动员过度训练的常见原因主要有以下几种。

(1)运动量增加过快。比较常见的现象是教练员为了追求快出成绩,未根据运动员,尤其是少年运动员的身体状况和训练水平循序渐进地增加运动量。有时运动员为了急于出成绩,随意增加量造成运动量增加过快。这些运动员常出现局部肌肉和韧带的劳损症状。

(2)运动量超过身体负荷。由于平时缺少锻炼,体质水平维持在一个较低的程度,而一旦需要大量运动时,出现不适应的现象。

(3)糖原不足。由于持续大强度训练肌糖原供不应求,刺激支链氨基酸和游离脂肪酸氧化供能,支链氨基酸的减少引起血浆游离色氨酸比值升高,大量色氨酸进入大脑,产生 5-羟色胺,5-羟色胺是公认的中枢疲劳的神经递质,因此加速了疲劳的发生。

(4)缺乏全面训练基础。这一原因造成的过度训练多见于运动新手。他们缺乏身体全面训练的基础就集中专项训练,再加上运动训练安排不当,容易造成过度训练。

(5)连续大运动量训练缺乏必要的间隙。大运动量训练是提高运动员训练水平和技术所必需的。这已为多数学者的研究和实践所公认。但当大运动量训练持续过久,又缺乏必要的节奏和间隙,超过身体的机能潜力,破坏了内在的稳定,就会造成身体的过度疲劳状态,训练后易发生过度训练。

(6)患病后训练开始过早和/或训练量过大。不少运动员是在感冒后过早训练或训练量过大而造成的。因此患病后,尤其在感冒等所谓"小病"后,遵守训练原则是很重要的。

(7)自由基学说。自由基代谢失衡对细胞膜结构、线粒体功能等有很大损害,并直接影响到细胞氧化还原功能,导致运动疲劳。

(8)生活制度的破坏。运动员训练后得不到充分的休息或社会活动过多或开夜车工作、娱乐等,破坏了有规律的生活制度,身体过度劳累,引起过度训练。

当篮球运动员训练过度时,主要会出现以下症状。

(1)神经精神症状。过度训练所表现出的神经精神症状主要有睡眠障碍(失眠、多梦、易惊醒等)、头痛、头晕、无训练欲望、心情烦躁、易激怒以及记忆力下降等。

(2)心血管系统症状。高校篮球运动员发生过度训练时,常常会出现心悸、心慌、胸闷、气短、心前区不适式疼痛,以及心律不齐、血压增高且不稳定、血红蛋白下降、恢复期延长等症状。早期或轻度患者还主要表现为一系列的神经症状、生理障碍,如身体软弱无力、倦怠、精神不振、无训练欲望甚至厌烦训练,心理上有压抑感且缺乏信心。有的运动员表现为情绪波动较大,爱激动和发脾气,或反应迟钝,对周围事情淡漠健忘,失眠或嗜睡现象,注意力不集中等。

(3)肌肉骨骼系统症状。过度训练在肌肉骨骼系统方面的症状常表现为:肌肉持续酸痛、压痛、肌肉僵硬,易出现肌肉痉挛、肌肉微细损伤等。当出现下肢过度训练时可表现为过度使用症状;出现应激性骨膜炎,小腿间隔综合征,张力性骨折,跟腱、髌腱周围炎等。

(4)消化系统症状。过度训练在消化系统方面的症状主要表现为:食欲下降、恶心、呕吐、肝区疼痛,严重时可出现胃肠道功能紊乱。个别运动员可出现上消化道或下消化道出血症状。

(5)全身及其他系统的症状。过度训练的高校篮球运动员常表现为全身乏力、体重下降;易发生感冒、腹泻、低热、运动后蛋白尿、运动性血尿、运动性头痛等。甚至易患肝炎等传染病。

(6)运动成绩和体力下降。反应迟钝、动作不灵活和协调能力下降等。

上述过度训练表现出的各种症状的轻重与运动量大小尤其是运动强度大小具有十分密切的关系。开始时仅在大运动量训练后出现,若未及时采取措施,则症状逐渐加重。在中、小运动量训练后就可出现。

2. 预防

高校篮球运动员预防过度训练,可采取以下几项措施。

(1)高校篮球运动员在训练前要进行全面的身体检查,以了解目前的身体健康情况,尤其是心血管和呼吸系统的机能状况。平时如不经常锻炼,也不了解科学锻炼的知识与方法,急于求成地去进行练习,不但无益于健康,反而很容易伤害身体。因此,正式训练前必须进行身体检查,为运动负荷的安排提供客观的依据。

(2)运动训练前要做好充分的准备活动,运动训练结束后要做好整理活动。运动前的准备活动是十分有必要进行的,它可以提高身体各器官系统的活性,使身体逐步适应运动时所要达到的强度要求。运动后进行一些恢复性的整理活动,可使运动中比较兴奋的器官逐步地平静下来。运动结束后可进行一些恢复性慢跑、柔韧性放松、局部按摩等。

(3)高校篮球运动员应注意合理安排运动训练和休息,注意劳逸结合,两者不可偏废,要做到动态平衡,即经常要调节好运动训练和休息的时间,要根据身体反应、外界环境和条件的变化不断进行调整,这样可以避免因两者安排不当造成意外。

(4)高校篮球运动员在运动训练时应避免某一肢体或器官负荷过重。练习时最好有多个部位参加运动,或每次运动采用多种形式,以使身体各部位得到活动的机会。活动时呼吸要自然,注意发展腹式呼吸,尽量避免屏气或过分用力。

(5)运动训练要循序渐进,持之以恒。开始运动时,运动量要小些,有10~14天的观察反应期。没有运动习惯的人参加运动后,可能不适应,表现为劳累、肌肉酸痛、食欲稍减,甚至睡眠不佳。适应后再逐渐增加运动量,每增加一级负荷量,都要有一段适应期。对多数人来讲,一般运动量的增加不是直线上升的,而是波浪式渐进的,增加运动量时应以延长运动训练时间为主,不宜强调加快速度。同时,运动训练一定要系统地进行,要持之以恒。只有这样的运动训练才能使身体结构和机能发生有利的变化,增强体质。

(6)在运动训练过程中,高校篮球运动员要注意合理的饮食搭配,多吃些营养丰富易消化的食物,以保证运动时体力消耗的补充,减少由于食量增加而给消化系统带来的负荷。运动训练时体内水分消耗过多,运动后要适当地补充水分。

(7)高校篮球运动员在运动训练时应注意记录每天或隔天的自我感觉,对比前、后的脉搏和血压数值,晨起的脉搏、食欲和睡眠情况等,有了这些记录,便于自我监督。

3. 治疗方法

(1)补充各种营养物质,包括高能量物质、高糖、蛋白质、维生素以及微量元素等。

(2)保证充足的睡眠和休息时间。宜采用各种积极性休息的措施来消除体力和精神上的紧张,如温水浴、桑拿、按摩、听轻音乐、放松性休闲等。

(3)服用各种营养补剂等。

(二)过度紧张

1. 原因与症状

高校篮球运动员出现过度紧张的原因主要有以下几种。

(1)脑供血不足。剧烈运动时,大量的血液流经四肢和体表,脑供血相对不足,出现一时性的脑缺血所致,或是精神紧张,脑血管痉挛所致。

(2)心功能不全和心肌损害。过度紧张出现急性心功能不全和心肌损伤者,一是由于胸部受到直接打击,血管运动神经反射作用引起心源性休克。二是由于原患有某些心脏病,如马凡氏综合征、风湿性心脏病、病毒性心肌炎、肥厚性心脏病、冠状动脉先天发育畸形等,引起心肌缺血、心肌梗死和急性心力衰竭。

(3)急性胃肠道综合征。运动所导致的急性胃肠道症状可以说是过度紧张的一种类型。由于激烈运动和精神紧张,交感神经兴奋,胃肠血管收缩,流经胃肠血管的血量大大减少,导致胃血管痉挛,胃黏膜出血性糜烂或溃疡,即"运动应激性溃疡"。或者是由于运动员患有消化道疾病,因剧烈运动和情绪紧张诱发出血。

一般篮球运动员出现过度紧张,主要有以下几个方面的症状。

(1)昏厥型。在篮球运动中或运动后,由于供血量的减少或脑血管的痉挛,引起脑部突然供血不足而发生的暂时性知觉丧失。高校篮球运动员在昏倒前,常常表现为全身软弱、头晕、耳鸣、眼前发黑、面色苍白。昏倒后,意识丧失或模糊不清,面色苍白、手足发凉、出冷汗、脉率增快或正常、血压降低或正常、呼吸慢或增快。清醒后全身无力、精神不佳,常伴有头痛、恶心、呕吐、耳鸣、面色苍白、手足发凉、冷汗出、脉细数等。

(2)脑血管痉挛。该症状表现为篮球运动中或运动后突发一侧肢体麻木,动作不灵或麻痹,常伴有剧烈的头痛、恶心、呕吐等。

(3)急性心脏功能不全和心肌损害。表现为运动后出现头晕、目眩,步态不稳、面色苍白,口唇发绀,身体迅速衰弱,呼吸困难,并有恶心、呕吐、咳嗽、咯血、胸痛、右季肋部疼痛、脉细数弱甚至意识丧失。检查时心律不齐,血压下降等。

(4)急性胃肠功能紊乱及运动应激性溃疡。急性胃肠功能紊乱是过度紧张中最常见的一种,常在剧烈运动后即刻或短时间内发病,症状为恶心、呕吐、头痛及头晕、面色苍白、呈衰弱状态,呕吐物为食物、黏液及水,大便潜血试验阳性。有的人在运动后仅有恶心或不适感,仍可少量进食;有的人在运动后 8~10 小时发生呕吐。体检时,腹部有轻微压痛,脉搏稍快,血压多数正常。运动后发生呕吐的原因,可能不是因为胃酸过多,而是运动时发生的物理原因所引起。

(5)运动后猝死。在篮球运动中或运动后,症状出现后 30 秒内死亡称为即刻死,症状出现后 24 小时内死亡称为猝死。

2. 预防

篮球运动基础较差者,不可勉强参加激烈、紧张的运动或比赛,活动前要做好充分的准备活动,并注重加强身体素质的训练,运动量的增加要做到循序渐进。患病时应积极治疗并注意休息,避免剧烈运动,必要时要定期做身体检查。伤病初愈或因其他原因中断篮球运动后再重新参加运动时,要逐渐增加运动量,不要马上进行大强度运动或剧烈比赛。在参加体力负担较重的比赛前,应遵医嘱时刻注意身体的状态,应禁止高血压、心脏病患者和身体不合格者参加。

3. 治疗方法

轻度的过度紧张,应使病人安静平卧,并注意保暖,可服用热糖水或镇静剂,一般经短时间休息即可恢复。对有心功能不全的病人,应处半卧位,保持安静,并针刺或掐点内关、足三里等穴。如果有昏迷,可针刺或掐点人中、百会、合谷、涌泉等穴,并送医院治疗。

(三)肌肉痉挛

1. 原因与症状

对于高校篮球运动员而言,肌肉痉挛产生的原因主要有以下几种。

(1)局部肌肉负荷过大,肌肉收缩失控。大运动量或大强度训练后,肌肉连续收缩或长时间处于运动状态,肌肉收缩舒张失调,连续快速地收缩,放松时间太短,特别是局部肌肉负担过大,或重复练习间歇时间短,容易使肌肉发生疲劳,引起肌肉痉挛。

(2)大量排汗。大量排汗是导致肌肉出现痉挛的主要原因之一。夏天长时间从事剧烈运动,因温度过高,身体大量排汗,影响体内水盐代谢,电解质丢失过多,使体内氯化钠含量下降,引起肌肉神经过度兴奋,细胞膜的电位不停地变化,往往会导致肌肉痉挛。

(3)运动性肌肉损伤。肌肉在自身黏滞性较高时,如收缩过猛,引起局部肌肉纤维及结缔组织的细微损伤,并伴有肌纤维痉挛。其他还有致痛物质、缺血等,也可引起肌肉痉挛。

(4)寒冷刺激。在寒冷温度中进行训练,如果准备活动不充分,肌肉突然受到寒冷空气(或冰凉的水)刺激时,兴奋性会增强,易发生强直性收缩而引起痉挛。

除此之外,比赛中准备活动不充分,训练或比赛前神经系统、各器官和肌肉还未完全进入工作状态,如对局部肌肉连续刺激,并且刺激强度过大,就容易发生痉挛。又如精神紧张或训练水平较低时,体力不支时也很容易出现肌肉痉挛。

在篮球运动中,肌肉痉挛发病较急,局部发生不自主肌肉强直收缩,僵硬,疼痛难忍,而且一时不易缓解,痉挛肌肉所涉及的关节,伸屈功能有一定的障碍。

2. 预防

对于肌肉痉挛的预防,高校篮球运动员可参考以下几个方面。

(1)应加强身体锻炼,提高身体的耐寒能力和耐久力。

(2)在运动前特别是在大运动量或大强度训练时,应做好充分的准备活动,遵循循序渐进的原则。可适当按摩容易发生痉挛的肌肉。当身体处于疲劳、饥饿或伤病时,应适当减少运动量,不宜进行剧烈运动。

(3)夏季运动时,出汗过多,应注意适当补充淡盐开水和维生素。冬季室外锻炼时要注意保暖。必要时补充维生素 E,适当补钙,可吃钙片,多吃含乳酸和氨基酸的奶制品、瘦肉、虾皮、豆制品等食品。

3. 治疗方法

(1)紧急处理。

1)股四头肌痉挛:患者就地俯卧,两臂自然放于体侧,尽量抬起伤肢,屈小腿,术者一手扶胫骨上端,一手做局部按摩。

2)大腿后群肌肉、小腿腓肠肌痉挛:患者就地仰卧,两臂自然放于体侧,将伤肢抬起,与躯干约成 120°,术者一手扶踝关节跟腱部,一手握住脚前掌,连续突然发力使踝关节屈伸,拉长腓肠肌,直到痉挛消除。待缓解后,配合局部按压、揉捏、点掐、针刺有关穴位等,效果会更好。

3）屈拇肌、屈趾肌痉挛：出现该症状时，应用力将足趾背伸。最好由同伴协助，但切忌施力过猛。

4）腰背竖脊肌痉挛：患者坐在地上，两腿伸直。术者两手扶于肩胛处适度发力使上体前屈，待痉挛消除后做局部轻微按摩。

如果以上措施不能在短时间内消除肌肉痉挛，应马上送医院治疗。

（2）推拿按摩法。

1）牵拉捏摩法：患者取仰卧位，术者立于患者身旁。术者首先将患者踝关节背伸，即向上勾脚，将膝关节伸直，用手向后牵拉脚部，持续到痉挛缓解为止。痉挛解除后，可将膝部屈起，用手掌推小腿肌肉 1～2 分钟，然后再用捏法，按摩小腿肌肉 1～2 分钟，使局部肌肉得到放松。

2）点按揉捏法：患者取仰卧位，术者立于患者身旁。术者点按患者委中、承山穴各 1 分钟，然后按压膝关节上下端一次，再将踝关节屈伸一次，最后用按揉法、揉捏法按摩膝、腓肠肌 4 分钟左右。

3）捏拿旋转法：患者取坐位，屈膝，小腿肌肉放松，术者立于患者身旁。术者用手掌自上而下推小腿肌肉，要有一定力度，由表及里。以拇指和余四指的对合力，由上至下捏拿小腿肌肉，以手掌自上而下旋转揉动小腿肌肉。按摩 1～2 分钟。

4）按压叩击法：患者取坐位，术者立于患者身旁。术者将被按摩的小腿放在对侧的大腿上。以拇指自上而下，按而拨动小腿肌肉，握拳叩击小腿肌肉。

5）重推捏拿法：患者取俯卧位，术者可采用重推、揉捏、叩打、点穴、滚、提拿法，在患侧小腿后侧腓肠肌处，重点在痉挛酸痛处，由上而下往返按摩 10 次；再用指按揉委中、阳陵泉、昆仑、承山、太溪及阿是穴。

上述每种手法按摩 1～2 分钟。按摩后应感觉轻快，酸痛基本消失。

（3）针灸治疗。

1）取双侧足三里、承山、委中、浮郄、合阳、跗阳等穴，用泻法，得气后留针 25 分钟。一日 1 次，连续治疗 7 次为 1 疗程。

2）针刺阳陵泉、太冲、承山等穴，将艾条插在针柄上实施温针灸，待燃毕留针 25～30 分钟，一日 1 次，继续治疗 7 次。

还可用热敷、电疗等，有助于缓解痉挛。

（四）运动性贫血

1. 原因与症状

导致高校篮球运动员发生运动性贫血的原因和机理较为复杂，其主要与下述因素有密切的关系。

(1)血红蛋白合成减少。血红蛋白合成不可缺少铁、蛋白质、维生素 B_{12} 和叶酸等物质。当剧烈运动时,能量大量损耗,对无机盐、蛋白质、维生素和铁的需要量增加,而铁、蛋白质、维生素 B_{12} 和叶酸的摄入量不足,影响血红蛋白的合成。特别是大量排汗中若出现运动性血尿,女运动员月经期铁的丢失,以及大便中铁的丢失,更容易导致运动性贫血。

(2)血浆稀释引起相对贫血。女青少年运动员容易发生溶血或血红置白尿,引起血浆容量的明显增加,出现相对的血液稀释状态,引起相对贫血。

(3)红细胞破坏增加。在剧烈运动时,由于体温升高,血酸度增加,儿茶酚胺分泌增多等,可引起红细胞的滤过性和变形性改变,使红细胞的脆性增加,红细胞易于破裂、溶血;由于剧烈运动时血流加速,挤压或牵伸造成相应部位微细血管,红细胞与血管壁之间撞击摩擦加剧易造成红细胞破裂,致使红细胞的新生与衰亡之间的平衡遭到破坏,从而导致运动性贫血。

(4)急、慢性失血。在激烈的篮球运动训练和比赛中,胃肠道出血、血尿、血红蛋白尿、痔疮、组织或内脏损伤、女运动员月经过多等都会造成不同程度的急、慢性失血,从而导致运动员出现运动性贫血。

高校篮球运动员出现运动性贫血时,其主要表现为以下症状。

(1)轻度运动性贫血。在安静状态或中小运动量时没有症状或症状不明显,仅在大运动量时才出现某些症状。

(2)中度和重度运动性贫血,会出现头晕、恶心、呕吐、气喘、体力下降、疲倦等症状,训练后感觉明显,还会出现心悸、气促、心跳加快、脸色苍白,女运动员可出现月经紊乱或闭经。体检时,会发现皮肤、黏膜、指甲等出现苍白症状。安静时心率加快,心尖可听到收缩期吹风样杂音,血液检查 RBC 低于正常值,Hb 低于正常值。

2. 预防

遵循循序渐进和个别对待原则,合理调整膳食,并加强医务监督。如运动时经常有头晕现象时,应及时诊断医治,以利于正常参加篮球运动。

3. 治疗方法

在篮球运动中(后)出现头晕、无力、恶心等现象时,应适当减小运动量,必要时暂停运动,并补充富含蛋白质和铁的食物,口服硫酸亚铁,这对缺铁性贫血的治疗有良好的效果。

(五)运动性昏厥

1. 原因与症状

造成运动性晕厥的主要原因有以下几种。

(1)脑源性晕厥。发生在有脑血管先天性畸形、脑动脉血管粥样硬化和颈椎病的练习者中,运动时脑部血管可发生一时性广泛缺血而出现晕厥。有高血压病的人参加剧烈运动,可引起脑内小动脉痉挛、水肿和意识丧失。

(2)血管减压性晕厥。血管减压性晕厥也称"单纯性晕厥",可以发生在正常人中。发病率占各类型晕厥的首位。发作前有情绪不稳定或强烈的精神刺激等因素,引起动脉压和全身骨骼肌肉的阻力降低,大脑血液灌注量减少出现晕厥。年轻女性运动员以及新队员参加大型比赛,赛前紧张状态易促进本病发生。运动员在过度疲劳、伤病恢复期以及停训后突然参加大强度的训练和比赛都很容易发生血管减压性昏厥。

(3)心源性晕厥。其发作与体位无关,主要是因为运动时心肌耗氧量增加,由于多种原因引起冠状动脉供血不足发生心肌缺血,导致心脏功能障碍,脑组织供血不足,引起晕厥。运动可激发没有器质性心脏病的人发生心律失常,导致心脏射血功能障碍,脑组织供血不足,引起晕厥。又如主动脉瓣或瓣下狭窄的人常在运动或体力劳动时发生晕厥。先天性心脏病人运动后由于明显的动脉低氧可导致晕厥。

(4)低血糖性晕厥。在经历了长时间剧烈的篮球运动后,篮球运动员常常因体内血糖消耗而产生低血糖反应。有器质性或功能性低血糖病史的高校篮球运动员,在篮球运动中易诱发低血糖。如果不能够及时补充糖,会影响到脑组织的能量供应,导致晕厥甚至昏迷。

(5)体位性低血压晕厥。体位性低血压晕厥又称"重力性休克性晕厥"。当运动员以下肢为主进行运动时,下肢肌肉的毛细血管大量扩张,其供血量比安静时增加 20~30 倍。此时,如果在大强度的训练或激烈的比赛中或比赛后立即停止不动,由于下肢毛细血管和静脉失去了肌肉收缩时对它们的节律性挤压作用,加上血液本身受到的重力影响,导致大量血液积聚在下肢舒张的血管中,造成回心血流量和心输出量的减少,使脑部相对供血不足引起晕厥,出现体位性低血压晕厥。或身体由水平位突然变为直立位时,由于体位突然变动,导致回心血量骤减和动脉血压下降,出现了暂时性脑缺血,也可发生体位性低血压晕厥。

(6)迷走反射性晕厥。迷走反射性晕厥又称"血管抑制性晕厥",主要是由于大赛前情绪过于紧张激动,或竞赛中遭遇伤痛或强烈的精神刺激,通过交感神经反射,而诱发短暂的内脏血管扩张,回心血量减少,心输出量减少,血压下降,导致大脑供血不足而引起晕厥。

(7)运动性中暑晕厥。在高温、高湿环境中,高校篮球运动员进行篮球运动时体内产热较多,如果不能有效地散发体内过多的热量,就会导致体温调节能力下降,体温升高。此外,由于大量出汗脱水,体内水、电解质失衡以及血容量减少,引起血压下降、脑供血不足和意识丧失,发生中暑昏厥。

在篮球运动训练或比赛中,篮球运动员发生运动性中暑的程度不同,所表现的症状也各不相同。

轻度晕厥的临床症状:一般在昏倒片刻之后清醒,精神不佳、头晕、头痛、乏力、恶心、呕吐。

中度晕厥的临床症状:主要表现为晕厥前全身软弱无力、头晕、耳鸣、眼前发黑、面色苍白、出冷汗。有时伴有紫绀、呼吸困难、颈静脉怒张,心率、心律、心音和心电图多有异常表现。或有心悸、胸痛等症状。

重度晕厥的临床症状:昏倒后意识丧失,手足发凉、脉率上升或正常、血压下降或正常、呼吸加快或减弱(一般昏倒数秒,长者 3～4 小时)。无抽搐、大小便失禁,瞳孔大小正常,对光反射正常。

2. 预防

平时要坚持参与篮球运动,以增强体质;久蹲后不要突然起立;不要带病参加剧烈运动;疾跑后不要立即停下来;不要在饥饿的情况下参加剧烈运动。

3. 治疗方法

当篮球运动员发生晕厥时,应迅速使其平卧,足略高于头部,并进行由小腿向心脏方向推摩或拍击。同时用手指点压人中、合谷等穴位,必要时给氨水闻嗅。如有呕吐,应将患者头偏向一侧。如停止呼吸,马上进行人工呼吸。轻度休克者,应由同伴搀扶慢慢走一段时间,帮助进行深呼吸。

(六)运动性腹痛

1. 原因与症状

高校篮球运动员发生运动性腹痛的原因主要有以下几种。

(1)腹内外疾病。腹外疾病多表现为右下肺炎、胸膜炎等,运动后引起反射性或牵扯性腹痛。腹内疾病如胃炎、肝炎、胆囊炎、阑尾炎、泌尿系统结石、肠道蛔虫、胆道蛔虫等,由于运动时血液流向四肢和体表,内脏血管的收缩、缺氧、新陈代谢产物的刺激,腹膜炎症、胆道平滑肌的痉挛性收缩、腔道过度膨胀以及炎症或出血的刺激等因素,均可引起腹痛。

(2)胃肠道局部血液循环障碍。当剧烈运动和情绪紧张时,由于交感神经兴奋,大量的血液流向体表和四肢,胃肠道血管收缩,胃肠道局部血液循环发生障碍,循环血量减少,导致胃肠道缺血、缺氧,胃壁、肠壁和肠系膜上的神经受到牵扯,使胃肠道平滑肌发生痉挛引起腹痛。此时的腹痛症状表现为钝痛、胀痛甚至绞痛。

(3)心血管系统血统动力学障碍。进行大强度、剧烈运动时,心血管系统的机能水平难以适应运动的负荷和强度,心脏负荷加重,心脏搏动不充分或无力,影响了心腔内血液的排空和静脉血液回流,导致下腔静脉压力上升,肝脾静脉回流受阻,血液淤积在肝脾内,肝脾的张力增大,使其被膜上的神经受到牵扯而导致肝区或脾区疼痛。

(4)饮食刺激。饭后过早地进行运动,胃肠蠕动会加快、加强,此时便立即进行剧烈运动,大量血液就会从胃肠道流向四肢肌肉,造成腹腔内脏器官的相对缺血,因保护性反应产生腹部疼痛。同时饭后胃中充满食物,或者运动前饮食、饮水过多或空腹运动,或有不良的饮食习惯,以及胃酸或冷空气对胃的刺激等,腰腹部肌肉过度收缩,腹压增高,也将引起腹部疼痛等。

运动前食入易产生胀气或难消化的食物,如豆类、薯类、韭菜、牛肉等,常常导致肠蠕动加快加强或肠痉挛。饮食刺激所造成的疼痛常常表现为胀痛或阵发性绞痛,疼痛部位多在脐周围。宿便刺激也可引起肠痉挛,其疼痛部位多在左下腹。

此外,日常锻炼不足或训练水平低、准备活动不足、过度紧张、运动时呼吸节奏掌握不好、速度突然过快以及运动时腹部受凉等,都可导致胃肠功能紊乱,胃肠道平滑肌发生痉挛,引起运动性腹痛。

高校篮球运动员发生运动性腹痛时常表现出以下症状。

(1)临床症状。安静时不痛,运动中或结束时腹痛。一般无其他伴随症状。大多数运动员在运动负荷小、运动强度低、运动速度慢时腹痛不明显。

(2)因腹痛的性质、部位不同,腹痛也表现为不同的症状。阑尾炎多表现为转移性疼痛等;肝、脾痛多表现为胀痛或钝痛或牵扯痛;胃肠痉挛、结石病多表现为痉挛性疼痛或绞痛;肠道蛔虫多表现为持续性胀痛阵发性加剧。

2. 预防

高校篮球运动员在平时应注意加强全面的身体训练,提高生理机能水平。运动前要充分做好准备活动,运动中注意呼吸节律。在进行辅助练习是,如慢跑,应合理分配体力,注意控制速度。合理安排膳食,饭后须间隔一定时间后才可进行剧烈运动,运动前不宜过饱或过饥,也不要饮水过度。运动时要遵循篮球运动的科学性原则、循序渐进原则。对于各种疾患引起的腹痛,应就医检查确诊,彻底治疗,疾病未愈之前,应在医生指导下进行篮球运动。

3. 治疗方法

对于篮球运动中经常出现腹痛的高校篮球运动员要慎重对待。首先要了解腹痛的性质、部位,根据腹痛的部位与运动负荷的关系,来判断是由疾病引起的,还是与运动有关的生理原因引起的,做到有的放矢。出现腹痛时应立即降低负荷强度,减慢速度,调整呼吸和动作节奏,按摩腹部,按压足三里、内管、三阴交等穴位,如果无效或疼痛反而加重,应立即停止运动,及时送往医院检查。

(七)运动性血尿

1. 原因与症状

关于运动性血尿的发病原因,很多学者认为与以下几种因素有关。

(1)外伤。在剧烈运动时,因肾脏血管收缩,导致肾小球基底膜细胞间隙加大,通透性增强,血液中的红细胞过滤到肾小球囊腔内而引起运动性血尿。冲撞性运动使泌尿系统,特别是肾脏受到直接或间接的挤压、牵扯或打击,导致肾组织和血管的微细外伤而引起血尿。

(2)泌尿系统有器质性疾病。泌尿系统器质性疾病,如肾炎、泌尿系统感染或结石等,在进行剧烈的篮球运动时,对这些器质性疾病刺激增加,易使其损伤或加剧其改变而导致血尿。

(3)肾血管收缩造成的缺血、缺氧。高校篮球运动员在进行篮球运动时,全身血液重新分配,肾上腺素和去甲肾上腺素分泌量增多,往往会造成大量血液流向心肺系统和运动系统,肾脏血流量相对减少,造成肾小球供血相对不足,使其机能一时性障碍,造成肾小球毛细血管壁通透性增加,其滤过功能受影响,导致红细胞、蛋白等物质漏出。同时,由于肾上腺素和去甲肾上腺素分泌增加,肾血管收缩造成的肾缺血、缺氧,大量乳酸使肾小球通透性增加,出现红细胞外溢,形成运动性血尿。

(4)肾静脉压增高。在直立位下,高校篮球运动员连续长时间的蹬地动作,又由于肾周围脂肪较少,导致肾脏位置下移,肾静脉与下腔静脉之间的角度变锐,在两静脉交叉处容易发生扭曲,引起肾静脉压增高,红细胞溢出,出现血尿。

高校篮球运动员发生运动性血尿时,其通常表现为以下症状。

(1)篮球运动后骤然出现血尿,其严重程度与运动员身体适应能力、负荷量、运动强度、情绪、机能状态、性别和运动时的自然环境(如温度、湿度、海拔等)等因素密切相关。多数表现为镜下血尿,少数呈肉眼血尿,小便颜色为樱桃红色、或红葡萄酒色、或褐色、或浓茶色等。

(2)临床症状表现:全身乏力、头晕、肢体沉重感、尿道有烧灼感、偶感腰部不适等。血尿的严重程度与运动负荷和运动强度密切相关。

(3)停止运动后,血尿迅速消失,绝大多数在 3 天内血尿停止。

(4)血液化验、肾功能检查、腹部 X 线检查等均属正常。

此外,要区别运动性血尿要与泌尿系统疾病,后者包括泌尿系统结石、泌尿系统感染、肾小球肾炎、泌尿系统结核(肾结核、膀胱结核)等。泌尿系统疾病所致的血尿,其血尿程度与运动负荷无明显关系,同时伴有尿频、尿急、尿痛、腰痛、水肿、发热、脓尿等症状。

2. 预防

针对运动性血尿的预防,高校篮球运动员可参考以下几个方面。

(1)应坚持循序渐进的原则。合理安排运动负荷,运动量、运动强度和动作难度必须与身体水平相适应。避免骤然加大负荷和训练强度,避免过度训练。

(2)在剧烈运动过程中应进行适当的水分补充。

(3)加强篮球运动员的医务监督,定期进行体格检查。赛前体检,特别是尿常规检查,每周 1 次。

3. 治疗方法

(1)一般处理。运动后无任何症状,仅出现镜下血尿,如果是一时运动量过大所致,可适当调整运动量和运动强度,减少跑跳动作,加强医务监督,定期验尿。如果出现肉眼血尿,不论有无症状,均应暂时停止剧烈运动,做相关检查。如有器质性改变,应按病情轻重,及时治疗。运动性血尿,一般休息 1 周后可完全消除。

(2)西医治疗。可试用一般止血药。注射安络血、ATP、VB_{12} 肌注;VK 止血。

(3)中医治疗。

1)下焦瘀热证:该症状表现为尿血,小便频数,赤涩热痛,舌红苔黄,脉数等。治宜凉血止血,利水通淋,可用小蓟饮子加减,水煎,温服,一次 1 剂,一日 3 次。

2)血热证:该症状表现为尿血、鼻衄、咯血、呕血、便血和崩漏等。血色鲜红,发热,舌红,苔黄,脉数等,治宜清热凉血、散瘀止血,可用荷叶丸,一次9克,一日3次,空腹,温开水送服。

(八)运动性中暑

1.原因与症状

对高校篮球运动员而言,其发生运动性中暑的原因有以下几种。

(1)热痉挛产生原因。运动中机体大量排汗,失水失盐过多以致电解质平衡紊乱,发生肌肉疼痛和痉挛。

(2)热射病产生原因。热射病是发生在高热环境中的一种急性病。运动时,体内产热较多,如果天气温度和湿度较高,且空气不流通,散热就会受到影响,热量在体内大量积累,会造成体温大大升高,水、盐代谢出现紊乱,严重影响体内的生理机能以及中枢神经系统的机能活动。

(3)日射症产生原因。由于阳光直接照射头部而引起的机体强烈反应。

(4)循环衰竭产生原因。由于运动时机体失水过多,使血容量减少,如果心脏功能和血管舒张调节不能适应,可导致周围循环衰竭而发生中暑。

运动性中暑有轻重之分。重症中暑又分为热射病、日射病和热痉挛。不同的症状表现如下。

(1)轻症中暑症状。体温常常在38℃以上,头晕、口渴,面色潮红、大量出汗、皮肤灼热等,或出现四肢湿冷、面色苍白、血压下降、脉搏增快等。

(2)重症中暑症状。热痉挛:热痉挛与高温无直接关系,多发生在剧烈劳动与运动后。由于大量出汗,氯化钠(盐类)丧失过多,导致血钠、氯化物降低,血钾亦可降低,而引起肌肉疼痛和痉挛,称为热痉挛(俗称抽筋)。轻者只是对称性肌肉抽搐,口渴,尿少,但体温正常。重者大肌群也发生痉挛,并呈阵发性。负荷较重的肢体肌肉最易发生痉挛。

热射病:热射病的症状轻重不等,轻者仅呈虚弱状态,重者有高热和虚脱。一般发病急,体温上升,大量冷汗,继而无汗、呼吸浅快、脉搏细速、躁动不安、神志模糊、血压下降,重者可引起昏迷,体温高达41℃以上,脉搏极快,而呼吸短促,最重者可因心力衰竭或呼吸衰竭而致死。

日射病:其主要是因强烈的阳光照射头部,造成颅内温度增高引起机体的强烈反应。主要表现为剧烈头痛、头晕、恶心、呕吐、耳鸣、眼花、烦躁不安、神志障碍、脉搏细而频速、血压降低等,重者发生昏迷,体温可轻度增高。

2. 预防

高校篮球运动员在高温炎热季节进行篮球运动时,应当减少运动量和运动时间。夏天在室外锻炼时,应戴白帽,穿浅色、宽松、通风性能好的运动服。准备清凉消暑或低糖含盐饮料,并准备急救药品,发现中暑症状,立即停止运动,及时处理。

3. 治疗方法

高校篮球运动员一旦出现中暑症状,首先必须进行降温,迅速将患者移到凉爽、通风的地方,平卧休息,头部稍垫高,松解衣服,全身扇风,头部冷敷,用温水或酒精擦身,服饮盐开水或清凉饮料,必要时服解热药物。肌肉痉挛者主要是牵引痉挛的肌肉,补充盐和水。头痛剧烈者,针刺或点太阳穴、风池、合谷、足三里等穴。如有昏迷,可刺激人中急救,对四肢进行重推摩和揉捏,必要时一面急救,一面迅速送医院治疗。

第三节　篮球运动的合理营养补充

一、运动与营养的关系

对于人体而言,所需营养素约有 50 种,脂肪、蛋白质、糖、矿物质、维生素、水和膳食纤维七大类营养素是维持生命的物质基础,没有这些营养素,便无法维持生命。这些营养素在体内的功能各不相同,主要有三个方面,一方面是供给能量以满足人体生理活动和体力活动对能量的需要;另一方面是在体内物质代谢中起调节作用;再一方面是作为构建和修补身体组织的材料。

(一)运动与蛋白质

蛋白质主要由碳、氧、氢、氮四种元素组成,其元素组成的最大特点是含有氮。有些蛋白质还含有硫、磷、铁等其他元素。上述这些元素按一定结构组成氨基酸。氨基酸是蛋白质的组成单位。自然界中的氨基酸主要有 20 多种,通过不同的组合形成了种类繁多的蛋白质。

通过食物中蛋白质含量和优劣的对比,动物性食物蛋白质含量高、质量好,如蛋、奶、鱼、瘦肉等。植物性食物中富含蛋白质的主要是谷类和豆类,谷类是我们的主食,是我国人民补充蛋白质的主要来源,蛋白质含量居中(约10%),大豆则含有丰富的优质蛋白质。蔬菜水果等食品的蛋白质含量很低,在蛋白质营养中作用很小。

蛋白质和人体进行篮球运动的能力有密切的关系,如氧的运输与储存、肌肉收缩、各种生理机能的调节等。此外,蛋白质可为运动时肌肉耗能提供5%~15%的能量。如果进行长时间的篮球运动将会耗尽体内储存的糖,这时就会分解体内的蛋白质作为能量来源,而运动员在赛后更加需要蛋白质来修复损耗的肌肉组织。蛋白质的补充可选择支链氨基酸、谷氨酰胺和增肌粉等蛋白质和氨基酸补剂。

(二)运动与脂肪

脂类是由四碳以上的脂肪酸和醇等组成的酯类及其衍生物,主要包括中性脂肪和类脂质。脂肪仅指脂类中的中性脂肪,是甘油和三分子脂肪酸组成的酯。在人们日常生活中,所说的膳食脂类主要包括磷脂、甘油三酯和胆固醇。

脂肪并没有供给量的标准,因为我国地域条件不同,各地区的经济发展水平和饮食习惯也存在很大的差异,所以,脂肪的实际摄入量有很多区别。我国营养学会建议膳食脂肪供给量不宜超过总能量的30%,其中单不饱和、饱和、多不饱和脂肪酸的比例应为1:1:1。亚油酸提供的能量能达到总能量的1%~2%即可满足人体对必需脂肪酸的需要。

(1)在运动过程中,人体组织内的甘油三酯被动员后,游离脂肪酸在血液中的浓度变化可分为三个时期:循环期、代谢期、恢复期。

(2)篮球运动对体内脂肪的代谢有很好的改善作用,可以降低血脂含量,减少体脂和减轻体重,还可增加血液中高密度脂蛋白的含量,使血浆中胆固醇和甘油三酯下降。在进行篮球运动时机体的能量消耗增加,骨骼肌、心肌摄取游离脂肪酸增多,从而进入肝脏的脂肪酸减少,使体内甘油三酯合成降低。运动能够提高体内脂蛋白脂肪酶活性,清除甘油三酯的功能加强,因而使血脂含量下降。

(三)运动与糖

糖可以直接被机体利用,因此在运动中占有很重要的位置。糖是由碳、氢、氧三种元素组成的一类化合物,又被称为碳水化合物,其中氢和氧的比例与水分子中氢和氧的比例相同。根据分子结构的繁简,糖可分为三类:单糖、双糖和多糖。单糖是最简单的糖,易溶于水,可直接被人体吸收利用,最常见的单糖有葡萄糖、果糖和半乳糖。双糖是由两分子单糖脱去一分子水缩合而成的糖,易溶于水,它需要分解成单糖才能被身体吸收,最常见的双糖是麦芽糖、蔗糖、乳糖。多糖是由许多单糖分子结合而成的高分子化合物,无甜味,不溶于水,多糖主要包括淀粉、糖精、糖原和膳食纤维,淀粉是谷类、薯类、豆类食物的主要成分,淀粉在消化酶的作用下可分解成糖精,经过机体的进一步消化成为葡萄糖后被吸收。

在能量代谢中,糖具有非常重要的作用,且糖是进行篮球运动时的主要供能物质,对人体运动能力有很大的影响。运动时肌肉的摄糖量可为安静时的 20 倍以上,体内糖原的储存量与运动能力成正比关系。运动前和运动中合理补充糖,可以减少糖原消耗,提高血糖水平,有利于提高运动成绩。

(四)运动与维生素

维生素是人体中含量很少的一类低分子化合物,是有重要生物活性作用的物质。对机体而言它是维持其正常生命活动不可缺少的物质。虽然它不是机体组织结构的成分,也不提供热能,但它却在机体的生长、发育、代谢过程中起着重要的作用,在维持机体功能方面起关键作用。

每种维生素都有各自不同的特殊功能,缺一不可。每类维生素之间都不可代替,缺乏任何一种维生素都有可能引起某种特殊的疾病。由于多数维生素不能由人体自行合成或合成量不足,因此大部分维生素必须从食物中获得。主要来源是牛奶、鸡蛋、粗粮、动物肝脏、植物油、各种蔬菜、水果等。茶叶中也含有多种维生素,其中维生素 C 的含量最多。

维生素的摄取并不是越多越好,因此在摄取量的控制上要非常重视,以避免对身体产生损害。现如今,无论是大学生还是上班族,学习和工作的任务都非常繁重,思想压力大,容易出现身体疲劳和神经紧张等症状,而维生素对调节机体代谢、提高机体的反应能力、促进身体发育、提高适应能力等有着重要的作用,因此应重视对维生素的足量摄取。例如,对维生素 B_1 的需要量就要高于常人,必须给予足量的供给,缺乏时容易导致疲劳恢复能力下降、脾气暴躁、神经质等不良后果。另外,在一些经济发展迅速的地区,人们的生活节奏较快、时间紧张等,没有时间对自己的膳食营养进行调理和规划,常以快餐或方便面等作为主要食物的来源。常吃方便面,热能和脂肪勉强能够满足机体需要,但由于没有蔬菜水果的搭配,长期下去会导致缺乏维生素,机体内许多酶的活性下降,免疫力低下,抗病能力差。经常吃的快餐多为经过加工和热处理的食品,由于大部分维生素的性质极不稳定,在这类食物烹调过程中会致使多种维生素的丧失。因此,不建议高校篮球运动员经常食用快餐和方便面,而应尽可能增加膳食中的食物种类,以保证各种维生素的足量摄取。

对人体的代谢与身体发育来说,维生素有着重要的意义,但是摄入量要控制得当。摄入过少会引起缺乏症,过多则容易引发中毒现象,必须严格按照机体需要量摄入。同时机体应主要通过食物摄入维生素,在食物补充适量的情况下不必另外补充维生素制剂。

(五)运动与水

水是构成细胞和液体的重要成分,是人体最重要的营养素,在人体中它也是所占数量最多的成分,约占体重的 $50\%\sim60\%$。人若不吃食物,只喝水可以生存数十日,但不喝水只能存活数日。人体新陈代谢的一切生物化学反应都必须在水的介质中进行。水的形式主要有两种:一部分水与细胞内的其他物质相结合,叫"结合水";大部分水以游离的形式存在,叫"自由水"。

由于受到年龄、劳动强度、环境温度以及持续时间等各种因素的影响,人们对水的需求量也会有所不同。大多数情况下,正常成人每日约需水2 500 毫升。人体主要通过饮水和进食食物获得水分。碳水化合物、脂肪和蛋白质代谢过程中也产生一部分水,称为代谢水,但数量较少。

水对人的身体具有至关重要的作用,因此,在进行篮球运动时也需要重视补水,以避免影响运动效果。其主要作用有以下几个方面。

1. 有助于保持水平衡

满足失水量及保持水分平衡是运动员控制水分摄取量的基本原则,当人在感觉口渴时,往往已失去相当 1% 体重的水分。学生在进行篮球运动时,为了预防失水,要采取少量多次补充的饮水方法。

2. 排汗量和排汗率

学生在炎热的环境下进行篮球运动训练时,物质代谢产热过程激烈,加上外环境热的作用,使内环境变化大,体温明显升高,为了排除体内多余热量,保持内环境平衡,需要通过排汗带出热量,水分的流失就会导致内环境部分生理反应下降,运动能力也会随之下降。因此,维持内环境相对稳定与保持运动能力十分重要。

3. 失水会影响运动能力

水会严重影响运动能力,当人体内的失水量达到体重的 2% 时,工作能力会下降 $10\%\sim15\%$。失水量为体重的 5% 时,运动员的运动能力可下降 $10\%\sim30\%$。

(六)运动与无机盐

除主要组成蛋白质、脂肪和碳水化合物等有机物的碳、氢、氧、氮四种元素之外,其余各种元素大部分以无机化合物的形式在体内起作用,统称为无机盐,也叫做"矿物质"。也有一些元素是体内有机化合物(如激素、酶、血红蛋白)的组成成分。这些无机盐根据它们在人体内含量的多寡分为常量元素和微量元素。体内含量大于体重的 0.01% 的称为常量元素,它们都是人体必需的元素,主要包括七种:钙、钠、磷、镁、钾、氯、硫。含量小于体重的 0.01% 的称为微量元素,种类很多,目前人们认为必需的微量元素有 14 种,它们是锌、铁、铜、铬、锰、钼、钴、锡、碘、钒、镍、硒、氟、硅。微量元素在体内含量极少,但是生理功能却很重要。

与其他营养素一样,无机盐的摄取也需要坚持适量的原则,每种矿物质发挥其生理功能都控制在一定的适宜范围内,小于这一范围可能出现缺乏症状,大于这一范围则可能引起中毒,因此,一定要很好地掌握它们的摄入量。

1. 钙

钙是人体必需的常量元素之一。婴儿体内含钙 25～30 克。成人体内含钙 850～1 200 克,相当于体重的 1.5%～2.0%。

在肠道内,钙的吸收并不完全,食物中约 70%～80% 的钙会随粪便排出。一方面,膳食中纤维素过高也会降低钙的吸收率;另一方面,蔬菜水果中的维生素 C,膳食中的维生素 D,膳食中钙与磷的比例适宜(1∶1)以及牛奶中的乳糖等因素均可促进钙的吸收。另外,在进行篮球运动过程中也可促进钙的吸收和储备。当人体缺钙或钙需要量大时,钙的吸收率也会相应增高。

2. 铁

铁在人体内的含量为:男性 3～3.5 克,女性 2～2.5 克。根据在体内的功能状态可分成功能铁和储存铁两部分。功能铁存在于血红蛋白、肌红蛋白和一些酶中,约占体内总铁量的 70%。其余约 30% 为储存铁,主要储存在肝、脾和骨髓中。

铁在食物中的存在形式主要有两种,血红素铁和非血红素铁,这两种形式的铁在小肠内的吸收率不同,影响它们的因素也不同。血红素铁存在于动物的肌肉、血液和内脏中,其吸收率可达 20% 以上,且不受膳食中其他成分的影响。铁的吸收除受其化学形式和膳食因素影响外,还与身体的铁营养状况有关。体内铁的吸收率受到体内铁储备量的影响,充足时吸收率很低,缺乏或需要量增高时吸收率增高。这种现象在非血红素铁的吸收中表现得更为显著。非血红素铁主要存在于植物性食物中。这种铁需要在胃酸作用下还原成亚铁离子才能被吸收。食物中的植酸盐、磷酸盐、草酸盐、鞣酸和膳食纤维都会干扰其吸收,因此吸收率很低,一般只有 $1\%\sim5\%$ 被吸收。在膳食中促进铁吸收的因素包括:蔬菜水果中的维生素 C,某些氨基酸以及鱼、肉类中的某些成分。由于目前还未具体找到这些成分,暂时称它为"肉类因子"。牛奶和蛋类食品中不存在"肉类因子"。

另外,铁是血红蛋白的组成成分,有氧运动中血红蛋白运输氧的能力对运动能力有着很大的影响。

3. 锌

锌广泛分布在身体的各个组织中,含量约占 $2\sim3$ 克。当前已经发现有50 多种酶含锌或与锌有关。锌能够促进生长发育;参与核酸和蛋白质的合成;可促进细胞生长、分裂和分化;是性器官发育不可缺少的微量元素;可改善味觉,增进食欲;能增强对疾病的抵抗力。篮球运动过程中,对锌的需求量也是很大的,它可以帮助人体内的各种生理反应顺利进行。

锌在十二指肠被吸收,由于膳食中的草酸、植酸和过多的膳食纤维都会干扰锌的吸收,因此吸收率较低,只有 $20\%\sim30\%$。膳食中植酸、钙和锌结合成络合物而降低锌的吸收率。发酵可破坏谷类食物中的植酸,提高锌的吸收率。

(七)运动与膳食纤维

在植物性食物中,膳食纤维含有一些不能为人体消化酶所分解的物质。它们不能被机体吸收利用,但却是维持身体健康所必需的,这类物质主要包括半纤维素、纤维素、木质素、果胶、琼脂等,营养学上统称之为"膳食纤维"。

食物纤维可分为两类:水溶性纤维和非水溶性纤维。水溶性膳食纤维包括:果胶、植物胶、黏质。非水溶性膳食纤维(在食物营养成分表中称为粗纤维)包括:纤维素、半纤维素、木质素。

食物纤维对人体健康具有一定的生理意义,它的供给量不足会对人体健康产生不利的影响。膳食纤维摄入量过多会影响某些营养成分的吸收利用,使食物中的营养素遭受损失。在运动中膳食纤维也有很大的作用。

食物纤维广泛存在于豆类、谷类、蔬菜、果皮等食物中,主要食物包括五谷类、豆类、蔬菜类、根茎类、水果类。

二、篮球运动的营养消耗与补充

(一)蛋白质的消耗和补充

1. 蛋白质的消耗

篮球运动状态下,运动者体内蛋白质的分解和合成代谢增加,蛋白质的消耗自然也增加。这是因为运动使器官肥大、酶活性提高、激素调节活跃造成的。由于蛋白质食物的特别动力作用强,蛋白过多可使机体代谢率增高,并增加水分的需要量,所以运动前蛋白质的摄入不宜过多。

2. 蛋白质的补充

(1)补充蛋白质的意义。

1)帮助损伤的组织快速修复和再生。

2)促进肌肉蛋白质合成,增强力量。

3)促进抗体、补体和白细胞的形成,提高免疫机能。

4)调节许多代谢过程,如酸碱平衡、体液平衡、营养素的输送等。

5)当糖原储存大量消耗时,氨基酸分解代谢可以直接参与供能。

6)氨基酸还可以进行糖异生,维持运动中血糖水平,有助于提高运动持久力。

综上可知,氨基酸、蛋白质缺乏都将削弱运动机能,所以补充优质蛋白质和某些特殊氨基酸,对提高运动人体代谢能力具有重要的作用。

(2)蛋白质的补充及需要量。篮球运动者需要有很强的力量耐力,因此在进行耐力训练过程中,食糖、能量摄入充足时,每日所需蛋白质的量是1.0~1.8克/千克体重。运动水平越高,需要量增加越多。连续数天大负荷耐力运动时,若每日补充蛋白质1.0克/千克体重,身体会出现负氮平衡,这表明体内蛋白质分解多于补充;而以1.5克/千克体重摄入蛋白质时,身体处于正氮平衡。

在篮球运动项目中,运动者对于蛋白质的需要量要比普通人多。在力量负荷较小的情况下,每日需要蛋白质1.0~1.6克/千克体重。

篮球运动者需选择优质蛋白的食物以满足机体需要,蛋白质食物提供的热量可占总摄能量的18%。

(3)氨基酸的补充。

1)谷氨酰胺。对于篮球运动者来说,谷氨酰胺是肌肉增长和增强力量的必需营养素,它的主要功能包括以下几方面。

A. 谷氨酰胺是强有力的胰岛素分泌刺激剂。

B. 谷氨酰胺是有效的抗分解代谢剂,当肌内谷氨酰胺浓度较高时,其他氨基酸不能再进入谷氨酰胺产生的环节中,从而利于蛋白的合成;另外,谷氨酰胺还起维持体内氨基酸平衡的作用,使机体合成更多的蛋白质。

C. 谷氨酰胺是免疫系统所有细胞复制都需要的原料。谷氨酰胺具有增强免疫力的作用,对于大强度训练引起运动者免疫系统功能下降有积极的恢复作用。

通常来说,运动后不可直接补充谷氨酰胺,因为服用后会增加机体的氨负担。α-酮戊二酸是谷氨酰胺的前体物质,机体能利用鸟氨酸与 α-酮戊二酸合成谷氨酰胺。这两种氨基酸结合在一起使用,在胰岛素、生长激素的分泌调节中发挥的作用更大。

2)支链氨基酸。支链氨基酸的主要功能表现在以下几个方面。

A. 支链氨基酸可以直接用作细胞燃料,参与长时间持续运动的能量供应,减少耐力性运动时肌肉蛋白质的降解速率。

B. 可以降低游离色氨酸进入大脑的速度,减少 5-羟色胺的生成,维持大脑的正常兴奋性,延缓中枢出现疲劳现象。

(4)蛋白质和氨基酸补充过量的副作用。一般来说,每日低于 2.0 克/千克体重的蛋白质摄入量,不会有任何副作用。但过高的蛋白质摄入则会对人体有潜在的副作用,特别是有肝、肾疾患或者患病史则更要避免。主要的副作用有以下几个方面。

1)加重肾脏的负担,容易引发肾脏疾病。

2)增加体液排出量,还有可能附带过多的脂肪摄入。

3)增加尿钙排出量,对于闭经的女生危害更大。

4)诱导肝脏内线粒体发生形态学变化,以致发展成病态。

5)如果是以单一氨基酸的形式补充蛋白质,还能引起蛋白质代谢失调,血氨升高等。

(二)糖的消耗和补充

1. 糖的消耗

参加篮球运动时,糖类是热能的主要来源之一,它在篮球运动中的利用程度决定了运动者是否能具备良好的耐久力,从而顺利完成规定的运动强度,达到一个很好的运动效果。糖类耗氧少、易消化,代谢的产物主要是水和二氧化碳,在篮球运动时会随时被排出,补充不及时,就会形成供需脱节,在没有及时补充而又继续运动的情况下,对糖类的大量需要只能来自体内贮备的糖原,从而造成糖原枯竭,对于学生和其他运动者来说这种情况这可能是致命的。

2. 糖的补充

(1)运动补糖的意义。

1)长时间运动中补糖,可预防和延缓中枢性疲劳的发生。

2)补糖可维持血糖浓度,有利于减少应激激素,稳定免疫功能。

3)运动后补糖可以加强肝糖原和肌糖原的合成与储存,促进疲劳消除和体能的恢复。

4)高水平的糖原储备可使学生抗疲劳能力提高。运动前或赛前补糖旨在优化肌肉和肝脏糖原储备,维持运动时血糖稳定,保障几小时内快速运动能力和长时间运动末期的冲刺力。

5)运动中补糖,可以显著改善糖代谢环境,保持运动中血糖浓度,维持高的糖氧化速率,节省肝糖原,减少蛋白质消耗,提高运动能力。

(2)运动补糖的方法(表3-4)。

1)运动前补糖。在篮球运动前数日可增加膳食中糖类食物,或者在运动前1~4小时/千克体重补糖1~5克。但应该避免在运动前30~90分钟补糖,以防止运动时血中胰岛素升高。

表3-4　运动前、中、后补糖安排

内容	时间	数量	备注
运动前	在大运动负荷前一周或数日内,也可采用在赛前1~4小时补糖	大运动量前数日内按10克/千克体重补糖;在赛前1~4小时补糖1~5克/小时	应补充低聚糖,主要以果糖和葡萄糖为宜
运动中	每隔20分钟补糖一次,少量多次饮用含糖饮料	一般不大于60克/小时或1克/分钟	
运动后	理想的是在运动后即刻、运动后2小时内以及每隔1~2小时连续补糖	0.75~1.0克/千克体重,24小时内补糖总量达到9~16克/千克体重	开始补糖时间越早,效果越好

2)运动中补糖。篮球运动过程中,每隔20分钟补充含糖饮料或容易吸收的含糖食物,补糖量一般不大于20~60克/小时或1克/分钟,通常少量多次饮用含糖饮料。

3)运动后补糖。大强度的篮球运动结束之后,补糖的时间越早则效果越好。因为运动后 6 小时以内,肌肉中糖原合成酶活性高,可有效地促进糖原的合成。理想的方法是在运动后即刻、运动后 2 小时内以及每隔 1~2 小时连续补糖。运动后补糖量为 0.75~1.0 克/千克体重。

(三)维生素的消耗和补充

1. 维生素的消耗

参与篮球运动过程中,体内物质代谢过程加强,对维生素的需要量也会增加。维生素的需要量与运动量、机能状态和营养水平有关。剧烈的运动可使维生素缺乏症提前发生或症状加重,并且由于篮球运动者对维生素缺乏的耐受力要比正常人差,所以运动过程中应补充维生素。

2. 维生素的补充

(1)需要补充维生素的原因。运动时需要增加维生素的主要原因主要有以下几点。

1)激烈运动加速水溶性维生素从汗、尿中排泄,尤其是维生素 C 的排泄。

2)运动时,机体能量消耗大大增加,加速了物质能量代谢过程,同时也加快了各组织的更新,使维生素利用和消耗增多。

3)运动引起线粒体的数量和体积增大,酶和功能蛋白质数量增多,参与这些物质更新的维生素的需要量增加。

(2)与运动关系密切的维生素。

1)维生素 A。维生素 A 是形成眼视网膜中视紫质的原料,具有保护角膜上皮、防止角质化的作用。篮球运动员由于需要良好的视觉观察能力,因此维生素 A 不足必然影响其运动能力。缺乏维生素 A 时会产生夜盲症、角膜炎、皮肤角化等疾病。

2)维生素 B_1。维生素 B_1 是糖代谢中丙酮酸等氧化脱羧所必需的辅酶的组成成分。其还与神经递质乙酰胆碱的合成与分解有关。维生素 B_1 缺乏时,运动后的丙酮酸及乳酸堆积,使机体容易疲劳,并可引起乳酸脱氢酶活力减低,影响骨骼肌与心脏的功能。缺乏维生素 B_1 将会导致机体疲劳,肌力下降、胸闷、气短、心悸,下肢水肿等,还会出现角膜炎、口舌炎症,神经机能低下,体内代谢不正常等症状。

3)维生素 B_2。维生素 B_2 是构成体内多种呼吸酶的辅酶的成分,与体内的氧化还原反应和细胞呼吸有关。维生素 B_2 缺乏的运动者,容易出现肌肉无力、耐久力受损害、疲劳等症状。

4)维生素 B_6。维生素 B_6 又称"磷酸吡多醛",是氨基酸脱羧酶的辅酶,参与蛋白质的分解与合成。它与运动能力,特别是力量素质有关。缺乏维生素 B_6 将会导致神经机能低下,有时抽搐的现象。

5)维生素 B_{12}。维生素 B_{12} 是一组合钴的钴胺素生理活性物质,参与同型半胱氨酸甲基化转变为蛋氨酸和甲基丙氨酸—琥珀酸异构化过程。缺乏维生素 B_{12} 的人较少见。维生素 B_{12} 参与细胞的核酸代谢,与机体的造血过程有关,当维生素 B_{12} 缺乏时,细胞的平均容量增加,血红蛋白浓度下降,可诱发巨幼红细胞贫血,使氧的运输能力下降,影响最大有氧能力和亚极量运动能力,同时也可引起神经系统损害。缺乏维生素 B_{12} 将会引起恶性贫血,胎儿红细胞及血小板再生不良,脑与神经障碍。

6)维生素C。维生素C具有很强的还原性,参与氨基酸和蛋白质的代谢。运动时机体的维生素C代谢加强,短时间运动后血液维生素C的含量升高,但长时间的篮球运动后下降。不同的运动负荷后,不论血中维生素量是降低还是升高,组织维生素C均表现为减少。运动过程中机体维生素C不足时,白细胞的吞噬功能下降。篮球运动者在过度训练时,血液维生素C的水平和白细胞吞噬功能都下降。维生素C还有消除疲劳、提高耐力以及促进创伤愈合等作用。

7)维生素E。维生素E具有抗氧化的作用,还有促进蛋白质的合成和防止肌肉萎缩等生物学作用,可提高肌肉力量。缺乏维生素E会导致细胞寿命缩短。

8)维生素PP。维生素PP又叫"尼克酰胺",它是构成脱氢酶的辅酶的成分,在机体代谢中起重要作用的辅酶Ⅰ(NAD+)和辅酶Ⅱ(NAD+)的组成成分中就含有尼克酰胺。其在机体内的有氧和无氧代谢,脂肪和蛋白质代谢中起重要作用,与运动者的无氧和有氧耐力有关。缺乏维生素PP会产生癞皮病(皮炎,舌炎、食欲不振,烦躁失眠,腹泻等)。

(四)无机盐的消耗和补充

1. 无机盐的消耗

在篮球运动中,体内的微量元素与矿物质的代谢均可能发生变化。运动量大时,尿中钾、磷和氯化钠排出量减少,而钙的排出量增加。如果篮球运动者对负荷的运动量适应,体内矿物质的变动幅度将降低。

2. 无机盐的补充

大多数情况下,人体内的电解质处于相对比较恒定的状态。在短时间激烈运动时,体内不会出现因电解质大量丢失而导致电解质缺乏的现象。但是在炎热的环境经中过长时间的篮球运动训练,由于代谢产热和热环境的双重作用,可使人体的内热蓄积,体温增高,排汗成为散热的主要途径。大量排汗引起多种电解质丢失。为保持这些物质的代谢平衡,必须采取合理措施加以补充,否则会导致机体内稳态失调,从而引起一系列生理生化功能障碍,影响运动能力。下面简要分析与篮球运动关系密切的几种无机盐的补充情况。

(1)铁(Fe)。成人体内铁含量为 3.5～4.0 克。篮球运动者由于铁的需要量高、丢失增加,再加上摄入不足,普遍存在铁营养状况不良。因此,运动者膳食中应加强铁的摄入。

(2)锌(Zn)。关于锌的含量,红细胞约为血浆的 10 倍,其主要以碳酸酐酶和其他含锌金属酶类的形式存在。锌的主要功能在于它是多种酶的组成成分和激活剂,调节体内各种代谢。且锌可以影响睾酮的产生和运输。所以,它与篮球运动能力之间具有非常密切的关系。

(3)钾(K)。成人体内钾含量约为 117 克左右。大部分存在于细胞内液,只有约 2% 存在于细胞外液。当血钾浓度降低时,脑垂体生长素输出下降,造成肌肉生长减慢。口服钾可迅速恢复生长素水平和促胰岛素样生长因子水平。

(4)铜(Cu)。铜是很多金属酶,如超氧化物歧化酶(SOD)等的辅助因子,参与机体内的多种生理代谢反应,铜缺乏时影响铁的动员和运输,会出现小细胞性低血色素贫血。

(5)硒(Se)。作为谷胱甘肽过氧化物酶的辅助因子,硒具有消除过氧化物,增强维生素 E 的抗氧化能力等作用,因此它与篮球运动能力也有着非常密切的关系。运动者硒的补充剂量是推荐摄入量的 4 倍,即每天约200 微克。

(五)水的消耗和补充

1. 水的消耗

在参加篮球运动时,出汗有调节体热平衡的功效,而水的消耗是通过大量出汗实现的。运动时出汗的多少与运动项目以及气温、热辐射强度、温度、气压、单位时间运动量及饮食中的含盐量有关。

2. 水的补充

参加篮球运动时体内产生的热量会增加,机体为了防止体温过高,通常会以出汗的方式进行散热,并通过相应机制使尿量减少。从而导致体液和电解质的丢失,使体内正常的水平衡和电解质平衡遭到破坏,引起不同程度的脱水。

(1)运动补液的意义。掌握好补液的时间,对运动能力具有很大的影响。脱水后补液的时间越迟,运动能力的降低越严重。运动时当失水速度达到 275 毫升/小时的脱水阈时,就会引起机体脱水。有关研究已表明,篮球运动属于间歇性运动项目,间歇性运动项目运动者的相对出汗率不仅不比耐力性运动项目运动者低,而且还可能高于耐力性运动项目。在进行篮球运动前和运动中合理补液,可以维持血浆容量,防止运动中心率和体温的过度升高,从而有助于提高运动能力。

(2)补液的原则。

1)预防性原则。补液期间遵循预防性原则可以避免脱水的发生,防止运动能力的下降。

2)少量多次原则。补液按照少量多次的原则,可以避免一次性大量补液使胃肠道和心血管系统的负担加重。

3)补大于失原则。为保持最大的运动能力和最迅速地恢复体力,补液的总量一定要大于失水的总量,特别是钠的补充量一定要大于丢失的量。

(3)补液的方法。

1)运动前补液。篮球运动前补充的饮料中可含有一定量的电解质和糖,应根据具体情况来确定补液的量,如在运动前 2 小时可以饮用 400～600 毫升的含电解质和糖的运动饮料。要少量多次摄入,每次 100～200 毫升。不要在短时间内大量饮水,否则会造成恶心和排尿,对运动不利。

2)运动中补液。在篮球运动过程中出汗量比较大,运动前的补液不足以维持体液的平衡,为预防脱水的发生,有必要在运动中补液。运动中补液应采取少量多次的方法,可以每隔 15～20 分钟,补充含糖和电解质的运动饮料 150～300 毫升。补液的总量不超过 800 毫升/小时。

3)运动后补液。篮球运动后补液又称“复水”。运动者在运动中补充的液体往往小于丢失的体液量,因此运动后要及时补液。运动后补液也要遵循少量多次的原则,切忌暴饮。含有糖和电解质的运动饮料是补充液体中不可缺少的。补液中钠含量的高低也会影响补液的需要量。钠的浓度过高就会致使尿量减少,因为钠离子在体内能留住水分,从而帮助体液的恢复,减少补液量。运动后的体液恢复以摄取含糖和电解质饮料效果最佳,饮料的糖含量可为 5%～10%,钠盐含量 30～40 毫摩尔/升,以快速复水。

（4）补液的注意事项。

1）不要采用盐片补钠，盐片会刺激胃肠道，加重脱水，还可引起腹泻。

2）不要在短时间内大量饮水，否则会造成恶心和排尿，对运动训练或比赛不利。

3）不可一次性大量补液，否则可能会造成胃部不适等症状。

4）不可只饮用白水。饮用白水虽然一时解渴，但可造成血浆渗透压的降低，增加排尿量，减缓机体的复水过程。同时，暴饮白水还会稀释胃液，影响食欲和消化功能（表 3-5）。

表 3-5　运动前、中、后补液的注意事项

内容	方法	注意事项
运动前	运动前 2 小时可饮用 400～600 毫升含电解质和糖的运动饮料。也可在运动前 15～20 分钟补液 400～700 毫升，要少量多次摄入，每次 100～200 毫升	不能短时间内大量饮液
运动中	补液的总量不超过 800 毫升/小时。运动中补液必须少量多次地进行，可以每隔 15～20 分钟补液 150～300 毫升	不要饮液过多
运动后	补充含糖 5%～10% 和含钠 30～40 毫克当量的运动饮料	不要用盐片补钠；防止暴饮白水

（5）运动饮料的要求。补液需要理想的运动饮料，理想运动饮料要具备三个条件：一是方便饮用；二是提供能量，增进运动能力；三是迅速恢复和维持体液平衡。因此，运动饮料应含有适当的糖浓度、最佳的糖组合和多种可转运的糖，并具有合理的渗透压浓度以促进胃排空和小肠吸收，满足快速补充体液和能量的需要。具体有以下几个要求。

1）饮料中的糖含量。运动饮料中糖的含量应保持在 4%～8% 之间。可使用葡萄糖、低聚糖、蔗糖、短链淀粉等。低聚糖的吸收速度比单糖和双糖慢，可延长篮球运动中糖的供应时间。

2）饮料中的钠盐含量。由于运动饮料中含少量钠盐，故有利于糖和水分的吸收。运动饮料中的钠盐含量一般低于汗液中的钠盐含量，钠含量约为 20～60 毫摩尔/升。

3）饮料的渗透压。运动饮料中，电解质和糖的浓度越大，渗透压就会越大，致使饮料在胃的排空减慢。由于汗液中电解质含量或渗透压低于血浆，因此当汗液在大量丢失时,血浆中的水分丢失相对电解质来说较多,所以补充的饮料应该是低渗性的或等渗的,以 250~370 毫渗透压为宜。

4)饮料的温度。运动饮料在高温环境下的温度应保持低于环境的温度。温度为 5℃~13℃ 的饮料,除了有降低体温的功能外,也有较好的口感。过凉的饮料可刺激胃部,引起不适。

除了以上营养的消耗和补充,机体进行篮球运动时,还要消耗热能和脂肪。经常参加篮球运动的人热能代谢快,特别是在运动过程中,运动者的热能消耗比一般的劳动者强度高很多,这主要是因为运动量的骤然增大和常伴有缺氧运动造成的。脂肪是运动中热能的主要来源之一,在篮球运动状态下,机体对脂肪的利用显著增加,特别是在寒冷条件下参与篮球运动更是如此。

三、篮球运动营养补充的误区

(一)注重口渴补水,忽略补充体液的科学性

研究实践表明,运动中血容量会因机体脱水而下降,心脏负担增加,而体液丢失一旦达到体重的 2%~3%,就会降低机体的运动能力。高校学生在进行篮球运动时,由于对合理补水知识的缺乏,而错误地认为口渴是脱水的表现。实际上,当学生感到口渴时,其体液缺乏就已经达到体重的 2%~3%,此时运动能力已经受到损害。此外,学生在补水时还要注意矿物质、维生素和碳水化合物的补充。

(二)注重晚餐的丰盛,忽略早餐的多样性和重要性

一日三餐热能的分配要与高校学生参与篮球运动的运动量一致,早餐是最容易被学生所忽视的,甚至根本不吃早餐,出现"早简晚盛"的现象。学生早餐的热能仅占全天的 19%,而晚餐的比例远远高于合理的摄入比例。早餐和午餐的不合理比例也导致了机体各种营养素的摄入出现失衡和严重的不足,使机体内各种营养物质得不到及时的恢复,这会对学生在运动时的能量供应产生非常不利的影响。因此无论从营养角度还是从运动角度,高校学生都要对早餐的多样性给予高度重视。

(三)蛋白质补充过多,忽略碳水化合物摄入

蛋白质作为维持生命活动最重要的营养素,得到了大多数学生的重视,许多学生把摄入更多的蛋白质作为促进身体机能恢复的重要标准。

大多数高校学生认为,饮食中摄入的肉越多,越有营养,而主食如米、面和一些新鲜的含碳水化合物等70%以上的食物基本都会被完全忽略。

(四)强调宏量营养素摄入,忽略了微量营养素的供给

高校学生在进行篮球运动时,往往会产生这样一个误区,认为在饮食结构上只要吃高脂肪、高蛋白、高热量的食品就可以加强营养,过分强调宏量营养素的补充。而其中脂肪和蛋白质的摄入量过多会对运动能力产生非常不利的影响。高蛋白质和高脂肪的饮食不仅会造成热能摄入过剩,还会增加机体内脏器官的负担,对机体吸收其他营养素产生影响。同时还会造成学生体质酸化,对机体的恢复能力产生影响。

(五)注重特殊营养的补充,忽略基础营养摄入

在篮球运动过程中,特殊营养的补充往往会得到学生的过分重视,学生认为提高身体机能只要补充特殊营养就可以了,而忽视了饮食营养的基础作用,造成基础饮食营养摄入非常的不合理。事实上,学生只有在保证良好基础营养的前提下,再根据身体和运动特点去补充特殊营养,才能使营养的作用发挥到最大。

第四章　篮球运动教学体系的优化研究

篮球教学课程是高校进行篮球教学的具体形式,篮球教学课程的科学组织与实施是获得良好教学效果的重要保证。篮球教学课程组织与实施包括很多内容,在具体实践过程中应该对这些内容的主次关系进行科学把握与合理控制。本章主要对高校篮球教学任务与目标的确定、篮球教学的步骤与方法、篮球教学内容与运动负荷的安排、篮球教学文件的制订、篮球教学课的组织与实施等问题进行具体阐述。

第一节　高校篮球教学任务与目标的确定

一、制订篮球教学任务与目标的依据

高校篮球教学的开展需要有相应的教学任务与目标,而教学任务与目标制订的依据主要包括以下几个方面。

(1)以学生的成长发育规律为依据。人体生长发育规律对篮球教学的影响非常重要,学生的生长发育有几个敏感期,这些敏感期对于其篮球素质的培养有着非常重要的作用,抓住这几个敏感期进行篮球教学能够达到事半功倍的效果。调查研究发现,按照我国国民的个体发育规律,各项素质发展的最高峰的年龄主要集中在学生时期,尤其是大学时期,而篮球教学可以充分满足学生的身心发展需求。因此,在篮球教学过程中应该制订更加系统、合理、科学的篮球教学计划,此阶段的教学最有可能会让学生受益终身,这也是篮球教学的根本目标。

(2)以学生参与篮球运动的兴趣与能力为依据。篮球运动教学要想获得良好的教学效果,就必须要吸引学生的关注,提高学生参与篮球运动的兴趣与积极性。要想提高学生的学习兴趣,就应该根据学生生理、心理和智力特点,将篮球运动的趣味性、目的性、对抗性等相结合,使学生逐渐掌握篮球运动知识,从而获得参与篮球运动的基本能力。同时,教师还应该注重培养学生对篮球运动的兴趣,提高其欣赏篮球运动以及参与运动的能力。

（3）以促进学生综合素质的全面发展为依据。篮球运动教学不仅能够提高学生的运动技能，同时还能够全面发展学生的综合素质，具体表现在以下几个方面。

①在德育方面，篮球运动要求学生克服内在与外在的双重障碍，培养其坚定的意志品质与顽强的毅力，无论遇到怎样的困难都要遵循道德规范和准则，努力实现自己的目标。

②在智育方面，篮球运动要求学生具有良好的判断、分析、思维、想象的能力，让学生的智力得到很好的开发。

③在美育方面，篮球运动无时无刻不在培养学生对于美的感受能力、鉴赏能力、表现能力以及创造能力，所以在制订篮球教学任务时应该考虑选择合理的教学内容，使学生得到更好的发展。

二、制订篮球教学任务与目标的程序

一般情况下，制订篮球教学任务与目标的程序具体如下。

（1）了解教学对象。学生的学习需要是指学生的学习成绩、学习态度等现状与篮球教学任务之间存在的差距。分析与了解教学对象的能力与条件主要包括学生在体能、运动技能、篮球知识等方面已经具备的能力与条件。在对学生的学习需要与能力条件进行认真分析和进一步了解的基础上，制订出合理的篮球教学任务与目标。

（2）分析教学内容。在制订篮球运动教学的任务与目标时，要对篮球教学内容的特点与功能进行认真的分析，这是由于具体的篮球教学任务与目标的设定总是与具体的教学内容紧密相连，不同的篮球教学内容具有不同的特点与功能，没有无目标与任务的篮球教学内容，也没有无教学内容的篮球教学任务与目标。

（3）编制教学任务与目标。指导篮球教学活动设计、实施和评价的基本依据是篮球教学的任务与目标。篮球教学的任务与目标对篮球教学活动具有指引、导向、操作、调控与测评的作用。

三、现代篮球教学的具体任务与目标

（一）增强学生的身体素质

良好的身体素质是个体从事体育运动的基础与前提。篮球运动要求学生应该具备较多的运动技能，如跑、跳、投等，因此，通过篮球运动的教学，不仅能够促进学生身体正常发育,全面提高其身体素质,增强其体质,而且还能使学生的身心都得到很好的发展。学生要想很好地学习和掌握篮球技术和战术,增强自身的运动能力,就必须打好身体素质这一基础。

(二)提高学生的篮球知识与技能

现代篮球教学主要包括篮球理论、篮球技术与篮球战术三方面的内容。因此,通过篮球教学要使学生能很好地掌握篮球基础知识以及篮球技术和战术知识,提高运动技能。其中,篮球理论知识是掌握技术和战术的依据,而篮球技术则是篮球战术的基础。篮球教学三个方面的内容之间相互作用、相互统一,它们是一个不可分割的整体,在教学过程中应该对其有足够的重视。

(三)培养学生的创新意识与能力

培养学生的创新意识与创造能力是篮球教学过程中非常重要的一项教学任务。篮球运动是一项创造性活动,在运用篮球的技战术时,学生的运动能力具有明显的复杂性、多变性以及灵活性。因此,篮球教学必须具有促进学生创新能力提高的作用。

(四)促进学生的集体精神与良好意志品质的形成

作为一项集体型的对抗性运动项目,篮球运动的参与者需要具备良好的意志品质与集体精神。

一方面,通过篮球教学与竞赛能够较好地培养学生坚强的意志品质,使学生形成自己的世界观、人生观以及价值观;另一方面,篮球教学过程是一个能够较好地完成人才培养目标的教育过程。因此,在篮球教学过程中,应该重视对学生集体主义精神与勇敢拼搏的良好的意志品质的培养。

第二节　高校篮球教学的步骤与方法

一、高校篮球教学的步骤

教学步骤是教师为了完成既定的教学任务所采取的相应的策略,下面主要从技术教学步骤与战术教学步骤两方面进行分析。

(一)篮球技术教学步骤

1. 掌握技术动作方法,形成正确的动力定型与初步的对抗意识

篮球技能的形成首先应该从篮球基本技术动作的掌握开始,通过各种直观手段让学生感知正确的技术动作方法,逐渐在其头脑中建立起初步的动作表象,之后进行体会与模仿性的练习,使动作表象得到加深。同时,教师通过讲解与分析使学生了解技术的方法、要领和运用时机等关于所学技术的理论知识,从而使知识与动作表象之间产生直接的联系,这即为“知识—表象”的建立。学生在知识—表象的定向作用下不断体会练习,就能够逐渐建立初步的动作概念,形成初步的动力定型。

在教学初期向学生灌输技术动作运用的对抗性,为练习操作赋予实战意义,不仅可以有效提高学生练习的兴趣,同时还能够让学生在一开始就在头脑中建立初步的对抗意识。

2. 学会组合技术,提高初步运用能力

由于篮球技术是一种开放性的运动技能,这就决定了篮球技术的组合性与对抗性,因此,篮球运动教学应该使学生掌握组合技术。

组合技术学习是掌握篮球技能的必要步骤。组合技术就是根据实战中技术运用的组合规律,提炼出的结合性练习单元。它们可分为先后组合、同时组合和附加组合等,如运投组合、运传组合、接投组合和投突组合等。通过组合技术练习让技术动作之间得到合理衔接,体会技术运用的速度、节奏以及攻防的意义,并学会初步运用。由于组合技术练习具有变换的要素,因此使练习的意义更加深刻。这种练习能够有效强化学生的对抗概念,从而为下一步实战对抗练习打下坚实的基础。

3. 在攻防对抗中提高技术的运用能力

所有篮球技术的练习都是为了在实战中得到有效运用,因此篮球对抗练习就成为篮球教学中非常重要的一个环节。

对抗练习是学生在掌握单个技术动作与组合技术的基础上,在攻守对抗的条件下,根据对手的阻挠与制约所采取的相应对策,准确而合理地运用技术的练习方法是学习与掌握篮球技术技能的方法。在教学实践中,应该采取多种有效的形式进行攻防对抗练习,但无论采用哪种形式,都应该将技术的合理运用和实战对抗意识、对抗作风的培养有机结合,不但要提高技术的运用水平,同时还应该培养学生顽强的作风和意志品质。

(二)篮球战术教学步骤

1. 建立战术概念,掌握战术方法

篮球战术教学首先应该让学生建立起对篮球战术概念的认知,了解战术的配合方法,逐渐形成相应的战术意识。教师可以采用直观演示手段,并结合语言讲解使学生明确战术的名称、阵势、配合位置、移动路线、配合的时机等,重点的配合环节应该进行重复演示,有效启发学生的思维,使其加深对所学战术的理解。

2. 培养攻守转化与战术综合运用能力

在学习了基础战术与全队战术方法以后,应该结合实战进行攻守转换以及各种战术组合的练习,这样能够有效培养学生的攻守转换意识与灵活运用战术的能力。

现代篮球教学非常强调攻守转换意识,它是快速进攻与防御的前提条件。攻守转换意识的培养应该在日常教学训练中认真贯穿,使学生养成自觉的意识与行动,在比赛中自觉地加快攻守转换的速度,从而获得场上的主动权。

另外,战术的运用应该根据实战比赛中双方的实际情况采用不同的战术组合,积极发挥自身的特长与优势,从而有效把握比赛的主动权。

3. 提高在比赛中应用战术的应变能力

实战比赛是进行战术练习的最终目的。在比赛之前,教师应该向学生提出比赛的具体战术要求,比赛过程中要对战术运用的情况进行科学的指导,比赛结束之后还应该对成功的配合打法进行总结,找出不足之处并不断改进练习方法。

二、高校篮球教学的方法

(一)基本教学方法

在篮球教学实践中,教师所采用的教学方法多种多样,下面就对几种常用的篮球教学方法进行分析。

1. 讲解法

讲解法属于语言法,篮球教学中常用的讲解法包括自陈法、侧重法、概

要法、提问法、分段法、联系法和对比法。

在篮球教学中，教师运用讲解法就是用生动、形象、精练的语言来对篮球的技术动作和技战术配合进行讲解，使学生对篮球技战术有一个基本了解，并在实践的过程中逐渐形成篮球技术与战术的概念。在运用讲解法的过程中，应该突出重点、层次清晰，尽可能做到通俗易懂。在篮球教学中，教师可采用教学口诀来使语言更加精练，如在进行接球教学时，可运用口诀"伸臂去迎球，手形如漏斗，指腕肘后收，握球肩放松"。在篮球教学中，教师讲解清晰、准确，有助于学生对篮球技术动作和动作过程留下深刻的印象，并通过结合运动表象有效缩短学生技术动作形成的时间。

2. 示范法

示范法就是指教师在篮球教学中以自身的动作作为篮球技术动作教学的范例，来对学生的训练进行指导的方法。

示范法能够让学生对所学动作的结构、形象、技术要领与完成方法有所了解，从而有助于学生建立正确的动作表象。在篮球技术教学过程中，教师向学生展示正确、优美、轻快的动作，能够进一步调动学生学习的兴趣。另外，通过在教学实践中将示范法与讲解法相结合，能够使学生对篮球技术动作的结构和特点有清晰的认识和理解，从而建立完整的动作概念。

3. 表象训练法

表象训练法又称"意念训练法"或"念动训练法"，是指教师通过用语词来唤起学生的表象，并通过借助表象来练习篮球技术动作的方法。

运动视觉表象与运动动作表象是运动表象的两种类型，其中，运动视觉表象主要是对客体的运动视觉形象进行反映，而运动动作表象是对学生自身的动觉形象进行反映。根据头脑中所形成的动作表象，学生在练习和比赛过程中将所学习过的动作一一表现出来。如果学生不能唤起已经学过的动作表象，他再做好该动作是非常困难的。因此，在动作示范做完以后，教师可以根据具体的情况，首先要求学生想象示范的动作，然后再进行模仿练习，以后在新动作示范完后，在学习动作的开始阶段都要想象 2～3 秒钟，使学生形成正确、清晰的运动表象以及再造想象，从而巩固、熟练动作，以达到自动式。

4. 游戏教学法

游戏教学法指的是在篮球教学中采用游戏的方式使学生学习和掌握篮

球技术、技能和知识的一种教学方法。游戏教学法能够使篮球项目的特征得到充分的反映,加强了篮球技战术的运用及能力培养方面的比例,在游戏的过程中,学生学习和体会篮球技术、技能,从而使得学生的学习兴趣和教学效果得到很大程度的提升。

游戏教学法的特点主要表现为以从易到难的游戏主线安排内容,而不是像传统教学法那样以单个技术为主线安排内容。游戏教学法中的每一个游戏都完全取消了枯燥的单个技术动作练习,而是安排基本的篮球技术、战术练习,并在游戏过程中通过启发和诱导来引导学生主动地钻研技术动作和战术配合。在此基础上,教师再对学生进行辅导,从而使学生的篮球比赛水平逐渐得到提高。

(二)新教学方法

如今,很多新的教学方法也在篮球教学的实践当中得到了广泛的应用,下面就对两种新式教学方法进行阐述。

1. 异步教学法

黎世法教授于 20 世纪 80 年代初期创立了异步教学法,后经过 30 多年的发展,该教学法已经在我国形成了有着浓厚中国特色的异步教育学派。

为了更好地研究学生学习的客观规律,1979 年黎世法教授用时一年对武汉地区重点中学的优秀学生和武汉大学、华中工学院的优秀新生进行了调查,并根据调查结果进行分析研究,进而对学生学习的规律进行了总结和概括,从而使得学情理论得以很好的构建。之后,黎世法教授又进行了第二阶段的研究,并提出了有关教学的最优化理论,对教学规律进行了更进一步的深入探索。在多年的调查实验研究的基础上,黎世法教授对教师在教学过程中的指导规律进行了总结,在他看来,"提出问题、指示方法、明了学情、研讨学习、强化小结"是教师进行科学指导的五个环节,也就是说,在课堂教学中要将教师科学指导的这五个环节与学生的"自学、启发、复习、作业、改错、小结"六步学习进行有机的结合与统一,从而构建出六步教学的结构,即"提出问题、指示方法、学生学习、明了学情、研讨学习、强化小结"。后来,黎世法教授对教学最优化理论的本质进行了深入探索,提出了异步教学理论。在 1989 年以后,异步教学理论逐渐发展成为异步教育学。

由上可知,异步教学法是学生在教师指导下自主学习的现代教育模式,它是一种体现学生学习过程的教学方法。异步教学法能够有效提高学生的技能目标、认知目标以及情感目标。

异步教学法的优点主要包括:能够增进教师与学生、学生与学生之间的沟通与交流；可以使学生的主体作用得到充分发挥；便于教师掌控学生的学习情况。异步教学法的不足之处主要表现为，通过教学分组可能会使一些学生因被分在较差的组而产生自卑心理。

2. 多元反馈教学法

多元反馈方法更加侧重于强调教师与学生之间在学习过程中的融洽与合作关系，主要是教学过程中学生通过系统的知识学习，注重知识的运用以及自身能力的发展。该教学方法突出了师生之间、学生与学生之间进行信息交流与反馈的及时性，通过对学生的积极性、主动性以及创造性的激发与调动，进而促使单向的教学信息传递转变为多向的教学信息传递，从而使得课堂教学的质量不断得到提高，同时对课堂教学的效果也进行了更好的优化。

控制论、系统论、信息论是多元反馈教学法的理论基础，同时这种教学法又结合了现代教学论与心理学的知识，使学生从单一的模仿—记忆转变为探索—记忆—创造的新教学模式。教师要在教学过程中根据学生反馈的信息来进行及时、恰当的调整，从而更好地对信息进行有效控制，在信息转变的过程中，要遵循以教师为辅、学生为主，形成以教师为主导、以学生为主体的教学模式，使教师与学生之间、学生与学生之间，以及学生与教材、媒体之间形成多元化的信息反馈，使教学始终处于动态的平衡之中。在对教学效果进行合理优化的同时，还要转变单一地掌握基本知识、技术与技能的传统教学观念，这样既能提高课堂教学的质量，同时又能促进学生综合素质的提高。

多元反馈教学法在篮球教学中的作用主要包括：促进师生交流，提高学生学习效果；便于评价篮球教学效果；便于篮球动作技能反馈指导。

在篮球教学实践中应用多元反馈教学法时应该注意：对信息进行及时调控；选择多样化的反馈手段；提高教师素养；对教学过程中的问题进行针对性的评价。

第三节　高校篮球教学内容与运动负荷的安排

一、高校篮球的教学内容

通过篮球运动教学能够使学生的技战术理论知识水平以及基本技能得到提升。篮球教学内容的选择主要以教学对象的层次与教学目标为依据，主要包括以下三个方面。

(一)篮球理论知识

篮球理论知识的教学对于学生学习篮球技能与进行篮球活动实践具有非常重要的指导作用。

当前,我国篮球运动的发展已经形成了较为完善的理论与知识体系,其具体内容主要包括篮球技战术分析,篮球教学训练理论,篮球竞赛的组织,篮球竞赛的规则,篮球竞赛的裁判法等,这些都是篮球运动教学最基本的内容。

(二)篮球技术动作

技术动作是篮球运动技能中最基础的内容,技术规格、动作方法要领以及技术的运用等都是篮球技术动作的主要内容。在进行篮球技术动作教学时,教师应该注意示范动作的规范性。

(三)篮球战术配合

战术配合是篮球教学的重要内容,这主要是由于特定的战术布阵是篮球运动集体对抗形成的主要形式,在篮球运动竞赛中,战术阵势和战术配合是主要特征之一。

两三人的基础配合与全队配合是篮球战术配合教学的主要内容。在篮球教学实践当中,一方面,教师应该通过合理有效的教学方法使学生对人与球移动的路线、攻击点、运用时机及其变化等内容有正确的了解与认识;另一方面,教师还应该注意学生的战术配合与协作意识的培养,使学生在篮球比赛实践中能灵活运用战术配合。

二、高校篮球的运动负荷安排

运动负荷指的是运动者在受到一定的外部刺激时,机体在生理和心理方面所表现出来的应答反应的程度。一般来说,单纯的外部刺激很难全面、有效、完整地反映运动负荷的内涵。要想全面地掌握和理解运动负荷的内涵,就必须将外部刺激与该刺激作用下机体内部应答反应的程度结合起来进行综合考虑。

(一)负荷量

负荷量指的是运动者持续身体活动的时间与练习次数,以及机体在承受外部刺激总量时所表现出来的内部负荷的程度。

在篮球运动教学过程中，一定要保证达到篮球运动所必需的负荷量，只有这样才能获得更好的教学效果。运动的负荷量主要包括运动量、比赛量、心理刺激量、内部生理—心理量（多次测得生理—心理指标的总量，如反应时间、注意力等）。

对运动负荷量的安排无任何捷径可走，必须完成足够的运动量。科学而有效地增加运动量是篮球运动教学需要重视的重要问题，运动量的增加对良好教学效果的取得具有非常关键的作用。

需要注意的是，运动量的增加不应仅仅依靠增加运动负荷量来完成，还可通过增加运动次数来实现。如果一次运动的运动量过大，往往会导致运动疲劳的产生，而降低运动训练的效果，甚至严重时还会造成运动损伤。

(二)运动负荷的最佳阈值

关于测定运动负荷的最佳阈值，日本神户女子大学补园一仁教授将心率作为衡量运动负荷的一种方法，他认为当体育运动者的平均心率达到自己最高心率的60％～80％这一区域为健身区，此时心率越高，对身体的影响越大，运动效果越明显；若高于80％为强化训练区，这表明运动强度越大，身体活动剧烈；低于60％为消遣区，只能起到一般性活动的作用。

另外，根据生理学家的实验证明，一般人在进行体育运动时主要是以有氧代谢为主，中等强度为宜，一般人达到最佳运动效果的心率应保持在120～140次/分钟，占每次运动时间的2/3左右为最佳。据相关研究证明，若心率在110次/分钟以下，机体的血压、血液成分、尿蛋白、心电图都没有明显的变化，所以效果不明显；如果心率为130次/分钟，每搏输出量达到一般人的最佳状态，运动效果十分明显；心率为150次/分钟，每搏输出量开始缓慢下降；心率增加到160～170次/分钟之间，虽然没有不良的反应，但不能呈现出更好的运动效果。因此，生理学家将110～150次/分钟的心率区间确定为运动负荷有效的价值阈，将心率为120～140次/分钟的心率区间，确定为运动负荷的最佳价值阈。

(三)运动负荷的评定

1. 自我评价

自我评价是运动者采用的一种自我检查的方法，它是运动者依据自身的健康状况以及运动后身体反应做好记录，并据此安排运动负荷量的方法。一般来讲，自我评价主要包括以下几个方面的内容。

（1）主观感觉。主观感觉是运动者对运动负荷进行评价的一个最直接的依据，大学生在参加完篮球运动锻炼后稍有疲劳感、肌肉略有酸痛感，但经过休息后精神饱满、体力充沛、心情舒畅、渴望参加运动，为运动负荷适宜。而如果大学生经过一夜休息，仍然感到疲劳、精神不振，出现困倦、头晕、局部关节肌肉酸痛、胸闷、害怕运动甚至厌烦等情况，均属不良反应，说明运动负荷过大或内容安排不合理，因此需要及时调整篮球运动的负荷量或运动强度。

（2）情绪状况。情绪是人对客观事物是否符合人的需要而产生的一种体验，同时也是衡量人体承担负荷能力的一种主观指标。情绪状况对体育运动的保健效果具有十分重要的影响。

大学生如果在参加篮球运动后，出现精神饱满、情绪乐观等状况，这表明其身体所承受的运动负荷比较适宜，健康状况良好。反之，如果在运动后出现情绪低落、精神不振、焦躁不安、不愿说话，甚至厌倦运动等不良状况，说明运动负荷不合理，此时大学生还需要及时、合理地调整篮球运动负荷。

（3）食欲。食欲也是评定运动负荷是否合理的重要检测指标，如果不及时调整就会影响运动者的身体健康。

通过对参加篮球运动的大学生的食欲变化的调查及原因分析，对其运动负荷进行客观的评定，在评定过程中，应考虑到食欲受多方面因素的影响，身体上的某些病变，心理状况的改变，也会影响食欲的增减。客观分析运动对食欲的影响，有助于大学生合理调整篮球运动负荷。

（4）排汗量。排汗量也是监测运动者的运动负荷是否适宜的一项重要指标。在进行篮球运动过程中，大学生的新陈代谢会加快，其排汗量也会相应增加。如篮球运动负荷适中，人体会适量排汗，而且身体感觉良好，人体在轻微运动时，出汗较少或基本不出汗。但是这种运动负荷对运动者起不到良好的保健功效。但是如果篮球运动负荷过大，身体过于疲劳，运动者就会出现排汗量增多，甚至出虚汗，夜间盗汗等情况。

（5）睡眠。睡眠的质量会对人的健康状况产生重要影响，其也是运动负荷是否适宜的一种反映。

通常来说，如果大学生参加篮球运动的负荷适宜，睡眠质量良好，睡得深沉，较少做梦，觉醒后感到精力充沛，就表明处于良好的运动和应激状态。如果出现失眠、易醒、多梦或嗜睡，觉醒后仍感到精力不支等不良现象，则说明运动负荷过大。因此，需要及时调整篮球运动负荷。

2. 客观评价

客观评价是指运动者采用量化的指标对运动负荷进行的一种评

价。客观评价可以通过运动负荷的强度指数来确定运动负荷强度的大小(表 4-1)。

表 4-1　运动负荷强度的评定

运动负荷强度	大强度	较大强度	中强度	小强度	较小强度
指数	2 以上	1.8～2	1.5～1.8	1.2～1.5	1.2 以上

运动强度指数＝运动时的平均脉搏(次/分钟)/安静时脉搏(次/分钟)

此外,篮球教师还应该及时掌握学生运动后的恢复情况,运动会对人体功能产生一系列影响,但即使是大运动负荷也应在 2～3 天内恢复。学生在早晨起床后的基础状态下进行脉搏、血压的检查,是检查身体是否恢复的最简便的方法。如果运动负荷适宜,晨脉变化不超出正常的 3～4 次/分钟,血压变化范围上下应在 10 毫米汞柱以内;而如果在运动后的几日内脉搏、血压持续上升,则说明运动负荷偏大,可能会导致出现疲劳过度的情况。

3. 每次运动时间

在篮球运动教学过程中,学生可以根据自己的运动目的与实际情况,合理安排每次运动的时间,只要根据自我评价与客观评价的内容对自己的运动负荷进行衡量,且身体无不良反应即可。

第四节　高校篮球教学文件的制订

篮球教学文件指的是篮球教学工作的各种计划,主要包括教学大纲、教学进度以及课时计划(教案)。制订并执行科学的教学文件是全面完成教学任务的重要前提,同时也是顺利进行教学工作的根本保证。

一、教学大纲

教学大纲是体育教师进行篮球教学的重要指导性文件,它是根据教学计划中所规定的培养目标、教学目的任务和基本要求以及对各门课规定的总时数,以纲要的形式列出课程的教学内容、顺序、分量、形式与主要措施。教学大纲一般是由国家统一制订颁发的,但有时也可由学校制订。

（一）教学大纲的结构

一般情况下，教学大纲主要由三部分内容组成。

1. 说明

在说明中，简要阐明本大纲的使用范围和对象、制订大纲的指导思想和原则、使用时的注意事项。

2. 正文

在正文中应该阐明本门课程的教学目的任务，教材编选的原则，组织教法的形式、方法与要求，教学内容的细目提要、基本要求、时数分配与各部分的比重，完成教学任务的主要措施，考核内容与方法等。

3. 参考文献目录

参考文献目录应该列出主要的参考文献、作者、名称、题目、出版刊物名称与机构、出版时间、页码等。

（二）制订教学大纲的基本要求

具体来讲，制订教学大纲应该符合以下几方面的要求。

（1）从实际出发，落实教学计划所规定的培养目标与要求，并提出明确的教学目的任务。

（2）根据篮球运动的特点确定本课程的任务、时数以及教材内容，突出基本理论、基本技术与基本技能的教学训练与培养。

（3）注意教学内容的科学性、系统性与先进性。

（4）科学分配教学时数，保证理论与实践的合理比例。

（5）考核内容应该以基本理论、基本技术与基本技能为重点，考核方法要全面、客观地反映学生的理论、技术与技能的真实水平，评分办法要做到科学合理。

二、教学进度

教学进度就是根据教学大纲的任务、内容与时数分配，具体落实每次课教学内容的安排。教学进度的合理安排对于良好教学效果的取得与任务的高质量完成具有非常重要的意义。

（一）安排教学进度的基本要求

一般来讲，安排教学进度的基本要求主要包括以下几个方面。

（1）全面安排，突出重点。根据篮球运动发展规律和培养目标的要求，为了让学生对篮球运动有一个系统、完整的概念，应该全方位安排大纲所规定的教材内容，在时数分配、出现次数上应该从培养目标的实际需要出发，突出重点，注重基本理论、基本技术以及基本技能的教学与培养。

（2）制订进度时，不仅要考虑各类技术、战术之间的相互联系，同时还应该考虑到各类攻守技术、战术之间的关系。篮球技术、战术的运用表现出很强的综合性，在学习和掌握单个篮球技术动作之后，还应该将它们组合起来，并进行综合练习。在学习攻守技术、战术时，应该将其有机结合起来，在对抗条件下掌握技术与战术，提高技术、战术的运用能力与应变能力。

（3）理论课、实践课要科学安排，要根据不同阶段的任务与要求合理安排理论课、教法课、实践课，将传授知识、掌握技术与能力培养有机结合起来。

（4）每次课的教材分量要适当，一般以一两个新教材、一个复习教材为宜。

（5）安排进度时，应该考虑每次课的运动负荷量，尽可能做到大、中、小结合。

（6）安排进度时，应该做到课内外结合、校内外结合。

（二）教学进度的格式

1. 符号式教学进度

安排教学进度时，应该把各类教材按编号顺序列入教学内容栏内，按每个教材出现的顺序与次数用符号填入各次课的方框中，教师根据各类教材安排的先后顺序、数量以及重复次数编写每次课的教案。

2. 名称式教学进度

安排进度时，应该按照课的编号顺序，将每次课的教材名称填入表中教学内容栏中（表4-2），在组织教法栏中，填写重点教材的组织教法，备注栏内填写课的类型与其他事项。教师按表的每次课的内容、教法建议编写教案。

表 4-2　名称式教学进度

课次	教学内容	组织教法	备注
1			
2			
⋮			

三、教案

教案就是课时计划,它是教师根据教学进度编制而成的。教案不仅是教师上课的重要依据,而且对积累资料、总结经验、提高对教学规律的认识也具有非常重要的意义。

(一)编写教案的要点

1. 钻研教学大纲

教学大纲是根据教学计划,以纲要形式编制的有关教学内容的指导性文件。学习钻研教学大纲对于教师有很大的帮助,具体表现为以下两点。

(1)使教师从总体上了解本学科的教学目的、任务,从而正确地把握备课的方向,体现出总的目标要求。

(2)有助于教师从总体结构出发掌握本学科的知识体系,了解各部分相互之间的内在联系,从而进行全面安排。

2. 详细研究教材

教材是对教学大纲的具体化,它不仅是学生学习的重要内容,同时也是教师教学的相关依据,教师必须对教材进行认真全面的研究。钻研教材具体包括通览与精读两种情况:通览教材一般是在教师接受教学任务后将教科书浏览一遍,了解其结构,熟悉其内容,领会教材的编写意图;精读教材就是在授课之前对教材进行认真的阅读与钻研。

3. 确定教学目标

教学目标是预期教学结束时学生必须获得的学习结果或者终点行为。教学目标是一个整体,它由不同的层次构成。作为学习结果的教学目标,可以根据其表述的抽象程度分为三类,构成由抽象逐渐具体的三个层次。

(1)终极教学目标：即教学所要实现的最终目标，它一般包括三个方面的内容：使学生掌握一定的知识和技能；使学生的智力和体力得到发展；使学生形成正确的世界观，并具备优秀的个性品质。

(2)中程教学目标：即阶段教学目标，就是在一定的学习阶段里学习者在不同的知识、技能水平阶段所要达到的程度。

(3)具体教学目标：就是将中程教学目标再进行分化，一般是指一个教学单元或者一次具体课要使学生掌握的内容。

4. 了解教学情境

要使教案编写符合篮球教学的客观规律，教师应该认真了解教学情境。了解教学情境具体包括两层含义：一是要了解教学的对象，即了解学生；二是了解教学的场地与设备。

在了解教学情境之后，教师可根据多数学生的基本状况与个别学生的特殊情况，适当确定教学的难点，之后综合教学重点、难点、教学情境决定是否调整教学目标，使编写的教案更加符合实际情况，从而获得理想的教学效果。

5. 选取教学方法

教学方法是教师"教"的方式与教师指导的学生"学"的方式的综合，教师借助于教和学的方式来完成教学任务。为获得良好的教学效果，教师应该正确地选择教学方法。

教师在选择和运用教学方法时应该特别注意：要研究教学方法赖以建立的理论基础；应该克服教学方法的单一化倾向；应该提倡多种教学方法的互补融合。

6. 设计教学过程

教学过程是教师有目的、有计划地向学生传授知识、技能，发展学生能力，进行思想教育与学生在教师的指导下主动积极学习的过程。教学过程设计的科学与否直接关系到教学任务能否最终完成。因此，设计教学过程是教案编写中非常重要的一步。

(二)编写教案的格式

教案的格式和写法有很多，在教学实践中多采用表格式，但也有用条文式的，下面就对这两种教案格式进行分析。

1. 表格式教案

表格式教案是在确定课的任务以后，按照表格各栏的先后顺序，填写每一部分的教学内容、组织教法、练习次数和运动量以及其他有关事项。课后填写小结。

2. 条文式教案

条文式教案是按课进行的顺序，用文字逐条加以叙述。

(三)编写教案的注意事项

在具体编写篮球教学教案时，主要应该注意以下几个方面的问题。

(1)应该明确本课的任务，教师应该根据篮球教学的各项要求以及学生的具体情况提出相应的教学任务与目标要求。

(2)应该认真钻研教材，全面分析教材的性质、特点以及在教学中的主次位置、教材之间的纵横关系，抓住教材的要点与关键环节。

(3)应该考虑学生原来的基础与接受能力、人数、场地、设备和器材等，选择适合的练习方法，对练习的次数以及运动负荷进行科学的安排。

(4)应该把握好教材之间和课前后的联系，从而有效保证教学的完整性与系统性，以及教学方法的渐进性。

(5)应该从整体把握教学任务，既要注意因材施教，同时还应该做到个别对待。

第五节　高校篮球教学课的组织与实施

一、高校篮球教学课的组织

(一)篮球教学课组织的基本要求

在组织篮球教学课时一定要注重篮球训练课的安排，这是因为上好篮球训练课是完成篮球运动训练计划、提高篮球运动训练水平、贯彻科学系统训练原则的关键。具体来讲，篮球教学课的组织主要应该做到以下两个方面的要求。

1. 加强篮球理论知识的学习

首先,应该加强对学生思想政治方面的教育,明确训练的目的任务,从而充分调动他们的训练积极性,增强他们的荣誉感与责任感。在篮球教学过程中,教师的教学任务有很多,主要包括:坚持严格要求,严格训练;对学生经常出现的问题要及时发现,并提出切实可行的解决方法;激励学生更好地完成训练任务等。

其次,教师还应该在教学过程中积极培养学生的高尚道德与意志品质,这也是学生应该具备的素质。另外,教师还应该根据学生的实际情况,有针对性地选择和运用各种方法、手段,将篮球运动的基本理论与技术传授给学生,使他们的各种实际能力得到提升,促进学生体质的增强。

2. 加强篮球运动的实践练习

篮球教学有自身的特点,要想顺利完成篮球教学课的相关任务,教师就必须在组织方面采取相应的有效措施。而由于客观条件不尽相同,所采取的措施也存在一定的差别。例如,一些学校场地、器材少,而班级人数又多,因此在组织练习时就应该从实际出发,在练习方法上做到灵活多变,这样不仅能够保证一定的运动量,同时还能够有效提高学生的积极性。

由于学生在篮球教学课上的练习较为分散,照顾与组织管理工作的难度较大,这就要求尽可能地培养一批学生骨干,从而方便进行分组练习。由学生骨干带领、组织、帮助小组同学练习,不仅能够帮助教师开展教学活动,协助教师更好地完成教学任务,同时还能够增强这些学生骨干的分析、组织、管理能力,培养他们发现问题、分析问题和解决问题的能力。

(二)篮球教学课组织的主要内容

篮球教学课的组织主要包括四方面的内容,即学生的组织、训练的组织、课的时间安排以及运动负荷的安排。

1. 学生的组织

学生的组织主要包括两种形式,即集体(全队或小组)训练与个人训练。一般情况下,这两种训练形式往往是结合起来用的。

2. 训练的组织

训练的组织内容主要是指训练课作业进行的程序和作业内容的安排。一般情况下,篮球训练课首先是进行基本技术的练习,其次是进行战术的配合,再次进行全队战术的训练,最后再进行教学比赛的训练。

3. 课的时间安排

一节篮球课的时间通常有两种,一种是 45 分钟,一种是 90 分钟。合理安排课的时间对于教学任务的完成以及教学活动的顺利开展具有非常重要的作用与影响。对课时时间的安排,一般是 60% 的时间用于学习内容,40% 的时间则用来复习和巩固学习内容。

4. 运动负荷的安排

运动负荷的安排是训练课中一个非常重要的环节,是决定一堂训练课的成功与否的因素。在篮球训练课中,合理安排运动负荷和进行大运动负荷训练是一个不可避免的且非常重要的问题。

二、高校篮球教学课的实施

篮球课的具体实施即对篮球课的结构进行合理安排。所谓课的结构,就是课堂教学与训练的内部组织形式,具体指的是课的组成部分以及进行的顺序与时间的分配。

(一)篮球理论课的具体实施

理论课包括新授课与复习课两部分,下面就对这两种理论课的结构以及组织进行分析。

一般来讲,新授课的结构包括四部分,即组织教学、导入新课、讲授新课和布置作业。其中,讲授新课是核心环节,它常常需要教师花费大量的时间。在这部分中,教师单纯讲解的时间占 13%～15%,因为时间太长就会影响到学生的练习时间,从而不利于教学效果的取得。

复习课主要是为了帮助学生巩固已经学过的知识,进一步强化并加深理解,融会贯通。复习课的基本结构主要包括三个方面:一是组织教学,提出复习的目的与要求;二是运用多种方法复习;三是小结。

篮球理论课教学的主要任务就是使学生掌握基本的篮球理论知识,具体包括篮球的技术基本理论和战术基本理论,篮球运动的发展趋势,篮球运动的训练、裁判、组织竞赛等方法等。

篮球理论课教学一般是根据教学大纲所列出的题目,采用课堂教学的形式来完成。一般情况下,篮球理论课以教师的讲授为主,同时配合适当的课堂讨论,具体的步骤是:首先,教师以提问或讲述的方法引导学生回忆前次篮球课教学的内容，为讲授新的篮球课内容做好学习准备。其次，重点讲授本次篮球课的理论内容，在这个过程中对篮球课的重点和难点部分进行反复论证。再次，采用提问、作业等形式对篮球课的新、旧内容进行强化，使学生在课堂上理解本次篮球课的主要知识内容。最后，在篮球课的结束部分，教师对本堂篮球课的知识点进行总结，布置课后作业，并宣告下堂篮球课的内容，让同学做相应的预习。

通过学习篮球理论知识，应达到理论联系实际和指导实践的目的。启发式教学是当前篮球理论教学现代化的一种重要发展趋势，即教师充分利用学校的现代教学设备，如幻灯、投影、录像等多媒体教学手段，充分发挥学生学习的积极性和能动性，培养学生分析问题和解决问题的能力。用这些现代化的教学设备开展启发式的篮球教学是当前篮球理论教学现代化的发展趋势。对于培养学生分析问题和解决问题的能力具有非常显著的效果，是值得大力提倡的篮球教学组织形式。

(二)篮球训练课的具体实施

在篮球教学过程中，实践课与训练课一般都由准备部分、基本部分和结束部分组成。

1. 准备部分

(1)主要目的。训练课准备部分的主要目的是使学生从生理和心理上做好承受较大和最大运动负荷的准备，从而有效防止运动损伤的发生。

(2)主要任务。第一，组织学生，集中注意力，从而提高教学效率。第二，加强神经系统、内脏器官及各肌肉群的活动，提高其兴奋性，以活跃课堂的学习气氛。

(3)主要内容。班长、队长或值日生首先进行整队并对出席的人数进行清点，然后向教师报告；教师进行考勤检查，并将本次课的任务与要求向学生进行简要说明。准备部分的训练内容主要是由基本部分的教学、训练内容决定的，也就是说，就是根据基本部分的教学、训练内容的需要，选择准备活动的练习。通常情况下，准备部分的练习内容主要是由走、跑、跳、各种控制球、支配球和徒手体操、游戏的练习组成的。训练课不仅要进行一般的准备活动，而且还要根据实际需要做专门的准备活动。

(4)组织方法。通常情况下，都会采用集体形式进行课的组织，但并不是所有教学与训练都是以集体的形式进行的，有时也存在特殊的情况，如训练课有时根据需要也可以留出一定时间进行个人的特殊准备活动。

(5)时间安排。准备部分的主要目的是在教师的组织下使学生做好进入训练状态的准备,其中身体准备活动是一堂训练课中必不可少的重要组成部分,这部分的时间一般会安排 15～20 分钟。准备活动的具体内容不仅能够使学生集中注意力,让身体获得充分的放松,而且还能够为基本部分的活动打下一定的基础。

2. 基本部分

(1)主要目的。训练课基本部分的主要目的是提高学生的比赛能力和适应能力。

(2)主要任务。高校篮球教学课以教学大纲、训练计划的要求为主要依据,通过不断创造各种有利条件让学生掌握篮球运动的技战术并提高其技能,同时也要有针对性地提高其运用能力。另外,还应该循序渐进地加大运动量与强度,发展学生的运动素质,增强体质,提高篮球意识、技巧和运动水平,进一步加强思想教育与心理训练,培养学生良好作风与拼搏精神。

(3)主要内容。训练课的主要内容是以训练计划安排为主要依据,通过多种形式的练习与比赛,如身体练习、技术和战术练习、教学比赛、对外比赛等,来发展各项素质和能力,从而提高实践能力。另外,还应该根据各个时期的具体任务,循序渐进地增加运动负荷量与运动强度,更大程度地增强学生的各项素质与能力。

(4)组织方法。一般情况下,基本部分是以合理安排教材内容为主要途径来组织教学活动的。教学课中进行教材内容的安排时,通常都是先教新教材,然后复习旧教材,巩固并强化所学的知识,运动量较大的教学比赛或者提高身体素质的专门练习放到最后进行。在进行实践课的教学时,应该以课的任务和学生的具体情况以及课的时间、场地、器材等条件为主要依据,来有针对性地选择较为合适的练习方法和手段。

需要注意的是,在教学过程中应该遵循循序渐进的原则,这主要表现在两个方面:一方面,进行技术教学时,应该先教单个的动作,然后再将单个技术动作组合起来进行练习,如攻守对抗练习,最后将这些技术动作运用到比赛中;另一方面,进行战术教学时,应该先教基础配合,后教全队配合战术,最后将这些简单与复杂的战术运用到比赛当中。

(5)时间安排。教学课(两节课连上的)的时间安排一般在 70 分钟左右。训练课的时间安排一般占全课时的 70% 左右。

3. 结束部分

(1)主要目的。训练课的结束部分其主要目的是通过加速排除体内积存的乳酸,使运动时的氧债得到一定的补偿,使参加运动的肌肉尽快地恢复到运动前的状态,最终让学生从生理上逐渐由运动状态平复下来,从心理上由运动状态逐渐恢复到平静状态。

（2）主要内容。激烈的训练结束后,应该适当地做一些整理活动,从而使学生激烈的运动生理状态和紧张兴奋的心理状态逐渐缓和、平复,恢复到训练前的状态。结束部分的主要内容是关于慢跑、游戏、放松练习和注意力转换的练习。而一些运动量不大的罚球、投篮练习也是比较合适的选择。

另外,教学课结束前,还要进行小结和讲评工作,主要有以下两种形式。

1）由教师对本次教学课进行小结。

2）由师生共同对本次教学课进行小结。要求小结简短扼要,有针对性;以表扬为主,批评为辅;以正面教育为主,尽量不进行负面教育,以免起到反作用。

（3）时间安排。教学课结束部分的时间一般是 5～10 分钟,训练课结束部分的时间是 15 分钟左右。

(三)篮球观摩讨论课的具体实施

篮球观摩讨论课的形式较为灵活,主要教学任务和目的是提高学生的表达能力,培养学生的观察与分析能力,激发学生的创造性思维。讨论课多在进行篮球技战术分析、规则裁判法等的教学时采用。

在开展篮球观摩讨论课之前,教师应该对学生讲明观摩的内容、观察的重点、要解决的问题,以及纪律等方面的要求等。观摩对象可以是某次篮球课或篮球比赛,也可以是篮球技战术电影或录像片等。学生在观摩过程中应该做好笔记,记下自己的感想和体会,并提出疑问,为之后的讨论做好准备。篮球观摩课结束后,应该及时组织讨论,一般先由教师进行引导性的发言,然后学生围绕议题进行发言。在讨论课之中,教师作引导性发言,然后组织学生围绕本次课的议题进行民主式的发言。教师应该在讨论结束时作总结性发言,对讨论的问题和学生的讨论情况进行评述。

(四)篮球实习课的具体实施

篮球实习课的目的主要是提高学生的学习训练能力、裁判水平以及竞赛组织能力等。

在实习开始时,教师首先应该确定好实习学生的人数,指导学生做好充分的准备工作。对篮球的实习过程应该做好观察记录,在实习结束时,教师对学生的实习情况及时进行评价,也可以鼓励学生参与实习课的讲评与讨论。参加实习的学生应该对实习课进行总结,从而为学习能力的提高打好基础。

第五章　篮球运动训练体系的优化研究

在篮球运动训练的过程中,不但要做到认真实践,同样需要在理论方面下足功夫,这样才能保证篮球运动训练的实践过程有所依据。本章将就这部分内容进行深入阐述。

第一节　篮球运动训练的基本理论

一、篮球运动技战术的周期训练理论

通常篮球运动训练的安排和训练计划的制订都是以篮球周期训练理论为基础的。通过以周期为基础来安排训练能使技战术训练任务、方法和手段系统化,并能保证其连贯性,篮球周期训练理论正是在人们对篮球运动训练规律深刻认识的基础上提出来的。周期性运动训练的进行方式通常是循环往复、周而复始的,但每一个循环往复并不是简单的重复,而是需要在前一个循环的基础上不断地提高训练的要求,以此来促使运动员的技战术能力与水平不断提高。周期性的实质在于系统地重复各个完整的训练,包括训练课、小周期、中周期、大周期等单元。

篮球周期训练理论提出的依据有训练适应性的形成原理、竞技状态发展原理、疲劳与恢复原理等。

(一)训练适应原理

1. 训练适应的概念

训练适应通常情况下是指运动产生的有机体与施加负荷的外环境不断取得平衡的过程。

2. 训练适应的特征

(1)特殊性。在篮球技战术训练中,机体对训练适应的特殊性主要表现在不同性质的运动负荷可以引起特殊的适应性变化。

(2)普遍性。在篮球技战术训练中,训练适应的普遍性是指机体在技术、战术、形态机能、运动素质、心理过程等方面都能发生训练适应现象。

(3)异时性。机体通过篮球运动训练产生适应性变化,这些变化需要一定的时间来反应,机体各个方面的训练适应现象出现的时间也有所不同。一般的,机体在机能上的适应性变化在先,机体在结构的适应变化在后。

(4)连续性。机体在技术、战术等方面的适应具有的异时性特点,会导致机体以渐进积累的方式形成全面的适应。在机体形成对某一运动负荷的训练适应之后,其反应就会越来越小,直到这种负荷不能再引起运动员竞技能力的提高。而为了使机体各方面的训练适应进一步发展,就要科学合理地增加运动负荷。在负荷提高后,机体又能进入一个新的适应过程,从而有效提高运动员的竞技能力。所以说,机体各方面训练适应是连续性的适应。

(二)竞技状态发展原理

1. 竞技状态的概念

竞技状态在篮球运动中通常是指运动员获取优异成绩的最适宜状态。

2. 竞技状态的形成与发展

竞技状态的形成与发展是一个连续的发展变化过程,它主要包括了以下几个阶段。

(1)初步形成阶段。这是竞技状态形成和发展的第一个阶段,该阶段又分为两个小的阶段,即"形成竞技状态前提条件阶段"和"初步形成竞技状态阶段",其中,前者中的前提条件包括有机体机能水平不断提高;运动素质得到全面发展,专项运动技术、战术的形成和心理素质的初步养成。后者的形成、发展具有专项化的特点,彼此有机和谐地结合起来,形成了一个完整的统一体,基本形成竞技状态。

(2)发展和保持阶段。该阶段的主要任务是进一步发展和保持竞技状态,并使篮球运动员在参加重大比赛前,通过赛前调控、热身,达到最佳竞技状态。

(3)竞技消失阶段。这里的竞技"消失"是暂时性的,竞技状态暂时消失,主要是为了让运动员进入调整、恢复阶段,迎接下一次竞技状态的来临。

(三)疲劳与恢复原理

运动恢复是指在篮球技战术训练中,运动员对机体承受运动刺激并由此产生的机体内部生理效应和心理效应的一系列变化的应答过程。应答训练恢复的特征,是给运动员的负荷能冲击自身的"生理极限",从而最大限度地挖掘篮球运动员的内在潜力。

在篮球运动中,负荷的直接结果是引起疲劳,当机体出现疲劳后,机体的状态就会明显下降,只有尽快恢复体能、消除疲劳,使机体的机能恢复到正常的水平,才能进一步承受新的、更大的运动负荷。

二、篮球运动训练的调控理论

(一)应激原理

1.应激的概念

在球类运动中,应激是人体对于外部强负荷刺激(包括生理和心理刺激)的一种生理和心理的综合反应,当有机体受到异常刺激时,身体所产生的一种紧张的心理状态称为应激。[①]

在篮球运动训练中,运动竞技能力的提高,需要对运动负荷进行性科学合理的调整,不断地提高运动负荷水平,打破机体对原有负荷的平衡状态,达到一个新的负荷水平,在稳定一段时间后,再增加负荷。如此循环往复,从而达到提高技战术训练水平的目的,这就是"超量负荷原理",而应激学说正是作为超量负荷原理的生理学基础。

2.应激的作用

首先,应激可以对机体衰竭过程的发生起到一定的防御作用,避免过度训练的出现。其次,应激可靠通过对运动负荷后恢复期中如何改变酶的活性和细胞的通透性,从而对运动员的恢复过程进行调整,以加强合成代谢,加速适应的过程。因此,在技战术训练中,不但要掌握应激过程中肾上腺皮质系统的活动,而且要充分提高垂体性腺系统在合成代谢中的机能,在运动训练中充分应用应激系统。再次,应激能提高人体机能的适应过程,该过程一般包括机体能源储备能力、机体调节能力和机体防御能力等。激素调节

---

① 孙民治.篮球运动教程[M].北京:人民体育出版社,2007.

是运动应激的核心,它通过激素调节引起酶活性改变和机能储备提高,进而提高机体免疫力。

(二)超量恢复原理

1. 超量恢复的概念

超量恢复通常是指在运动后的恢复过程中,被消耗的能源物质含量,在一段时间内出现超过原有水平的情况。

2. 超量恢复的作用

超量恢复是机体对运动负荷产生训练适应的第一阶段,它是对未来重复进行较大运动负荷时能源物质再一次耗尽的一种预防性、保护性机制,对训练调控具有重要的理论意义和实践意义。

在现代篮球技战术训练中,超量恢复理论得到了广泛的运用,如间歇训练中间歇休息时间的掌握,就是根据恢复原理和规律选择反应的时间,使间歇休息中物质能得到一定程度的恢复,既能保证刺激强度,又能为进一步运动提供物质保证。

另外,超量恢复理论也为肌糖原填充法提供了理论依据。通过糖原负荷法,即在比赛前一周进行衰竭性训练,随后三天进行高蛋白、高脂肪膳食,使肌糖原水平下降,同时提高肌糖原的活动,最后三天进行高糖膳食。在这一周时间内完成一定的运动量和强度,并注意减少或防止肌糖原的多余消耗,使肌糖原产生明显的超量恢复,使运动员的竞技能力得到提高。

(三)恢复原理

1. 恢复的表现

在篮球技战术训练中,机体恢复的异时性对运动训练的安排与调控具有极为重要的作用,机体恢复主要表现在以下几个方面。

(1)机体不同器官的恢复速度不同。首先是大脑和神经中枢的恢复,其次是心血管系统的恢复,最后是肌肉和心理的恢复。

(2)机体不同能源物质的恢复速度不同。篮球运动活动是以 ATP-CP 和乳酸系统为主。

(3)不同的训练运动负荷恢复的速度不同。负荷越大,恢复越慢,负荷越小,恢复越快。

（4）不同训练水平的运动员恢复的速度不同。训练水平越高,恢复速度越快,训练水平越低,恢复速度越慢。

2. 恢复的类型

运动活动之后,机体各种机能的恢复和超量恢复不是同时发生的。根据恢复过程的规律,在运动训练实践中有以下两种不同的恢复类型。

（1）不完全恢复。人体机能在运动负荷后已大部分恢复,但尚未达到原有水平时属于不完全恢复。不完全恢复用于下列训练过程:速度耐力训练、力量耐力训练、专项耐力训练和意志力训练。

（2）完全恢复。人体机能在运动负荷后恢复到或超过原有水平时是机能的完全恢复。完全恢复用于下列训练过程:协调和注意力集中训练、最大力量训练、反应和速度训练、技术训练和比赛训练。

（四）运动负荷原理

1. 运动负荷的表现

运动负荷训练具体表现在:负荷水平的极限化、负荷量度的个体化、负荷内容的专门化、负荷内容的定向化、负荷水平的动态化等几个方面。

2. 运动负荷的特征

（1）运动负荷调控具有个体性。由于运动员的生理机能、素质、技术和战术要求上都存在一定差异,使得他们所承受负荷的能力也有所不同,因而安排的运动负荷应具有明显的个体性特点。

（2）运动负荷调控具有综合性。一定的总负荷量和强度可以出现不同的组合。

（3）运动负荷调控具有动态性。运动负荷是一个持续的过程,这与训练过程的持续性直接有关。运动负荷所具有的动态性主要表现在:负荷的连续性与系统性、负荷的节奏性、负荷的周期性等几个方面。

（4）运动负荷内容具有目的性与选择性。任何负荷结构都有它一定的目的性和功能特点,要根据训练目的和训练任务来选择运动负荷。

（5）运动负荷量度具有定量性与等级性。负荷的表示有两种方法,一种是以大、中、小定性方式表示,另一种是以具体的定量方式表示。在训练中,负荷量度的定量化能有效地提高负荷调控的精确性和科学性。

第二节　篮球运动训练的原则与方法

一、篮球运动训练的原则

(一)系统性原则

篮球运动训练的系统性原则是从开始训练到训练结束的整个过程中,篮球运动员都要按照体能发展的内在规律进行,并以此为前提进行完整、系统的篮球技战术训练。

在篮球技战术训练中,系统性原则要求整个训练的过程都要进行系统规划,具体来说,体育教师或教练员要对篮球技战术训练的内容、手段、负荷,以及各部分训练内容所占的比重等做出系统的安排。

(二)全面性原则

全面性原则是指在篮球技战术训练中,篮球运动员在发展专项运动技能的前提下,对各项素质作出全面的安排和发展,通过发展和提高一般身体素质进而提高篮球运动水平。篮球技战术训练的全面性原则的依据主要表现在以下几个方面。

(1)只有全面发展运动素质和全面提高的身体机能能力,才能为获得高水平篮球专项运动技战术水平奠定基础。

(2)生物学研究表明,人体各器官系统之间是相互依赖的,任何运动项目的训练过程中,人体产生的各种变化都是相互依存的,运动员各项运动素质的全面发展有助于其不同运动素质之间的良性迁移,从而有利于运动员的篮球运动技术与战术技能所要求的机能能力的全面发展。

(3)只有在一定条件基础上,才能使运动素质和运动技能发生转移,专项运动素质和技能的形成需要有一般运动素质作为基础。也就是说,只有运动员的各项素质得到全面的发展,才能为篮球运动专项技能的学习创造条件。

(三)适应性原则

篮球技战术训练的适应性原则是指运动员技战术能力的提高是由运动训练造成的有机体与施加负荷的外环境不断取得平衡的过程而产生的。研究表明,个体的训练刺激是由一定的刺激强度和刺激量所构成的。有刺激就会有适应,但只有当刺激达到与个人竞技能力相应的强度和起码数量时,才能出现身体素质不断提高的适应过程。负荷量和强度越是接近个人竞技与负荷能力的最佳值,适应过程完成就越快,运动训练效果越好。

因此,在篮球技战术训练过程中,应对运动员的身体素质进行定期的测量与评定,以掌握其身体的各种信息变化,以便及时调整刺激量和强度的指标,并及时修正其训练计划。

(四)持续性原则

在篮球技战术训练过程中,遵循持续性原则具有非常重要的作用,机体对外界环境具有很强的适应性,因此如果负荷减少太多或突然中断,则训练所产生的适应就会消退;大量减少或中断训练,会破坏运动成绩的持续提高。

实践证实,篮球技战术训练中,运动员的运动成绩都是通过系统的、不间断的多年训练基础上获得的,篮球运动技战术只有通过多次重复练习才能逐渐掌握、熟练和巩固,身体素质也只有通过多次重复练习才能逐步发展,运动成绩也只有通过多次重复练习才能够得到不断提高。

由此可见,篮球技战术训练应当在全过程多年训练中长期进行,即使是在休整期也不能间断。

(五)周期性原则

篮球技战术训练通常是以各年度训练为基本周期的,年度训练分三个训练时期,各训练时期又以周为更小的循环周期。

就篮球技战术年度训练来说,在整个训练阶段,训练经过周期循环不断进行,在此过程中,篮球运动员的技术水平、战术等方面都逐步得到提高。

需要注意的是,篮球周期性训练应和持续性训练应结合进行,只有坚持多年系统的持续性周期性训练,才能不断提高运动员的篮球运动技能和比赛成绩。

(六)区别对待原则

区别对待原则是现代篮球技战术训练的重要原则之一,具体是指在篮球技战术训练中应根据运动员的年龄、性别、身体素质、训练水平、文化程度、个性心理特征等科学地确定训练任务、训练内容、训练方法和运动负荷。

教练员应该认识到,每个运动员之间都存在着许多差异,不同运动员各个方面的条件有所不同,且在训练中个人的起点不同,如有的开始进展很快,但后来反而慢下来;有的某些运动素质好;有的能适应大负荷量的训练。随着训练的进行,其发展程度也不同,如有的运动员在训练初期进展不大,但到了某一阶段技战术水平可能突飞猛进。因此,应针对运动员的个人特点合理安排训练,重视不同运动员在篮球运动训练中的各种区别性因素。

(七)负荷控制原则

对篮球技战术训练负荷进行科学控制应结合具体的篮球技战术训练任务、训练对象,逐步地有节奏地加大运动负荷。

为了提高篮球运动技战术水平,运动员在训练中必须多次重复练习,逐渐提高训练要求和不断增加负荷,以至把运动负荷提高到所能承受的最大限度,才能创造个人新的纪录。这是因为,只有极限负荷的刺激,才能充分挖掘运动员机体的机能潜力,使其达到参加激烈比赛、创造优异运动成绩的要求。具体要求如下。

1. 运动负荷逐步增加

在长期的训练过程中,逐步增加运动负荷可促进篮球运动员的技战术能力的不断提高。如果训练的负荷总量总是一成不变,运动员可轻松完成而无疲劳感,则训练效果便会越来越小,其身体素质和竞技能力也就很难得到提高。但需要注意的是,技战术训练中,强调运动负荷的不断加大并非越大越好,也不是始终都大,而是要从不同时期的训练任务和不同运动员的训练水平出发,以运动员身体健康状况和机能能力提高程度为依据,逐步地增加,有节奏地安排。在篮球技战术训练中,一般来说,实践表明,有节奏地波浪式增加运动负荷的方法是比较科学的,在训练中运动负荷的增加可按照"适应—加大—再适应—再加大"的规律进行。

2. 负荷结构定向化

负荷结构是指不同负荷因素的搭配组合。负荷结构的定向化是针对训练者的训练目的采用不同的负荷结构,因而选择负荷结构的方向很重要。例如,增强力量和力量耐力,要选择数量大,刺激强度小到中等的负荷;增强力量和爆发力,要选择数量小,刺激强度大到最大的负荷。训练目的不同,负荷结构则不同。

3. 负荷突出篮球专项特点

不同运动项目训练对训练负荷的要求不同,在篮球运动训练过程中,要对练习的远度、高度、距离、时间和次数都要提出适当要求,突出篮球的专项特点。

(八)从实际出发原则

篮球技战术训练从实际出发原则包括以下两个方面的具体内容。

首先,篮球技战术训练应从训练对象的个人特点、比赛要求、训练条件等实际情况出发安排训练,训练要因人、因项、因时而异。

其次,篮球技战术训练内容和过程的安排要符合具体运动训练的实际条件,训练充分考虑场地设施条件。

(九)负荷与训练恢复相统一原则

在篮球训练过程中,运动员有机体在承受运动负荷的前提下消耗了能量,因此会产生疲劳,使机体机能暂时下降。恢复过程能使被消耗的能源物质得到补偿,而运动训练的超量恢复原理也告诉我们,在运动训练中重视机体超量恢复是提高运动员机体机能和篮球运动技战术能力的基础。

在篮球技战术训练中,可以采取"大强度素质训练与简单技术训练相交替"或"一种素质不同部位练习相交替"及"几种素质穿插进行"等方式进行"休息与恢复"。尤其是大负荷训练之后应有充分的静止休息。

(十)一般训练与专项训练相结合原则

该原则是促使篮球技战术能力不断提高的重要基础。一般来说,在篮球技战术训练中,为了使某一特性获得最大程度的发展,必须相应地发展其他素质以促进运动素质之间的相互迁移。只有具备了较高的身体全面发展水平,才能掌握先进技战术,承担大运动量训练。

篮球运动训练的一般训练与专项训练相结合要求运动员应处理好一般训练与专项训练两者的比重。例如,在篮球多年训练的基础训练和专项提高阶段,在训练大周期的准备期的第一阶段和过渡期、恢复调整的小周期,一般训练比重大些,篮球运动员的比赛阶段,应主要安排专项训练。

二、篮球运动训练的方法

(一)重复训练法

所谓重复训练法,指在不改变动作结构和运动量,在相对固定的条件下,对某种动作采用同一运动负荷和相同的间歇时间进行多次练习,以达到增加运动负荷和巩固技能的目的。在训练实践中,重复训练法主要是通过同一动作或同组动作的多次重复,经过不断强化运动者的运动条件反射的过程。关于重复训练法,可以根据不同的分类标准将其分为以下两大类。

(1)按练习时间长短,重复训练方法可分为短时间(不足 30 秒)重复训练方法(主要用于训练各种基本技术、高难技术的组合练习,以及有关速度素质和力量素质的发展)、中时间(0.5～2 分钟)重复训练方法(主要用于整套技术动作的练习)和长时间(2～5 分钟)重复训练方法。

(2)按训练间歇方式,重复训练法可以分为连续重复训练法和间歇训练法。重复次数不同,对身体的作用不同,对巩固机能的作用也不同。

篮球技战术训练的实践证实,重复训练法有利于运动员掌握和巩固技术动作,使机体产生较高的适应机制,有利于发展和提高篮球运动员的技术水平和机体机能。

(二)循环训练法

循环训练法要求运动员根据篮球运动训练的具体任务,把按预先设计的多项活动内容设计成若干个站,在训练过程中使运动员按照一定顺序一站一站地进行练习,运用循环练习的方式周而复始循环往复地进行练习的方法。一般的,开始时先练一个循环,过 2～3 周再增加一个循环,逐渐增加到 3～4 个循环,但最多不得超过 5 个循环。一次循环中应包括 6～14 个不同的练习,每个练习间歇为 45～60 秒钟,每个循环间歇为2～3 分钟。该方法对刚刚参与篮球运动训练的人较为适用。概括来讲,循环训练法的作用主要表现在以下三个方面。

(1)循环训练法有利于增强运动员的肌力、增强心肺机能、提高身体素质。

(2)循环训练法可消除枯燥感,机体肌肉的局部负担不重,不易疲劳,能调动运动员的积极性。

(3)循环训练法可因人而异地区别对待和解决负荷量问题,避免运动者过度紧张状况的出现。

科学实施篮球运动循环训练,要求篮球运动训练应突出重点,因人而异地确定循环训练的负荷,如在比赛之前的训练要以战术训练为主,基本技术动作训练为辅,而由于不同的人,身体素质也存在较大差异,在安排素质训练时,要因人而异,同时还要避免因局部疲劳积累而产生损伤。此外,在训练过程中应根据阶段训练任务的变更及时进行调整或变换。

(三)变换训练法

变换训练法是指在篮球技战术训练中,通过有目的地变换动作组合、训练负荷,以及变换练习的条件和环境等进行训练的方法。可分为连续变换与间歇变换两大类。

篮球运动训练中变换训练法的应用十分广泛,例如,变换动作要求(动作速度、幅度、距离等)、变换动作形式(原地传球、跑动中传球)、变换动作组合(原地接球跳投、移动中背向篮接球转身跳投)、变换运动量(同一训练时间不断增加运动量或强度或运动量时大时小)、变换训练器材(用小篮筐、加重球)、变换训练环境(馆内、露天、气候变化、高原训练)等。

(四)间歇训练法

所谓间歇训练,具体是指重复练习之间按严格规定的间歇时间休息后再进行练习的方法。训练中练习间歇时间的长短,取决于训练的目的、训练的强度、运动员的训练水平和身体状况。每次练习的数量、练习的负荷强度、重复练习的次数(组数)、休息方式和间歇时间是构成间歇训练法的五个基本要素。

在篮球技战术训练中,根据超量负荷原理,可通过提高每次练习的强度,增加练习的重复次数和调整间歇时间。要科学、合理地制订间歇时间,并且要使训练负荷与运动员所能承受负荷的能力相符合,运动负荷过大或过小都不利于获得良好的训练效果。需要注意的是,在机体尚未完全恢复时,运动员就必须要进行下一次练习,从而保证训练的效果。

运动员采用间歇训练法参与篮球运动训练,不仅能有效地提高呼吸机能,提高机体糖酵解能力和耐乳酸能力,还能在练习期间及中间间歇期间使运动员的心率保持在最佳范围之内,有助于提高和改善运动员的心脏泵血功能。只有这样才能在技战术训练当中保持良好的状态。

(五)比赛训练法

比赛训练法是指组织竞争性的、有胜负结果的、以最大强度完成练习的训练方法。它包括教学比赛、检查性比赛、适应性比赛等。比赛训练法对于篮球运动训练的意义主要体现在以下两个方面。

首先,比赛训练法能结合实战提高运动员的技术、战术、身体训练水平和心理素质。

其次,比赛训练法能调动篮球运动员训练和比赛积极性的有效手段,它可以激发篮球运动员的斗志,促进运动员积极向上、克服困难,从而创造优异的运动比赛成绩。

(六)模拟训练法

模拟训练是用一种模型去模拟另一系统,并借助模型,通过训练实践进行方案比较的一种"逐次逼近"最佳化的训练方法。在篮球技战术训练中,模拟训练法主要适用于赛前训练。

(七)心理训练法

运用心理学的手段来提高运动员进行篮球运动的心理素质和运动成绩的训练方法叫作"心理训练法"。其主要有想象、表象、放松、语言暗示和生物反馈等训练方法。

心理训练与传统的身体训练、技术训练、战术训练和人格修炼相结合,构成了篮球技战术训练的完整体系。

(八)综合训练法

综合训练法是指把重复训练、循环训练、变换训练等各种训练法结合起来运用的一种综合性训练方法。在篮球技战术训练实践中,各种训练方法并不是单一的存在和使用的,因此,综合训练法的应用比较普遍。

综合训练法可以对篮球运动员的训练负荷与休息进行灵活调节,并使其能够更好地达到训练的要求,从而使运动员的运动素质得到有效发展,进一步提高其篮球运动技术水平。

随着现代科学技术的进步,篮球技战术训练方法不断推陈出新、日新月异。目前,借助新的科学理论(如系统论、控制论、信息论等),新的训练方法被不断提出,并在篮球训练实践中得到了应用。

第三节　篮球运动训练负荷的安排

一、篮球运动训练负荷的定性

(一)训练负荷的专项性

训练负荷的专项性指训练负荷要与运动员的训练水平和篮球比赛要求相符。

在篮球运动训练过程中,训练负荷的练习分为篮球运动专项练习与篮球运动非专项练习。其中,篮球运动专项练习是提高篮球专项运动技战术水平的直接因素,只有加强篮球运动专项训练,才能为提高篮球运动实战水平奠定良好的基础。

(二)训练动作的复杂程度

训练动作的复杂程度是篮球运动训练中客观存在的内容,是篮球运动训练中运动负荷定性的一个重要方面。

篮球运动训练实践中,动作复杂程度决定着训练负荷的大小。区分训练动作的复杂程度是控制篮球运动训练负荷的依据和需要,但因为篮球运动的竞争激烈,许多动作并不能预定,必须根据场上对手的表现临时作出选择性反应,所以,目前对此要作出量化评定难度较大。

(三)训练负荷的生理改善

确定篮球运动训练时机体工作的供能系统是为训练负荷定性的内容之一。在篮球运动中,ATP-CP 和糖酵解供能约占 80%,糖酵解和有氧代谢约占 20%。因此,篮球运动训练应采用无氧代谢为主,有氧代谢为辅。由于训练实践中,训练内容和训练手段不同,机体所消耗的能量物质不同,因此,篮球运动训练应根据具体情况合理安排训练负荷。

二、篮球运动训练负荷的定量

(一)外部负荷指标

外部负荷指标,又称"负荷的外部指标"或"外部负荷",包括负荷量和负荷强度两个指标,具体如下。

1. 负荷量

负荷量指运动训练的数量指标。机体对负荷量的反应不强烈,比较缓和,所产生的适应程度较低,消退较慢。在篮球运动训练中,负荷量的各个指标测定的方法比较简单。例如,统计一次训练课、一个小周期、一个阶段或一年的训练负荷量,只要记录每次训练的时间、次(组)数、移动的总距离和总重量,而后通过累计计算得出运动员单位时间内负荷量的大小。

2. 负荷强度

负荷强度指训练对有机体刺激强烈程度的指标。机体对负荷强度刺激所引起的反应比较强烈，能较快地提高机体各器官系统的机能水平，所产生的适应性影响较深刻，消退较快。在篮球运动训练中，负荷强度的各个指标的测量方法复杂且困难。

目前，篮球运动训练中还没有简单易行的外部负荷指标的测量方法，一般可以通过记录技战术训练的时间，训练次数、训练难度，训练的激烈对抗程度等方法进行量度。

(二)内部负荷指标

内部负荷指标指由于运动员在训练过程中进行各种身体、技战术训练，训练的负荷使运动员有机体内发生一系列生理和生化变化，内部负荷的指标能比较科学、准确地反映有机体在负荷时产生的各种变化，有利于教练员根据这种变化去掌握和控制训练过程，安排训练负荷。

篮球运动训练中对训练指标的定量方面，使用内部负荷的指标来测量负荷的方法比较广泛。常用的指标主要有心率、血压、血乳酸、尿蛋白、血红蛋白、氧债、最大吸氧量等指标。

三、不同技战术训练负荷的判别

当篮球运动训练内容、训练手段的特点相当稳定时，可以明显地观察到有机体机能能力表现出来的动态变化。因此，可根据训练实践中运动员有机体机能活动性的动态变化来判别训练负荷的大小。

篮球运动训练实践中，运动训练负荷的大、中、小可以客观地按照机体恢复的时间予以判别。研究表明，训练负荷的大、中、小与有机体内环境的稳定性的变化紧密相关，并且能具体反映到恢复过程的时间上。一般的，小负荷与中等负荷后，机体恢复过程的时间通常是几十分钟或几个小时，大负荷后，机体恢复的时间一般较长(可长达数天)。

篮球运动训练负荷大小的判定应结合实际情况进行，可以根据生理学和生物学的指标来判别，也可以采用其他相对间接且客观的指标进行判别，不管使用哪种方法，都要保证训练负荷判定的准确，从而保证技战术训练的质量。

第四节　篮球运动训练计划的运用

一、全年篮球运动训练计划的运用

全年训练计划即为以一个年度为周期而安排的周期训练计划,篮球运动团队根据比赛的时间、频率等来进行相应的安排。全年训练计划要对训练的总任务、目标和内容等方面进行安排,并确定阶段训练的重点、训练的负荷等方面的内容。

(一)全年计划的内容

(1)运动者的起始状态。教练员或教师应对运动者的初始状况深入了解,这样才能够制订科学的训练计划。

(2)确定训练任务与指标。明确了训练目标和任务在具体的训练工作中才有努力的方向。

(3)确定训练的内容。训练内容应促进训练目标的实现。

(4)划分阶段。进行训练阶段的划分,在此基础上提出各训练阶段的主要任务。

(5)规划运动负荷的动态变化趋势。使得技战术训练与运动比赛相适应。

(6)选择训练方法和手段。训练方法和训练手段决定了训练目标的实现状况,应针对运动者的具体情况采用不同的手段和训练负荷要求。

(7)制订恢复措施。合理的恢复措施是良好训练效果的保证。

(8)规划检查评定训练效果的内容、时间和标准。

(二)全年训练的基本结构

运动员的全年训练计划是以比赛为核心进行划分的。通常情况下,一个单周期训练计划包括三个阶段,即为准备期、比赛期、过渡期;双周期训练计划则包括两个准备期、比赛期和过渡期。

1. 准备时期

准备时期是为了使得运动者的各方面都得到全面的提升,使其达到良好的竞技状态。准备期的训练在大周期的训练中具有极为重要的地位。一般,单周期的训练时间周期可为 6～7 个月;双周期可为 4～5 个月;多周期可为 2～3 个月。可将准备时期分为以下三个阶段。

(1)开始阶段。在开始阶段,通过采用一般的训练方法和手段,使得身体素质得到全面的发展;其后逐步加强专项技能的训练。全面发展身体素质的训练占 40％～50％,技术训练则应占 35％～40％,战术训练和比赛性训练应占 20％～25％。负荷量和负荷强度应逐渐加大。

(2)中间阶段。在第二阶段,应进一步地加强身体素质的训练,同时应注重各专项身体训练。在相应的训练比赛过程中,通过对技战术的实践,增强团队之间的配合。应注重相应的理论知识的掌握,并应注重心理方面的训练。训练的负荷量应保持稳定,训练的强度可适当增加。该阶段身体训练约占 25％～30％,技术训练约占 30％～35％,战术比赛训练约占 40％～45％。

(3)赛前阶段。赛前阶段,应致力于提高和巩固技战术,并进一步训练团队之间的配合能力。赛前阶段,为了发现和弥补训练的不足,可参加一些热身比赛和邀请赛。这一阶段的训练应注重专项素质的训练,在心理方面应注重自信心的培养,增强竞争意识,增加团队的凝聚力,并注重队员意志品质的培养。该阶段身体训练占 20％～25％,技术训练占 30％～35％,战术比赛训练占 40％～50％。

2. 竞赛时期

竞赛时期是前后的一段时间,这一阶段的重要任务是保持和巩固良好的竞技状态。竞赛期通常分为三个阶段,具体内容如下。

(1)开始阶段。这一阶段的身体训练应以专项训练为主,对掌握的技能进行巩固和提高。在战术训练方面,既要注重队员之间的熟练配合,也要强调个人战术意识的提高。训练的环境应与竞赛环境相适应,训练的负荷量可适当的减少,但是专项训练应增至最高点,并维持在这一状态。在竞赛开始的 2～3 天,可减少负荷量,增加负荷强度。

(2)中间阶段。中间阶段为参加比赛的阶段,除了继续进行必要的专项身体素质和技战术训练之外,还应对竞赛对手进行观察和分析,并制订相应的应对策略。在训练中,为了使得队员保持较高的竞技状态,应以对抗的方法进行训练,并注重加强薄弱环节的针对性训练。

(3)结束阶段。结束阶段即为最后几场比赛阶段,这一时期,应注重队员健康状况的保持和疲劳的恢复。为了使队员保持在较高的兴奋状态,应安排相应的恢复性训练,并注重队员心理和情绪的调节和控制。

3. 恢复时期

恢复时期,首要的任务是运动疲劳的消除,为过渡到下一阶段的训练做准备。单周期时间较长,双周期和多周期往往与下个周期的准备时期相结合。恢复时期应以积极性休息为主,并安排必要的一般形式的休息时间。这一阶段的训练以一般训练内容为主,训练方法手段以游戏性、辅助性练习和其他运动项目活动为主,保持一定负荷量。另外,应及时总结比赛中的经验和教训,为下一阶段的训练提供指导。还应根据运动比赛中的表现对队员进行相应的评价。

二、周篮球运动训练计划

(一)周训练计划的内容

(1)周训练总体任务与每天、每次课的训练任务与要求。

(2)周训练总体时间、课次数与每天、每次课的训练时间及安排。

(3)每天、每次课的训练内容及任务。

(4)每天的运动负荷规划。

(5)每天的恢复措施安排。

(6)测试训练结果的安排。

(二)周训练的基本结构

根据篮球比赛的发展过程,可把篮球训练的周训练计划分为引入性小周期、准备性小周期、比赛性小周期和恢复性小周期。具体内容如下。

(1)引入性小周期,这一阶段应安排在训练准备期的第一阶段,其主要的任务是使得运动者的机体适应即将开始的训练。

(2)准备性小周期。一般准备小周期,发展运动员的一般体能,形成篮球比赛所需的身体条件;专门准备小周期,发展专项体能和技能,提高运动员的专项技能。

(3)比赛性小周期。比赛性小周期包括两方面,一方面是使得运动员的机体适应重大比赛的要求;另一方面则是较小的比赛之前对运动员的最后调控。

(4)恢复性小周期,在紧张激烈的运动比赛之后,或是大负荷训练周之后,安排相应的恢复性小周期,通过各种训练恢复手段消除运动员的疲劳,并促进超量恢复的出现。

三、训练课计划制订

训练课是各项训练计划完成的重要保证,各项训练目标的实现都需要具体贯彻到训练课之中。课时训练计划要严格按照周训练计划的要求展开,将各种训练手段、方法等付诸实践。

(一)训练课计划的内容

因篮球训练课的训练内容根据总计划(年度训练或周期训练)的安排而多有不同,因此常见的训练课计划的内容有以下几类。

1. 体能训练课

其特点是提高身体素质,提高身体机能。通过身体训练,提高一般身体素质和专项身体素质,先安排一般身体训练,后专项身体训练。先速度、爆发力,后力量、耐力。

2. 技术训练课

课的主要任务是学习、掌握、改进、巩固各项基本技术动作,提高各项技术动作质量与各种变化组合应用能力。

3. 战术训练课

课的主要任务是攻、防战术的局部与组合练习以及对抗练习,为实践创造有利条件。

4. 综合训练课

在一次训练课中,包含了体能训练,技术、战术训练,有时还进行比赛对抗。综合训练课通常是在一项内容中包含其他项内容,多项内容同时进行训练。

5. 比赛训练课

以比赛的形式进行训练提高。通常比赛训练是通过各种对抗练习、特定规则的比赛、教学比赛、交流比赛、热身赛等方法训练技术运用能力和灵活贯彻战术配合的能力。

6. 调整训练课

调整型训练课一般安排在训练的过渡阶段,或是一个阶段的大负荷训练和激烈比赛之后。通常调整训练课的负荷会较小,其主要任务是通过减轻运动员的负荷等手段来消除运动员的疲劳。

(二)训练课的基本结构

训练课由准备部分、基本部分和结束部分三部分组成。

(1)准备部分是使运动员调整心态、调动机能,准备承受训练负荷的准备活动。

(2)基本部分安排训练课的主要训练内容,其选择的练习手段可以多样,练习的组织可以采取成队的、小组的和个人的练习交替进行。

(3)结束部分基本上有两种情况:其一是根据运动员身体机能的活动性作下将性安排;另外一种是人为地降低运动员的工作强度。结束部分的安排主要是为课后的迅速恢复创造有利条件。

第五节　篮球运动训练的评价研究

一、评价篮球运动技术水平的方法

(一)基础技术水平

对篮球运动员的基础训练水平进行评价的主要方法有以下几点,下列方法都是通过对大量的实践进行分析而总结出来的。

(1)脚步移动。

(2)"之"字形跑。

(3)综合运球。

(4)跳投。跳投也可称为"十点二十次跳投"。

(5)摸高。摸高也可称为"跨步双脚起跳摸高"。

(6)传球。传球也可称为"对墙双手胸前快速传接球"。

(二)攻防技术水平

在实践中,主要是通过统计篮球比赛的技术情况,并以此为依据来对运动员的攻防技术进行评价的。主要评价方法如下。

1. 助攻

篮球运动员在运球或持球过程中,为方便队员投篮机会而进行巧妙地传球就是所谓的助攻。运动员配合意识的强弱、掌握与运用技术的能力可以通过助攻的次数集中反映出来。

2. 抢断球

防守队员将对方手中的球抢到手、将对方手中的球打掉或截获传球后把球牢牢控制住就是所谓的抢断球。在篮球比赛的防守过程中,运动员防守主动性、攻击性以及积极性的程度能够通过抢断球次数集中反映出来。

3. 投篮次数

篮球比赛中一方篮球队投篮的多少就是所谓的投篮次数。篮球比赛中,失误次数与攻守速度的快慢主要由投篮次数决定。攻守回合随比赛速度的增加而增加。投篮次数随投篮失误的减少而变多。

4. 比赛效率

运动员或篮球队在篮球比赛中的效果就是所谓的比赛效率。投中 1 球、罚中 2 分、协防、助攻、抢断球、抢到篮板球等一次各计正 1 分。违例、失误、失守等一次各计负 1 分。

计算运动员的比赛效率的方法为:正分与负分相加与该队员上场时间之比。

比赛效率的计算公式如下。

个人效率数=[(个人正分)+(个人负分)]/该队员上场时间

全队效率数=[(全场正分)+(全场负分)]/200 分钟(一场比赛时间)

5. 罚球命中率

罚球次数与罚中次数之比就是所谓的罚球命中率。罚球命中率的计算公式如下。

罚球命中率=罚中次数/罚球次数×100%

6. 投篮命中率

投篮次数与投中次数之比就是所谓的投篮命中率。投篮命中率的计算公式如下。

投篮命中率=投中次数/投篮次数×100%

7. 篮板球获得率

本方获得篮板球次数与双方总篮板球次数之比就是所谓的篮板球获得率。篮板球获得率的计算公式如下。

篮板球获得率＝本方获得篮板球次数/(本方获得篮板球次数＋对方获得篮板球次数)×100％

8. 防守成功率

比赛中防守次数与防守成功次数之比就是所谓的防守成功率。防守成功率的计算公式如下。

防守成功率＝防守成功次数/防守次数(对方进攻次数)×100％

9. 进攻成功率

积分与进攻次数之比就是所谓的进攻成功率。进攻成功率的计算公式如下。

进攻成功率＝总积分/进攻次数×100％

10. 失误和违例

失误和违例是指控制球的队员由于个人行动不当而失去控球权。运动员或一个队技术水平的高低以及在篮球比赛中运用技术的能力能够通过失误和违例次数的多少集中反映出来。

二、评价篮球运动战术水平的方法

评价运动员的战术水平时要以运动员在比赛中采取的战术的合理性和战术具有的意义为依据。主要分为进攻与防守两个方面的评价。

(一)进攻战术

对进攻战术进行评价的主要内容有:运动员的攻击、配合与助攻传球的意识;运动员攻击、配合与助攻传球的能力;对位置的调整能力等。

(二)防守战术

对防守战术进行评价的主要内容有:运动员的防守策略与能力;运动员的协助防守意识与能力。

第六章 篮球运动技术教学
训练实践探索

篮球技术是篮球运动的核心,运动员的技术水平直接决定了其在篮球比赛中的发挥,因此一名优秀的篮球运动员必须掌握全面、扎实的篮球运动技术。在学校篮球运动教学中,篮球运动技术是教学的重点和主要内容。本章主要就篮球运动技能教学与训练的基本原理与篮球运动技术体系进行详细分析,并就篮球运动技术的科学学练方法进行系统分析。

第一节 篮球运动技术教学与训练概述

一、篮球运动技术概述

(一)篮球运动技术概念

篮球技术是篮球比赛中运动员为了进攻与防守所采用的专门动作方法的总称。[①] 篮球运动技能是运动员在比赛情况下的一种专项运动动作的合理运用,是运动员篮球比赛实战能力的基础表现,也是运动员各项篮球专项体能、心理、智能的综合表现。

篮球技术是运动员进行篮球比赛的基本手段,是运动员参赛的基础和前提。

从动作方法来看,在篮球比赛中,运动员运用的篮球技术的篮球运动专项进攻与防守所采用的专门动作方法,是篮球专项动作模式的理想化形式,是规范化了的动作模式,这种动作模式是篮球运动专项所特有的,区别于其他体育运动项目,具有专项性、专门性、合理性、规范性。

---

① 于振峰.现代篮球技术学练设计[M].北京:高等教育出版社,2013.

从运用实践来看,在篮球比赛中,运动员的各种技术动作、技术动作组合的实施是对既定的篮球专项动作的操作,但不仅仅限于动作的充分操作,动作技术的操作伴随着运动员的主观思路和动作技巧,是一种有意识的行为。

就篮球技术与战术的关系来看,篮球技术是个人对抗的基础,是篮球战术的基础,任何战术意识、配合、方法都需要运动员准确掌握与灵活运用篮球技术动作。

(二)篮球运动技术体系构成

在篮球运动的发展过程中,运动员特征(身高不断增加)、体能与动作技巧的发展,篮球运动场地、器材、设备、规则等的发展都对篮球运动技术的发展具有重要的影响。

发展到现在,篮球运动技术已经由最初的一些简单动作逐渐发展并形成了一个复杂、庞大的体系,通过对篮球技术体系进行分析,有助于篮球运动者更好地认识篮球运动技术构成、理解不同篮球运动技术之间的逻辑关系。

一般认为,现代篮球运动技术体系是根据动作结构进行有机组合的,篮球运动技术体系具体可分为:基本技术(姿势、移动步法)、进攻技术、防守技术。抢篮板球同属于进攻与防守技术,但在动作细节上有所不同(图6-1)。

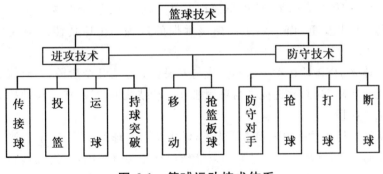

图 6-1　篮球运动技术体系

二、篮球运动技术教学与训练的理论依据

(一)认知理论

个体对事物的认知具有一定的规律性,篮球运动技术教学与训练应充分尊重学生对篮球运动技术的认知特点、过程和阶段特征,有计划、有步骤

地合理设计与开展教学与训练。

篮球运动技能属于开放性运动技能,因此,篮球运动技术教学与训练就应该重视在教学与训练实践中突出篮球开放式运动技能的特点。具体来说,开放式运动技能的学习是在不可预见和复杂的情境中完成的,要求学生具备预见复杂情景和应对多变情景的判断能力、应变能力、创造能力等。①因此,在篮球运动技术教学与训练中,就应该结合篮球运动技术特点创造这种技术情景,例如,多采用比赛的方法,展开对学生篮球技术的训练。教师还应根据篮球运动技术学习与认知的基本规律开展教学,并结合与体育教学相关的学科理论知识来指导篮球技术教学与训练实践。

在篮球技术教学与训练中,重视学生与篮球技术相符的各种应变能力、对抗能力、配合能力的培养的同时,注意学生技术运用的相应的意志品质培养。

此外,运动水平变化与认知方式变化有一定的正相关性,通过篮球专项认知训练可以促进篮球运动水平提高。② 在篮球技术教学与训练中,不仅要组织学生进行篮球技术相关的身体运动,还要重视对学生传授与篮球运动相对应的操作性知识,以加深学生对篮球技术的认知广度与认知深度,使学生更快、更准确地掌握篮球运动技术。

(二)篮球技能形成规律

任何一项体育运动技能的形成都不是一蹴而就的,都需要经历一个由浅入深、由表及里、由不熟悉到熟练掌握的过程。篮球技能的形成也不例外。

具体来说,篮球运动技术的形成与发展需要经历几个阶段,即对篮球运动技能的粗略掌握、改进提高与巩固篮球运动技能的阶段、篮球运动技能的创新发展阶段。

从篮球运动学练的生理本质来看,学生学习篮球运动技能、掌握篮球运动技能的过程,就是学生通过参与与篮球运动相关身体练习,使大脑和身体机能产生适应性,并产生记忆功能,使篮球运动技能与大脑神经建立复杂、连锁的条件反射的过程。因此,篮球运动技术的教学与训练应重视学生各项与篮球技术相关的身体练习刺激,并通过反复训练促进大脑相应神经中枢产生反应并建立神经联系,使机体产生运动条件反射,最终形成动作的自动化。

---

① 刘振廷.运动技能理论下篮球技能学习认知评价体系构建[D].长春:东北师范大学,2013.
② 王晓明,张京杭.对不同水平篮球运动员认知方式的比较研究[J].体育科技文献通报,2010(05),35—37.

(三)运动员机能变化规律

学生的篮球技术学练,需要身体活动的参与,而人的生命有机体是一个客观存在,具有其自身的运动适应性特征,这一点在篮球技术教学与训练中必须明确,不能不考虑身体机能的特点与发展规律随意安排运动训练。

首先,篮球技术学练应循序渐进,在练习中使人的生理机能活动由安静状态逐渐进入工作状态。

其次,篮球技术学练应注意负荷控制,不能超过生理机能的承受极限,以免对学生身心造成损害。

最后,篮球技术学练结束后不能立刻停下机体运动,要通过积极性休息逐渐过渡到安静状态,给身体一个放松过程。

(四)运动员生理机能适应原理

篮球运动技术教学与训练以理论讲解为基础,以身体练习为主要内容,身体练习过程中,要充分考虑运动员生理技能的适应性,遵循运动员生理机能适应规律,结合运动员生理机能适应原理开展篮球技术教学与训练有利于达到事半功倍的效果。

在个体生理技能适应原理中,运用最广泛的是超量恢复原理。超量恢复又称"超量代偿",该原理指出,在一定范围内,运动量越大,人体各器官和肌肉的功能动员就越充分,能量物质消耗就越多,超量恢复就越明显。

学生掌握篮球运动技术,需要承受一定的运动负荷,在身体负荷工作过程中,体能能源物质和能量不断消耗,会产生疲劳和机体能力下降的情况,此时不要立刻停止训练,应经过间歇与调整使机体再坚持一段时间,可出现能量补偿(超量恢复),能有效提高机体的工作能力。

三、篮球运动技术教学与训练的步骤及要求

(一)篮球运动技术教学与训练步骤

1.掌握技术动作,形成动力定型

(1)建立完整的技术动作概念与正确的动作表象。在篮球运动技术教学与训练中,应首先帮助学生建立完整的技术动作概念,这是学生掌握篮球运动技术的基础。如果学生对技术概念都不了解,就很难再进一步掌握技术动作了。

在学生掌握完整的技术动作概念之后,教师应通过合理教法的运用,主要是直观教学法,如教具展示、动作示范,使学生建立正确的技术动作表象,了解整个篮球技术动作的完成过程,并对其运用条件、作用、要点等有初步的了解。

该阶段的教学与训练中,教师应重点检查学生在篮球技术动作完成过程中的主要环节和关键动作,并以动作概念来纠正错误技术动作,以技术动作规范来强化对技术概念的理解。

(2)建立正确的技术动作定型。在学生掌握完整的篮球技术动作概念与正确的动作表象之后,应通过组织学生反复练习来熟悉技术动作。

篮球教学与训练实践中,学生对篮球技术动作的掌握不可能一步到位,学生并不每次都能顺利地完成动作,常会产生这样或那样的错误,教师或教练员要善于发现并纠正错误,这对于帮助学生形成正确的技术动力定型十分重要。具体来说,在学生的篮球技术动作练习过程中,教师应及时纠正所出现的各种技术动作问题,争取通过学生的反复训练来帮助其机体和大脑建立起正确的篮球技术动作运动条件反射,形成正确的技术动作定型。

如果学生能熟练、准确地完成篮球技术动作,教师可在此基础上,适当加大练习难度或提高完成动作的要求,进一步巩固、改进和完善学生对篮球技术动作的掌握,使其篮球技术更加完善,即使是在有外界因素干扰的情况下,也能够正确无误地完成篮球技术动作。

2.掌握组合技术,初步灵活运用

在篮球运动实践中,技术的运用不是单一存在的,往往需要运动员综合多种技术,才能达到既定的目的,因此,在学生掌握了各项单个的篮球运动技术之后,就要加强学生对这些技术动作的组合操作,提高学生的篮球技术的合理性与有效衔接。

(1)掌握动作组合之间的衔接。掌握组合技术,首先要解决相邻的技术动作之间的衔接问题,在教学训练之初,可以先强调技术动作完成的正确性,不强调技术动作完成的速度,等到技术动作熟练掌握之后,可以逐渐加快技术动作的完成速度,反复练习,以达到技术动作的合理、连贯。

(2)提高完成组合技术的质量。在保证技术动作合理衔接、正确完成的基础上,提高技术动作组合的完成质量。这同样离不开学生对技术动作组合的反复练习。在练习过程中,应进一步掌握组合技术的节奏、速度与动作的准确性,并通过技术完成快、慢节奏的控制,提高技术动作完成质量。

(3)提高技术动作的应变能力。篮球运动中,运动者对技术动作应用的应变主要表现在两个方面,一是通过一种技术动作组合向另一种技术动的转变,来改变篮球技术的实施;另一个是通过在技术动作组合中加入假动作来迷惑对手,进而保证自身正确完成技术动作。注意假动作要做得逼真,技术动作改变要快速。

3.攻守对抗条件下,创新运用技术

在熟练掌握技术动作和组合技术的基础上,结合篮球比赛实战,提高学生对篮球运动技术的创新运用能力。

篮球运动技术在篮球比赛中并非刻板的运用,而是要结合场上赛况、对手特点灵活运用,这就需要运动员具有创新意识,并具备良好的应变能力,能灵活运用自己所掌握的各种篮球技术动作与技术动作组合。

在该教学与训练阶段,教师可以通过组织学生进行以下练习提高学生的技术灵活、创新运用能力。

(1)在规定条件的攻守情况下,掌握时机,及时、准确地完成技术动作。

(2)在消极攻守对抗的情况下,选择时机,运用假动作迷惑对手,完成技术动作或组合。

(3)在积极攻守对抗的情况下,教师针对对手不同类型的干扰与制约,进行有针对性的讲解与分析,再组织学生进行各种问题条件下的技术动作与组合训练。

在篮球技术教与训练中,具体教学与训练步骤并非一成不变,教师可结合学生情况和教学训练需要进行适当调整。但无论怎样调整,都要在教学与训练中严格要求学生,规范技术、反复练习,不断强化巩固与提高。

(二)篮球运动技术教学与训练要求

1.明确任务,设置目标

在篮球运动技术教学与训练中,教师要明确教学与训练任务,并让学生对此有充分的了解,同时,结合具体的教学与训练任务制订详细、具体的教学与训练目标,通过科学组织教学与训练,要求学生完成学习任务、达到训练目标。

篮球运动技术教学与训练任务、目标的制订应符合学生的年龄特点和技术阶段性发展特征,教学与训练计划的制订应科学、系统并具有可操作性。

2.全面发展,突出重点

现代篮球竞争激烈,运动员必须掌握全面的技术,才有可能应对场上出

现的各种问题。以往,人们只注意进攻技术的训练而忽视防守技术的练习,但随着篮球运动的不断发展,篮球场上攻守转换快,进攻和防守可在几秒钟完成,只重视进攻技术训练或只重视防守技术训练都是片面的,应做到攻防技术的全面发展。

在坚持篮球技术的全面发展时,还要重点突出,结合不同的篮球运动者的特点,使其具有自己的特长技术,并能在比赛中具有一定的技术优势。

3.重视球感的培养与训练

篮球运动技术教学与训练中,应注重学生"球感"的训练。"球感"是篮球运动者通过长期的运动训练所获得的一种专门化的复合知觉,其对个体篮球运动技术的掌握与提升具有非常重要的意义,不断地进行篮球运动技术的训练实践,是增强这种"球感"的唯一途径。教师和学生都应明确这一点。

4.适应现代篮球的特点,加大对抗力度

现代篮球比赛竞争激烈、对抗性强,在日常的篮球运动技术教学与训练过程中,教师应特别重视组织学生进行高强度对抗下的技术练习,以此来提高学生的技术实战运用能力。具体来说应做到以下几点。

(1)抓好基本技术训练,建立正确的动作定型。

(2)熟练掌握组合技术,提高难度,为对抗奠定基础。

(3)加强实战训练与难度训练,提高学生对篮球运动技术运用和应变能力。

第二节　脚步移动技术教学与训练方法创新设计

一、起动技术教学与训练方法创新设计

(一)起动技术教学

起动,是移动的开始,是篮球运动脚步移动技术的重要基础。

起动时,先降低重心,两脚瞬间迅速、有力蹬地,提重心、身体前倾,快速向前位移,双手配合身体摆动(图 6-2)。

(二)起动技术训练方法创新设计

(1)听信号,两脚技术原地蹬地跑。

(2)连续起动跑,一步急停。

(3)连续起动跑,两步急停。

(4)原地碎步跑后立刻起动跑,跑 5 米,重复上述练习,反复多次训练。

(5)做虚晃假动作后立刻起动跑,跑 5 米,重复上述练习,反复多次训练。

图 6-2　起动技术

二、移动技术教学与训练方法创新设计

(一)移动技术教学

1.跨步

跨步是篮球运动移动技术中最简单的一项移动技术。移动时一脚为中枢脚,另一脚跨出。

(1)同侧跨步:屈膝,一脚做中枢脚蹬地,另一脚向移动方向跨出,跨出后重心移至跨出的脚。

(2)异侧跨步:屈膝,一脚做中枢脚蹬地,另一脚向与脚相反的方向跨出,跨出后,重心移至中枢脚。

2.滑步

在篮球运动中,滑步属于防守性移动技术,根据移动方向,可分为以下几种。

(1)侧横滑步:两脚并立或开立,根据对手或球的移动方向,连续向一侧进行快速的、连续的跨步移动,双手注意张开阻截对方和来球(图6-3)。

(2)前滑步:上体前倾,快速向前、连续开立跨步移动。

(3)后滑步:与前滑步动作相同,方向相反。

图6-3　侧横滑步

3.滑跳步

滑跳步,又称碎步,属于篮球防守性移动技术,具有步幅小、频率快、防守面大的特点。

滑跳时,屈膝,使重心下降,上体前倾,一脚连续蹬地,两脚小步幅、快频率向移动方向滑跳。

4.攻击步

攻击步同样属于篮球防守性移动技术,是防守队员向进攻队员的突然性跨步逼近。

做攻击步时,屈膝,使重心下降,上体前倾,后脚用力蹬地,前脚迅速前跨逼近对手。

5.后撤步

后撤步,简单来说就是前脚变后脚。撤步时,前脚用力蹬地,以腰腹发力带动身体向后撤转,同时,前脚向后撤回,后脚用力碾地。

6.绕步

绕步是篮球运动员的防守移动步法,可分为绕前步和绕后步。绕前步时,一脚向前跨出,另一脚迅速跟进,使整个身体绕过对手。

7.跑

跑是一种快速移动,能为篮球运动员在赛场上争取更多的进攻与防守时间。根据移动方式,可分以下几种。

(1)变速跑:利用速度变化进行快速的脚步移动。

(2)变向跑。跑进过程中,突然用与移动方向相反方向的脚用力蹬地,屈膝,扣脚尖,腰部向移动方向转动,另一脚大步向移动方向跨出,蹬地脚迅速跟进,改变跑动方向(图6-4)。

(3)侧身跑:脚尖对准跑动方向,身体向移动方向倾斜,双脚迅速向移动方向迈进。

图6-4　变向跑

8.跳

跳是篮球运动员争取控制高度空间的纵向移动技术方法,可分为以下两种。

(1)单脚跳:起跳前,起跳腿屈膝,脚掌用力蹬地,腰胯上提,双臂上摆,另一腿屈膝上抬,利用蹬地力量使身体腾空。

(2)双脚跳:屈膝,使身体重心降低,双脚脚掌蹬地,腰胯上提,双臂上摆,利用蹬地力量使身体腾空。

9.急停

从移动变为静止状态的制动步法,具体可分以下两种。

(1)跨步急停:跨出一大步,身体后仰缓冲,再跨第二步,制动并保持身体平衡,双臂微张(图6-5)。

图6-5　跨步急停

（2）跳步急停：用单脚或双脚起跳，落地后屈膝、降低重心，转化和消除移动中的动能，达到制动目的（图 6-6）。

图 6-6　跳步急停

10.转身

屈膝，上体稍微向前倾，重心在两脚之间，前脚碾地，移动脚用力蹬地，上体随移动脚的蹬转改变身体方向，碾地脚向移动方向跨出，并支撑身体，另一脚随即跟上或继续向移动方向迈出。

（二）移动技术训练方法创新设计

1.弧线跑

训练方法：全体学员分成两队，分别站在篮下两侧，听信号，本队第一人从一端跑向另一端，依次进行弧线跑进，反复练习（图 6-7）。

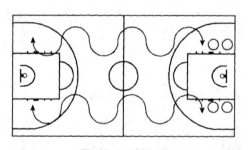

图 6-7　弧线跑

2.急停后转身跑

训练方法：从篮球场地一端的端线，跑向另一端的端线，在中途的几个标志点进行转身跑，要求后转身 75°～90°，提高步法变化的速度和灵活性（图 6-8）。

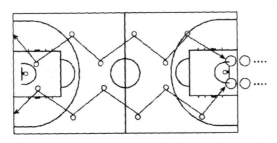

图 6-8　急停后转身跑

3. 3 米折返跑

训练方法:距中线 3 米处画一条平行线,双脚站在中线外,听信号后跑动,脚接触 3 米线后变换为交叉步折返跑,脚踩中线后再折返跑回(图 6-9)。

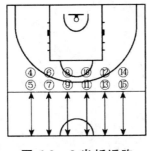

图 6-9　3 米折返跑

4. 沿跳球圈追逐跑

训练方法:两人一组,沿跳球圈追逐跑,拍到对方背部后交换角色继续追逐跑(图 6-10)。

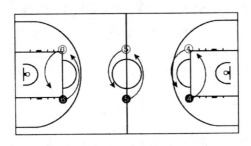

图 6-10　沿跳球圈追逐跑

5. "8"字形跑

训练方法:端线后站立,从限制区与端线的交点处起跑,绕三个跳球圈,向外做侧身弧线跑(图 6-11),掌握并提高侧身弧线跑时速度变化的能力。

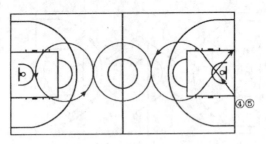

图 6-11　"8"字形跑

6.穿梭跑

训练方法:在场地中间设多个障碍物 △ ,从场地端线一侧出发,绕障碍物穿梭跑,以提高脚步移动的灵活性(图 6-12)。

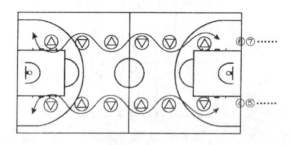

图 6-12　穿梭跑

7.综合性脚步移动训练

训练方法:在场地中间设多个障碍物 △ ,跑到障碍物前急停,做虚晃摆脱假动作后,变向起动跑到下一个障碍物,依次重复上述动作直到到达最后一个障碍物后,转身沿边线向内侧身跑返回,跑至前场罚球线延长线附近,再加速冲过篮下(图 6-13)。

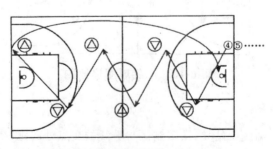

图 6-13　综合性脚步移动训练

第三节　传接球技术教学与训练方法创新设计

一、传接球技术教学

传接球技术水平会直接影响到比赛中运动员的篮球战术的执行,还在一定程度上影响场上进攻的成功率,因此必须重视和加强篮球传接球技术教学与训练。

(一)传球

传球技术由准备姿势、持球、传球三部分组成,传球应准确、及时、隐蔽,有如下几种方法。

1.双手传球

(1)双手胸前传球。传球前,两腿前后开立,屈膝,身体前倾,双手在腰腹间持球,目平视。传球时,后脚蹬地发力,两臂前伸,食指与中指迅速拨球将球传向目标方向(图 6-14)。

图 6-14　双手胸前传球

(2)双手头上传球。传球前,双手头上持球,肘微屈;传球时,双手持球移至脑后,腰腹带动手臂用力,将球向前推出。

(3)双手低手传球。传球前,双手托球下半部,身体向传球方向移动一步;传球时,以手臂发力,将球推向队友腰腹位置。

(4)双手击地传球。双手击地传球基本同胸前传球,只是球传出时手指向下用力,使球碰地板反弹后到达队友腰腹位置。

2.单手传球

单手传球力量大、适合于远传,可分为单手头上、肩上、胸前、体侧等不同部位的传球,这里以单手肩上传球为例。

传球前,单手肩上持球,两脚前后开立;传球时,以肘关节领先,挥臂、扣腕,手臂外展后用力前挥,用手指将球向目标方向传出(图 6-15)。

图 6-15　单手传球

(二)接球

击球技术包括准备姿势、接球和持球三个动作环节,接球时要准确无误,接球后应护球,以防被对手抢断或打掉。

1.单手接球

以右手接球为例,接球前,看准来球,右脚向来球方向迈出,右臂前伸准备迎接球;接球时,右手手指自然张开成勺形,手臂伸向来球方向,手触球后迅速向下引臂,同时左手协助护球,双手握球至于腰腹间(图 6-16)。

图 6-16　单手接球

2.双手接球

接球前,两脚前后开立,上体前倾,看准来球;接球时,双臂向前伸出,两手成球形迎接球,手指触球后,迅速握球、回收双臂,抱球于腰腹间(图 6-17)。

图 6-17　双手接球

二、传接球术训练方法创新设计

(一)原地传接球训练

(1)原地徒手双手持球动作的模仿练习。

(2)距墙 3 米左右,向墙上做双手胸前传接球练习。

(3)两人面对面原地传接球,两人一组一球,相距 4～6 米,由慢到快,由近到远进行各种传接球练习。

(4)两人一组一球,相距 4～6 米,做规定动作的传接球练习。如双手头上传接球、左右手单手体侧传接球、左右手勾手传接球、单手肩上长传球等。

(二)行进间传接球训练

1.横向移动换位传接球

训练方法:如图 6-18 所示,4 人一组,各相距 4～5 米,成"口"字形。④与⑤持,分别将球传给⑥和⑦后,④与⑤横向移动交换位置,分别接⑥与⑦的回传球,⑥与⑦传球后同样横向移动换位接球,如此反复进行。

2.三角传接球

训练方法:如图 6-19 所示,全体学员分成三组,分别成三角形纵向站立,各队排头相距 4～6 米。①传给②后跑到②队尾,②传给③后到③队尾,

③传给①组后,跑到①组队尾,依次进行。

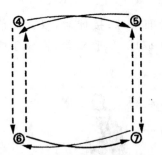 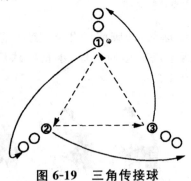

图 6-18　横向移动换位传接球　　　图 6-19　三角传接球

3.跑动换位传接球

训练方法:如图 6-20 所示,全体学员分成两队,相对站立,①传球给③后,接③的传球,③传给①球后跑到①侧面,接①的传球,③再传球给②,然后跑到②队尾,①跑动到④队尾。

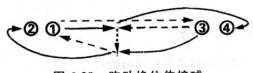

图 6-20　跑动换位传接球

4.面对面跑动中接球急停后的传球

训练方法:全体学员分两组面对面站立,在跑动中接球急停,把球传出,传球后跑到对方队尾(图 6-21)。

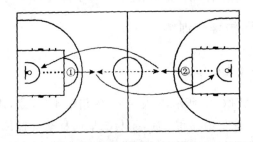

图 6-21　面对面跑动中接球急停后的传球

5.四角直线传接球

训练方法:如图 6-22 所示,全体队员分四组,①传②、②传③、③传④、④再回传①,依次反复传接球。

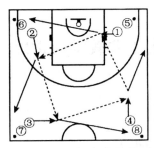

图 6-22　四角直线传接球

6.四角传球上篮

训练方法:如图 6-23 所示,①传球给②,②传给③,③传给④后向篮下切入,接④的球上篮。依次反复练习。

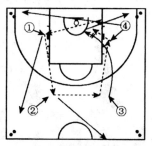

图 6-23　四角传球上篮

7.三人快速移动传接球

训练方法:三人两球,站在端线外。如图 6-24 所示,①②各持一球,①传球给③后向前跑动,在跑动中接②的球并回传,再接③的球并回传……,直到跑到对侧端线。

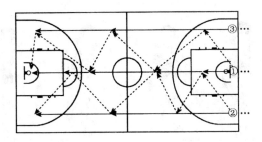

图 6-24　三人快速移动传接球

第四节　运球技术教学与训练方法创新设计

一、运球技术教学

下面均以右手运球为例,详细讲解分析篮球运球技术。

(一)高运球

高运球力量大,速度快,便于控制。运球时,上体前倾,运球手的手臂自然弯曲,以手指用力拍打球的后上方,使球的反弹高度控制在腰胸之间(图 6-25)。

图 6-25　高运球

(二)低运球

低运球时,能对球形成很好的保护,要求运球者屈膝降低重心,上体前倾,运球手的手臂弯曲,手指拍打球的上方,球的反弹控制在体侧、膝盖高度(图 6-26)。

图 6-26　低运球

(三)运球急停急起

快速运球过程中,突然降低重心,手指原地按拍球,使球停止前行,双脚用力向后蹬地,再次起动,同时按拍球随身体移动(图 6-27)。

图 6-27　运球急停急起

(四)行进间运球

1.变向不换手运球

变向时,按拍球的后上方,将球从体右侧向体前按拍,再将球迅速拨回右侧。

2.变向换手运球

变向时,先向右侧做运球的假动作,然后突然按拍球,使球经体前反弹至左前,右脚左跨,左体转,换左手按拍球,同时随身体向左移动。

(五)运球转身

以左脚为轴蹬地,左转体,右手将球拉至身体后侧,换左手运球(图 6-28)。

图 6-28　运球转身

(六)背后运球

右脚前跨,右手将球拉到身体右后侧,使球从背后反弹至左侧前,换左手运球(图 6-29)。

图 6-29 背后运球

(七)胯下运球

变向时,右手拍按球的右侧上方,将球从两腿之间运至身体左侧,换左手运球(图 6-30)。

图 6-30 胯下运球

二、运球技术训练方法创新设计

(一)原地运球训练

(1)原地拍起静止不动的球。

(2)两手交替直臂对墙运球。

(3)原地体前变向换手运球。

(4)双手同时体侧或不同时依次交替运球。

(5)双手原地各自运球。

(6)原地环绕两腿做"8"字运球。

(二)行进间运球训练

1.绕圆运球

训练方法:如图 6-31 所示,全体学员分为六组,相对站在两侧边线后,排头在听信号后启动运球,绕场内圆圈一周返回原位置交给本队下一个成员,然后排至队尾。各组学员按此方法依次进行。

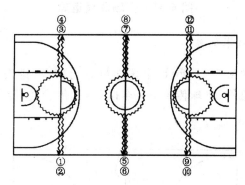

图 6-31　绕圆运球

2.快速弧线运球

训练方法:如图 6-32 所示,全体学员分为四组,站在端线外,①和②组成员各持一球,运球绕过场地上的圆圈至另一端后,分别将球传给③和④。③和④按上述方法运球至另一端线交给下一组成员。

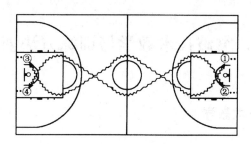

图 6-32　快速弧线运球

3.全场曲线运球

训练方法:如图 6-33 所示,人手一球,站在端线外,运球经过场地上的三个圈至另一侧上篮,无论是否投中,都再运球返回。

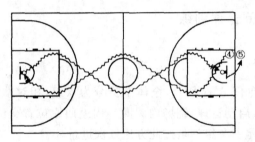

图 6-33　全场曲线运球

4.运球综合技术训练

训练方法:如图 6-34 所示,全体学员分为四种,排头持球,向场地中圈运球,到中圈急停,将球传给下一名队员:①传⑤,④传⑧,⑦传⑪,⑩传②……依次进行。

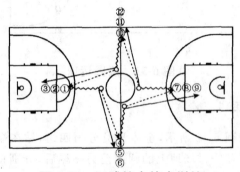

图 6-34　运球综合技术训练

第五节　突破技术教学与训练方法创新设计

一、突破技术教学

突破技术是篮球运动比赛中,持球进攻队员摆脱防守的重要技术之一,主要包括蹬跨、转体、推拍球、加速等技术环节,主要技术方法具体如下。

(一)原地交叉步突破

以右脚做中枢脚为例,突破前,两脚开立,屈膝,降低重心;突破时,左脚内侧蹬地,右转体,左肩下压,重心右移,将球引到身体右侧,右脚蹬地跨出,突破对方防守(图 6-35)。

图 6-35　原地交叉步突破

(二)原地同侧步突破

以左脚为中枢脚为例。突破前动作同交叉步突破。突破时,右脚右前跨出,右转体,探右肩,重心右移,左脚蹬地并向右跨出,换右手运球,突破对方防守(图 6-36)。

(三)行进间突破

行进过程中,接同伴的球,继续快速移动。突破时,准确分析与防守队员的位置关系,屈膝,降低重心,根据与对方的位置选择用交叉步或者同侧步突破,突破后迅速攻向篮下投篮,或与同伴配合进一步组织进攻。

(四)转身突破

1.前转身突破

以左脚为中枢脚为例,突破时,右脚用力蹬地,以左脚为轴前转身,右脚跨出,左转体,左肩下压;左脚蹬地跨出;右手向右前推按球,突破防守。

图 6-36　原地同侧步突破

2.后转身突破

以左脚为中枢脚为例,屈膝,降低重心,突破时,以左脚为轴,右脚右移,后转身,右肩下压,右手向右推按球,左脚迅速蹬地跨出,换手运球,突破防守。

二、突破技术训练方法创新设计

(一)原地突破训练

(1)徒手模仿突破技术训练,体会脚步动作。
(2)原地结合球做各种脚步的突破技术训练。
(3)两人一球,做交叉步突破练习,一人防守,一人突破。
(4)两人一球,在篮下做突破上篮练习。

(二)行进间突破训练

1.移动接球急停后撤步接后转身突破

训练方法:如图 6-37 所示,①在移动中接⊗传球面对篮急停。❶防守抢球,①前脚后撤步(图 6-38),以后脚为轴,转身突破上篮。

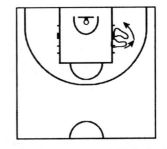

图 6-37　移动接球急停　　　　**图 6-38 后撤步接后转身突破**

2.移动中背对篮接球后撤步转身突破

训练方法:如图 6-39 所示,内线队员人手一球站在内中锋位置。①传球给⊗上插至外中锋位置,背对篮接⊗的回传球,后撤步转身突破上篮。

3.背对篮后撤步转身运球突破

训练方法:如图 6-40 所示,①背对篮持球,后撤步,转身,用同侧手运球突破上篮。

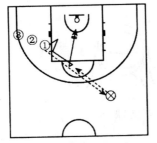

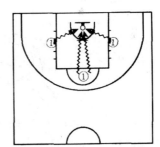

图 6-39　移动中背对篮接球　　　**图 6-40　背对篮后撤步**
　　　　后撤步转身突破　　　　　　　**转身运球突破**

第六节　投篮技术教学与训练方法创新设计

一、投篮技术教学

(一)持球

良好的持球能使运动员的投篮更加准确,有助于提高投篮率。常见持球技术方法有以下两种。

1.单手持球

持球手五指自然分开,手心空出,手腕后仰,大、小拇指托球的后下方,自然垂肘,另一手扶球的侧上部(图 6-41)。

图 6-41　单手持球

2.双手持球

两手手指自然分开,拇指相对,双手成八字形,用指根托球,手心空出,自然屈肘(图 6-42)。

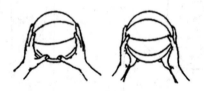

图 6-42　双手持球

(二)原地投篮

1.原地单手投篮

以右手投篮为例,两脚开立,屈肘,手腕后仰,五指分开托球,左手扶球侧面,上体微后仰,目视篮筐;投篮时,双脚蹬地、腰腹伸展,抬肘、伸臂、屈腕,手指将球拨弹投出(图 6-43)。

2.原地双手胸前投篮

双手胸前持球,前脚掌着地,屈膝,上体稍前倾,目视篮筐;投篮时,屈肘,双脚蹬地,身体伸展,前上伸臂,手腕稍有外翻,两拇指用力推送球。

图 6-43　原地单手投篮

(三)行进间投篮

以右手投篮为例,常见行进间投篮技术方法具体分析如下。

1.行进间单手肩上高手投篮

接球后或带球积极移动至篮下,上体稍后仰,屈右膝,左脚蹬地起跳,双手向前上方举球,展右臂,手腕后仰,手指用力将球推拨投出(图 6-44)。

图 6-44　行进间单手肩上高手投篮

2.行进间单脚起跳单手低手投篮

接球后,左脚迈步制动,同时用力起跳,身体伸展,右臂伸直,手心向上举球,挑腕,以中间三指为主将球拨进篮筐。

3.行进间勾手投篮

接球或停止运球后,左脚向投篮方向跨出并起跳,右腿上提,左手离球,左肩防守队员,右手前伸举球;举球至头上方时挥前臂,屈腕、压指,将球推拨投入篮筐。

(四)跳投

跳投,即跳起投篮,可在不同距离和角度情况下运用。

1.原地跳起单手肩上投篮

双手胸腹之间持球,屈膝,目视篮筐;脚掌蹬地起跳,提腹、展腰、向上摆臂举球;至头上时,右手举球,左手扶球,在身体腾空的最高点,屈腕、压指,用突发性力量将球投入篮筐(图 6-45)。

图 6-45　原地跳起单手肩上投篮

2.运球急停跳起投篮

快速运球过程中,跳步或跨步急停后,突然蹬地起跳,两手托球上举,在腾空的最高点,伸臂、屈腕,手指用力将球拨出,通过指端投送入篮筐。

3.接球急停跳起投篮

在移动中接球,急停后,突然起跳,两手持球上举,在腾空的最高点,伸臂、屈腕,食中指拨球,通过指端将球投送入篮筐。

(五)扣篮

1.原地双脚起跳双手扣篮

双手持球,双脚用力蹬地跳起,举球,展体,在高点及与篮圈成最佳入射角时,屈臂,突发性屈腕、压指,将球扣入篮圈。

2.行进间扣篮

(1)行进间单脚起跳单手扣篮。以右手为例,接球,右脚跨出,左脚制动并用力蹬起跳,展体,伸展手臂举球,在高点及有适宜的入射角时,用突发性向下屈腕和压指动作,将球自上而下扣入篮圈。

(2)行进间单脚起跳双手扣篮。跨步接球,向篮圈方向跨出,同时蹬地起跳,展体,伸展双臂举球,在高点及有适宜的入射角时,用突发性动作挥动双手,屈腕、压指,将球自上而下扣入篮圈。

(六)补篮

投篮不中时,可再次起跳将球重新扣入篮筐。

1.单手补篮

以右手为例,当球反弹回来时,迅速及时蹬地起跳,展体、伸臂,迅速用右手的腕、指力量触球,并用托球、点拨球、扣篮的方法将球投入篮圈。

2.双手补篮

起跳后,如果球反弹方向在头的正上方,应用双手将球托举、点拨、扣入篮筐。

二、投篮技术训练方法创新设计

(一)原地投篮技术训练

(1)原地徒手模仿投篮技术动作。
(2)原地模仿跳投。
(3)原地正面定点投篮
(4)自抛自接球后急停跳投。
(5)运球急停单手肩上跳投。

(二)行进间投篮技术训练

1.两点移动投篮

训练方法:如图6-46、图6-47所示,两人一组一球,一人投篮,一人传球,在中、远不同距离进行投篮,连续投篮一定次数后,两人交换继续练习。抢篮板球,再传球给②。投篮一定次数后,两人交换继续练习。

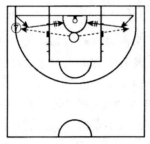

图 6-46　两点移动投篮 1　　　　图 6-47　两点移动投篮 2

2.两底角或两侧 45°角移动投篮

训练方法:如图 6-48、图 6-49 所示,两人一组一球,②在罚球线附近持球,①在两底角处移动接②的传球投篮。

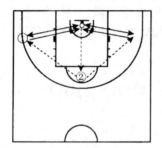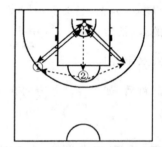

图 6-48　两底角或两侧 45°角　　　图 6-49　两底角或两侧 45°角
　　　　　移动投篮 1　　　　　　　　　　　移动投篮 2

3.底线连续移动投篮

训练方法:如图 6-50 所示,四人一组两球,一人投篮,一人捡球,两人传球。①在底线接②的传球后投篮,并快速移动到另一侧底线接③的球投篮。投篮一定次数后,四人轮换位置继续练习。

图 6-50　底线连续移动投篮

第七章　篮球运动战术教学训练实践探索

在篮球教学与训练体系中,作为篮球运动重要组成部分的篮球战术是教学与训练的重点。在篮球比赛中,合理运用篮球战术有利于充分发挥运动员个人的特长以及团队整体的力量与实力,进而能够有效制约对方,掌握比赛的主动权,争取比赛胜利。学生的篮球战术能力的提高离不开篮球教学与篮球训练活动的开展,而且在教学与训练中采用创新性的、具有实效性的学练方法能够取得良好的效果,因此应加强对篮球运动战术教学与训练方法创新的研究,采用科学的、新颖的方法来指导学生的战术学练。本章在阐述篮球运动战术教学与训练基本理论的基础上详细解析了篮球基础配合战术、快攻与防快攻战术、进攻半场人盯人防守与半场人盯人防守、进攻区域联防与区域联防等战术的创新性学练方法。

第一节　篮球运动战术教学与训练概述

一、篮球战术概述

(一)篮球战术的概念

篮球战术是篮球队员在比赛中有意识、有组织、有策略地协同运用技术进行攻守对抗的布阵行动,是在一定的战术指导思想和战术意识支配下的集体攻守方法。[1] 篮球比赛中,不管是采用进攻战术,还是防守战术,都应该建立在合理运用篮球技术的基础上。

---

① 于振峰.现代篮球战术学练设计[M].北京:高等教育出版社,2013.

(二)篮球战术的基本特征

在现代篮球比赛竞争日趋激烈,运动员需在高速度、高强度的环境中采取对抗策略,而且必须具备超强的体能,在这一背景下,篮球战术也呈现出了新的特征,不管是数量上,还是质量上,都有了新的变化。

现代篮球战术的基本特征主要体现在以下几方面。

1.进攻与防守的统一

在现代篮球比赛中,进攻与防守是贯穿于整个比赛过程中的一对矛盾,而且从运动员的战术行动中直接体现出来。进攻与防守这对矛盾在篮球战术中是共同存在的,即防守战术中含有进攻意识,进攻战术中含有防守因素,每一个战术都是兼具攻防性质的,这就形成了丰富多样的篮球战术。例如,在全场紧逼盯人防守中,局部夹击配合的防守战术会导致攻方出现失误,这就是攻击因素在防守中的体现;而在进攻战术基础配合中,运动员随时都在准备争抢前场篮板球,同时注意后卫队员的及时后撤,这样就使得攻与守这对矛盾处于相对平衡的状态。

2.原则性和机动性

篮球比赛中随处可见制约和反制约、限制和反限制的情景,而且运动员不管采取什么样的战术行动,都是在这些情境下实施的。所以,一方面,篮球运动员必须事先确立一个统一的指导思想,并在这个思想的指导下协调配合行动,这样集体的优势力量才能发挥出来;另一方面,因为篮球比赛形势错综复杂,变化莫测,所以每个运动员都要具备灵活的随机应变的意识与能力,但总体上来说必须遵循统一的原则和要求,在此基础上发挥个人的能动性,这样才能很好地把握好战机,赢得比赛的胜利。

3.个体性和整体性的统一

一般来说,篮球战术往往是以集体行动呈现出来的,但具体来说,赛场上每位篮球运动员的战术行动,一方面是其个体的具有个性化的活动,运动员的个性及其技术能力往往就是从其个体行动中反映出来的;另一方面,任何一名运动员的活动都不是孤立进行的,而是在同伴的协作配合下实施的。要想充分实现篮球战术的效果,仅仅依靠运动员的个人活动是不够的,即使其个人活动具有很强的创造性与实效性,也无法取得良好的整体战术效果,而只有依靠队员之间的协同配合才能将战术行动的价值充分体现出来,实现预期的战术目标。因此,篮球战术都是在个体活动中呈现整体协同特征的,这也反映了篮球战术个体性和整体性的统一的特征。

篮球战术个体性与整体性的特征要求在篮球比赛中将整体与个体之间的辩证关系妥善处理好,而且在日常的篮球教学与训练中,不仅要培养队员个人的技战术能力,还要注意集体力量的优化与提高。篮球明星的作用在现代篮球比赛中日益突出,也体现了个体性与整体性相统一的特征。

4.多样性和综合性

篮球进攻与防守战术的方法与手段是丰富多样的,而且在运用的过程中也比较灵活,多是综合采用两种或两种以上的战术来达到攻防目的的。

现代篮球战术随着篮球比赛激烈化程度的提高而不断更新与发展,具体体现在内容更加丰富,形式更加灵活。篮球运动员只有对多样化的战术形式与方法加以掌握,并能够进行灵活性、综合性的运用,才能在比赛中完成战术任务,面对各种各样的临场情况时才能应对自如,才能更好地去争取比赛的主动权。篮球比赛中篮球战术的综合运用主要体现在以下两个方面。

第一,篮球战术行动上的统一,即进攻与防守的统一。

第二,采用一种篮球进攻战术应对多种篮球防守战术;利用混合防守、综合防守的形式应对不同形式的篮球进攻战术。

综上可知,现代篮球战术行动具有多样性和综合性统一的特征。

(三)篮球战术体系的结构

以篮球运动的对抗性特点为依据,可以将篮球战术分为三个大的系统,一是进攻系统,二是防守系统,三是攻守转换系统。再以参与篮球战术行动的区域与人数为依据,进攻系统与防守系统中分别又有三个层次的行动,即个人行动、配合行动和整体行动,完整的篮球战术系统网络就是由这些战术行动构成的。

按照战术的性质,参与战术行动的区域与人数以及战术的作用,可以将复杂多样的战术划分为几种不同的类型,而且不同的战术类型又都有自己明确的隶属关系,将这些关系加以网络化,可以帮助我们更加直观地了解篮球战术体系的结构,如图7-1所示。

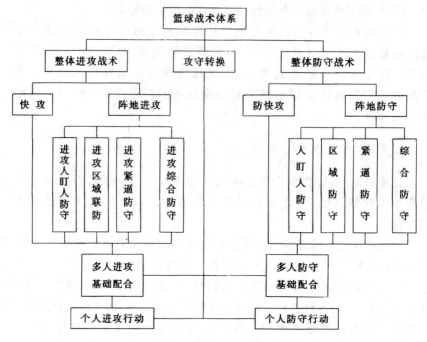

图 7-1　篮球战术体系

二、篮球战术教学与训练的基础知识

(一)篮球战术教学与训练的概念

篮球战术教学与训练指的是教师、教练员组织与指导学生(或运动员)学习和练习篮球攻守战术,从而使其全面掌握篮球战术,促进其战术配合能力不断提高的过程。

(二)篮球战术教学与训练的目的

在篮球教学与训练过程中,战术的教学与训练是一个非常重要的环节,对这一内容进行教学与训练主要是为比赛做战术准备。使学生或运动员能够在篮球比赛中有效地运用篮球战术,从而取得主动权,赢得胜利,是篮球战术教学训练的主要目的。

(三)篮球战术教学与训练的任务

对学生或运动员的专门素质和意识进行培养,使其对篮球战术知识、方法加以掌握,提高其在实践中运用篮球战术的能力是篮球战术教学与训练的主要任务。

具体来说,篮球战术教学与训练的任务表现在以下几方面。

1.丰富学生或运动员的篮球理论知识与技战术知识

在篮球战术教学中,向学生传授篮球战术配合的知识与技能是从三个层次来着手的,一是个人战术行动;二是配合战术行动;三是整体战术行动。学生学习篮球战术不仅要对个人行动进行熟练掌握,还要对相关的理论知识进行学习,通过双面的交叉来掌握配合行动以及整体行动的方法。同时,战术配合是以技术为基础的,所以战术配合能力的提高也有利于学生或运动员个人技术水平的充分发挥。

2.提高学生或运动员的协作配合能力

运动员只有在移动过程中完成多种运动技能(跳、投、组织进攻等),才能真正实现战术配合,队员之间的相互配合需要以同伴的位置与行动时机为依据来采取行动,只有综合考虑这些要素才能达到预期的战术目标。战术配合行动的完成离不开队员之间的相互沟通与联系。通过组织战术配合的教学与练习,能够使队员的合作能力大大提高。

3.使学生掌握篮球战术知识和方法

教师或教练员组织篮球战术学练活动,不仅是为了使学生或运动员对篮球战术的方法加以掌握,同时也是为了使学生或运动员对篮球战术的理论知识有一个全面的了解与深刻的把握。只有在充分结合理论和实践的基础上,才能顺利完成篮球战术教学与训练任务。任何一支球队要想在比赛中争取主动权,获得胜利,都必须对一定数量的攻守战术方法加以掌握,同时在质量上要达到一定的要求。

4.强化学生的篮球战术意识,提高学生的战术运用能力

战术意识是运动员在战术活动中形成心理反应的高级形式,是人脑对战术活动的应答与反应,也是运动员在不同的赛场情况下产生的相应思维与反应,并表现在具体的行动中。[①] 运动员只有不断参加篮球运动实践,逐渐积累经验,丰富认识,才能更加深入地理解战术运用规律,进而在篮球比赛中才能自觉能动地对场上的攻守情况进行观察与判断,然后

---

① 于振峰.现代篮球战术学练设计[M].北京:高等教育出版社,2013.

做出正确的应答。

5.提高学生在实践中运用篮球技术的能力

篮球技术是篮球战术的基础,也是篮球比赛的基本手段和核心,运动员只有对规范准确的技术动作有了充分的掌握,并能够熟练运用,而且可以随机应变,才能实现战术企图和目标。本质上来说,篮球战术配合方法就是对篮球技术的合理组织与运用,不管采用何种战术,不管战术如何简单,都必须通过技术才能实现。不断创新与完善新技术,提高运动员技术运用能力,才能为战术的发展与完善提供坚实的保障。

(四)篮球战术教学与训练的基本要求

教师或教练员在组织篮球战术教学与训练的过程中,需遵循以下几点要求,这也是全体队员都必须遵守的。

(1)在科学的战术思想的指导下采取行动,训练目标必须明确。

(2)使运动员对所要训练的战术理论方法真正加以了解与掌握;教学与训练活动的组织需形象直观,能够启发队员的思维,促进队员训练的自觉性和积极性的提高。

(3)全体队员需统一思想、保持一致的行动,相互帮助与协作,提高集体战斗力。

(4)在教学与训练中既要强调攻守并重,又要在不同的阶段和时期有所侧重,促进队员攻守能力的全面提高。

(5)坚持理论与实践相结合的教学与训练原则,在传授战术方法的同时,也要传授基本战术知识,同时还要培养队员的战术意识与思维,使其能够在自己判断的基础上合理采取有效的战术行动。

(6)重点对攻守方法进行教学与训练时,必须坚持不懈,并配合其他相应的战术方法一起训练。

(7)在训练过程中,要将战术训练、技术训练、身心素质训练、智力训练等各方面的篮球竞技能力要素结合起来,这样才能整体上提高运动员的作战能力。

三、篮球不同战术行动教学与训练的方法

使全体队员对篮球战术知识与方法加以掌握,并能够在比赛中熟练运用战术,这是篮球战术教学与训练的主要任务。篮球战术内容丰富,方法多样,而且较为复杂,因此在篮球战术教学与训练中应注意循序渐进,系统地

开展教学训练工作。总的来说,需注意以下几方面的内容。

第一,引导学生或运动员建立正确的篮球战术概念,使其对篮球战术方法加以掌握。一般在刚开始进行篮球战术教学时,采用分解与完整相结合的方法来指导学生。首先使学生建立完整的正确的表象;其次对篮球局部战术配合方法进行传授;最后对全队战术方法进行传授,使学生循序渐进地掌握篮球战术方法。

第二,使学生对篮球攻守转换的技巧加以掌握,并能够综合运用篮球战术。一般在学生至少掌握了两种全队攻守战术方法后,才结合比赛组织战术组合练习,在实践中提高学生的攻守转换能力和战术运用能力。

第三,结合比赛组织篮球战术练习,促进学生或运动员应变能力的提高。在开始比赛前,教师或教练员需先对指导思想进行明确,将基本打法确立好,再针对战术提一些基本的要求。在比赛过程中,教师或教练员认真指导队员的技战术行动,比赛后对成功的经验进行总结,分析造成失败的因素,提出改进策略。

(一)个人战术行动教学与训练

1.个人战术行动的原则

(1)树立全局战术观和全局意识。
(2)及时准确地判断赛场形势。
(3)在分析判断的基础上果断作出决策,采用合理的战术行动。

2.个人战术行动的训练内容和方法

单纯进行个人战术行动的教学与训练,效果不明显,而且效率也比较低,因此要结合多人配合战术、整体战术来进行教学与训练,在集体与整体背景下提高队员的作战能力和协作能力。战术行动离不开对技术的运用,所以个人采取战术行动的过程也就是发挥个人技术水平和提高个人技术竞技能力的过程。

篮球战术教学与训练的过程从某种程度上而言就是培养和提高个人战术行动能力的过程。多人配合战术行动和整体战术行动中都不同程度地融合了个人战术行动的内容,这从技术的运用中就能够体现出来。总的来说,针对个人战术行动进行教学与训练时,需对一般运动教学训练的规律和原则加以遵循,注重对队员战术意识的培养,促进其战术运用的灵活性提高。

(二)基础配合战术行动教学与训练

1.基础战术配合行动的层次

篮球基础战术配合行动是战术形式操作层次和心理层次的协调机制,这两个层次相互联系,缺一不可。如果队员之间只是将注意力集中在操作层次的协调上,而没有建立心理和感情方面的联系,是难以在复杂多变的比赛中灵活应对的。

2.基础战术配合教学训练的要求

突出重点、由易到难、循序渐进是篮球战术基础配合教学与训练的基本原则。在具体的教学与训练过程中,要使队员对战术配合的意义有一个清晰的认识,注重对个人技术能力和多人之间的协作能力进行培养,在训练中要对多人之间的配合观念、配合时机、配合位置、配合方法进行重点强调。当学生或运动员对基本战术配合方法有所掌握后,要及时结合实战来进行训练,以促进其实战能力的增强,并为整体战术行动的学习与训练奠定基础。

(三)整体战术行动教学与训练

1.整体战术行动组织过程

一般来说,开始组织、配合攻击、结束转换是一个完整战术行动的三个基本阶段。这三个阶段是一个非常复杂的思维过程,队员需树立对抗观念、全局观念、时空观念和协同观念等才能在各个阶段中应对自如。

2.整体战术行动的快攻

在进攻过程中,要想先发制人,往往需要采取快攻这一有效的武器,而快攻的效果是否能够得到预期效果,主要看快速决策是否正确、移动是否快速、配合是否得当。

3.整体战术行动中的防守

在整体战术行动中,单纯防守比较少见,攻击性防守较为普遍,防守的基本原则是以防人为主、人球兼顾。防守的重点对象是进攻中的对方,所以防守队员不管在什么位置上,都要时刻观察进攻队员的动态,在观察与判断的基础上采取相应的行动来进行防守,而且注意在强侧和弱侧所采用的防守方法是不同的。

4.整体战术行动的教学训练提示

在选用篮球整体战术行动的教学与训练方法时,必须对一般教学训练的原则加以遵循,先使学生或运动员在消极对抗的条件下对整体战术阵势、配合路线与方法加以熟悉,再在积极防守的条件下促进学生或运动员战术运用能力的提高。

第二节 基础配合战术教学与训练方法创新设计

一、进攻战术基础配合教学与训练方法设计

(一)二人传切配合

1.练习目的

(1)对两人传切配合的方法加以掌握,促进传切配合意识与能力的提高。

(2)通过传切配合创造良好的投篮机会。

(3)为之后全队战术的运用奠定良好的基础。

2.练习方法

(1)如图 7-2 所示,每组两人一球进行练习,①成功上篮后排在②组队尾,队员②完成抢篮板球后排在①组队尾,如此反复练习。

图 7-2 二人传切配合

（2）将全体队员分成两个大组，第一大组是后卫和前锋组，第二大组是中锋组，每组两人一球进行练习。每次练习后两人交换位置重复练习。

前锋与后卫队员的传切配合练习如图 7-2 和图 7-3 所示；前锋与同侧内中锋的传切配合练习如图 7-4 所示；内、外中锋的传切配合练习如图 7-5 所示。

**图 7-3　前锋与后卫队员的
传切配合练习**　　**图 7-4　前锋与同侧内中锋的
传切配合练习**

图 7-5　内、外中锋的传切配合练习

（二）交叉空切

1.练习目的

（1）对交叉切入配合的方法加以掌握，促进配合意识和默契度的提高。
（2）通过交叉空切配合创造良好的篮下投篮机会。
（3）为之后全队战术的运用奠定良好的基础。

2.练习方法

如图 7-6 所示，全队 3 人一组，每组一球进行练习（图中均为两名前锋和一名后卫的配合），前锋队员①通过后卫队员②将球传给前锋队员③，③接球时，①以尽可能快的速度空切，②紧随①交叉切入，③向①或②传球上篮，①、②抢篮板球后排到队尾，如此反复进行练习。

图 7-7 为后卫队员②接球后,两名前锋队员①、③交叉切入接球上篮的练习示意图。

 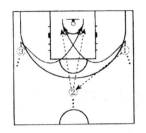

图 7-6　交叉空切 1　　　　**图 7-7　交叉空切 2**

(三)三人两球传切配合

1.练习目的

(1)对横切、纵切的方法加以掌握。

(2)促进队员观察能力和配合能力的提高。

(3)加强训练密度。

2.练习方法

如图 7-8 所示,队员①和②各持一球,①向③传球后摆脱纵切将②的传球接住并上篮,②传球后摆脱横切将③的传球接住并上篮,①、②上篮后自抢篮板球,然后互相交换位置排到队尾,③先固定传球,其他队员分成两个组,每组队员各持一球排在①和②位置上进行练习,然后轮换练习。

在练习的初始阶段,可以不加防守,待熟练一段时间后再进行防守配合练习。

图 7-8　三人两球传切配合

(四)侧掩护运球突破上篮

1.练习目的

(1)对侧掩护方法加以掌握,把握配合时机,促进配合意识与能力的提高。

(2)通过侧掩护创造良好的突破机会。

2.练习方法

如图7-9和图7-10所示,队员①持球,△防守。队员②为①做侧掩护,①以最快的速度突破上篮,②转身冲抢篮板球,①②互换位置重复练习。

一般先从右侧开始练习,然后从左侧进行练习。

图7-9 侧掩护运球突破上篮1 **图7-10 侧掩护运球突破上篮2**

(五)运球给无球队员做侧掩护的配合

1.练习目的

(1)对运球给无球队员做掩护的配合方法进行掌握,促进配合意识和技术的提高。

(2)通过侧掩护为无球队员摆脱、接球创造良好的机会。

2.练习方法

如图7-11和图7-12所示,每组两人,队员②运球给①做侧掩护,并向①传球,①接球后以最快的速度突破上篮,此时②转身下顺或冲抢篮板球。两名队员互换位置进行练习,先在右侧练习,然后在左侧练习。

在练习过程中,可以先安排一名防守队员对无球队员进行防守,逐渐增加两名防守队员来进行防守。

图 7-11 运球给无球队员做
侧掩护的配合 1

图 7-12 运球给无球队员做
侧掩护的配合 2

二、防守战术基础配合教学与训练方法设计

(一)运用抢过防掩护配合

1.练习目的

(1)对"抢过"配合的方法进行掌握。
(2)促进"抢过"意识和技术能力的提高。

2.练习方法

如图 7-13 所示,进攻队员①给②传球后,掩护队员③,③迅速从③和①中间挤过对③进行防守。②给③传球。③给①传球后掩护②,防守②的②从②和③中间快速挤过继续对②进行防守。

进行几轮练习后,互换攻守角色继续练习。

图 7-13 运用抢过防掩护配合

(二)运用抢过防运球掩护配合

1.练习目的

(1)对"抢过"配合的方法进行掌握。
(2)促进"抢过"意识和技术能力的提高。

2.练习方法

如图 7-14 所示,4 人一球进行练习,4 名队员两攻两守,进攻队员①一边运球一边掩护②,△从①和②中间快速"挤过"对②进行防守。

进行几轮练习后,互换攻守角色继续练习。

图 7-14　运用抢过防运球掩护配合

(三)运用换防破坏内中锋与前锋掩护配合

1.练习目的

(1)前锋队员和中锋队员对换防方法进行掌握,以此将内中锋与前锋的掩护配合计划打破。
(2)促进换防意识与技巧的提高。

2.练习方法

如图 7-15 所示,每组 4 人,两攻两守,固定传球队员③持球,异侧前锋队员①溜底线,内中锋队员②对①进行定位掩护,①外拉做好接球准备,对②进行防守的△立即绕出换防,对①进行防守,而△近身紧紧防守②,阻止其接球。

防守方防守成功后,攻守角色互换继续练习。

图 7-15　运用换防破坏内中锋与前锋掩护配合

(四)运用绕过破坏掩护

1.练习目的

对绕过破坏掩护的配合方法进行掌握,促进绕过防守技术和默契度的提高。

2.练习方法

如图 7-16 所示,每组 4 人,两攻两守,进攻队员①给固定传球队员③传球后掩护②,②向中间移动准备接③的传球,△在抢过失败的情况下从①和△身后绕过继续对②进行防守。

防守的一方防守成功后,攻、守方交换角色继续练习。

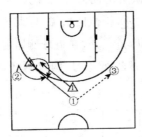

图 7-16　运用绕过破坏掩护

(五)防内中锋向另一侧内中锋位置移动策应

1.练习目的

对防策应配合的方法进行掌握,促进防策应配合能力的提高。

2.练习方法

防内中锋向另一侧内中锋位置移动策应的联系方法如图 7-17 所示,因为中锋移动距离比较短,攻守方之间的对抗十分激烈,因此防守时需对身体力量进行合理的运用,力争对有利的位置进行抢夺。

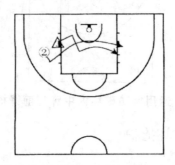

图 7-17　防内中锋向另一侧内中锋位置移动策应

(六)防后卫与外中锋策应交叉空切配合

1.练习目的

对换人破坏后卫队员交叉空切的方法进行掌握,促进配合意识与技巧的提高。

2.练习方法

如图 7-18 所示,后卫队员①向外中锋策应队员③传球后交叉空切,负责对①、②进行防守的 △、△ 稍微向后撤,以此来阻止对手突然空切,同时也是为了及时换防。换人后 △、△ 在近球侧跟防移动。

外线队员每组 4 人一球进行练习,两攻两守,防守方成功防守后,攻守双方角色交换重复练习。

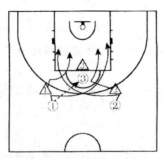

图 7-18　防后卫与外中锋策应交叉空切配合

(七)全场夹击配合

1.练习目的

(1)对全场夹击配合方法进行掌握,促进队员夹击配合意识和技术能力的提高。

(2)打好基础,以便之后更好地采用区域紧逼防守和全场紧逼防守战术。

2.练习方法

如图 7-19 所示,进攻队员①向前场运球,迫使①走边路,并使其在中场边角停球。这时及时迎上防守,与形成夹击。

经过几轮练习后,攻守互换角色进行练习。

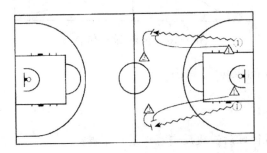

图 7-19　全场夹击配合

第三节　快攻与防快攻战术教学与训练方法创新设计

一、快攻战术教学与训练方法设计

(一)抢断球长传快攻

1.练习目的

(1)促进队员断球后长传快攻反击意识的增强。

(2)促进队员断球后长传球技术及接长传球技术能力的提高。

2.练习方法

如图 7-20 所示,进攻队员①给②传球,负责防守②的队员 ⚠ 快速断球, ⚠ 及时起动接 ⚠ 的长传球并迅速上篮。 ⚠ 传球后跟进补篮或抢篮板球,之后 ⚠ 、⚠ 排队尾。

攻守双方互换角色进行练习。

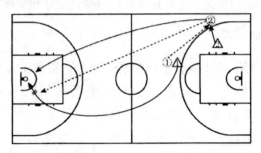

图 7-20 抢断球长传快攻

(二)快攻的发动与接应

1.练习目的

(1)对队员得球后快攻反击意识进行培养。
(2)促进队员快速接应一传的意识和配合技术的提高。
(3)提高队员的反应速度。

2.练习方法

如图 7-21 所示,①、②、③三名队员在罚球圈外防守滑步移动,教练员 ⊗ 在罚球圈内放一个球,让其中一名队员进圈拿球,进圈拿球的队员行动后,其他两名队员就近快速起动拉边跑,持球者向一侧做一传,接球队员快速向中路运球,一传后,从接球队员身后绕过沿边路快下,另一名接应队员可向任一侧快下的队员传球并上篮。然后三名队员抢篮板球排队尾。

后面的队员按照同样的方法重复练习。

(三)三人三传推进上篮

1.练习目的

(1)对三路三传快攻推进的方法进行掌握。
(2)促进队员快速传球推进速度和上篮技术的提高。

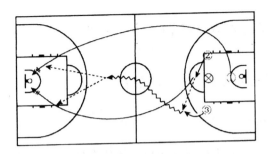

图 7-21　快攻的发动与接应

2.练习方法

如图 7-22 所示,3 人一组进行练习,队员①向插中接应的②传球后,从②身后绕过沿边路快下。②接球后给③传球,③接球后给①传球,①上篮跑到另一侧,②跟进补篮或抢篮板球,③穿过限制区跑到另一侧,然后三人进行返程练习。

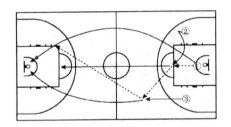

图 7-22　三人三传推进上篮

返程练习如图 7-23 所示,②给③传球后,从③身后绕过沿边路快下,③给①传球后,①传给②并上篮,三人抢篮板球后排到队尾。后面的组按照同样的方法进行练习。

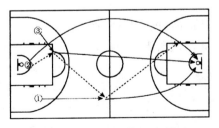

图 7-23　三人三传返程练习

二、防快攻战术教学与训练方法设计

(一)半场三对三封堵一传接应

1. 练习目的

(1)对封堵一传和卡位封堵接应的技巧进行掌握。
(2)提高队员的防守意识,强化其防守能力。

2. 练习方法

如图 7-24 所示,6 人一组,三攻三守,队员⊗上抛篮板球,①抢到球后准备向②和③传球,△立即迎上对①进行封堵防守,阻止其一传,△2 和△3 分别对②和③进行卡位封堵,阻止其接球。

第一组封堵完后排到队尾,下一组按照相同的方法继续练习。

图 7-24 半场三对三封堵一传接应

(二)卡位封堵接应队员

1. 练习目的

(1)对卡位封堵接应的方法进行掌握。
(2)促进队员防守意识和能力的提高。

2. 练习方法

如图 7-25 所示,3 人一组共用 1 球进行练习,②抢到篮板球后,①拉边接应,△由攻转守,对①进行卡位封堵,阻止其接球。

图 7-26 为△对①的插中接应进行卡位封堵。

攻守角色交换重复进行练习。

图 7-25　卡位封堵接应队员 1　　**图 7-26　卡位封堵接应队员 2**

(三)堵防运球推进

1.练习目的

(1)对堵防运球推进的方法进行掌握。

(2)促进队员堵防推进意识和能力的提高。

2.练习方法

如图 7-27 所示,两人一组共用 1 球进行练习,进攻队员①拉边接球后运球推进,△积极对①进行堵防,使其向边路运球。

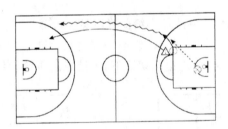

图 7-27　堵防运球推进 1

进攻队员①插中接球后从中路运球推进,△积极对①进行堵防(图 7-28)。攻守角色交换重复进行练习。

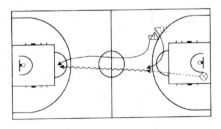

图 7-28　堵防运球推进 2

第四节　进攻半场及半场人盯人防守教学与训练方法创新设计

一、进攻半场人盯人防守战术教学与训练方法设计

下面以单中锋 2-3 落位进攻法为例来详细解析进攻半场人盯人防守战术的教学与训练方法。

(一)空切进攻法

1. 练习目的

(1)提高队员通过空切寻找良好攻击机会的能力。
(2)培养队员结合中、远投破坏对方防守的战术意识。

2. 练习方法

如图 7-29 所示,后卫队员②给前锋队员③传球后,空切篮下,③接球后再传给②投篮。如图 7-30 所示,如果②错过接球机会就移动到左侧,③继续给后卫队员①传球,④迅速空切篮下,①接球后再给④传球,使其投篮。

图 7-29　空切进攻法 1

图 7-30　空切进攻法 2

如图 7-31 所示,如果后卫队员②错过了给③传球的机会,则向右侧移动,中锋队员⑤上插外中锋位,这时④在左侧摆脱接球,①可给⑤或④传球。如果是⑤接球后投篮,②、④冲抢篮板球,后卫①和前锋③保持攻守的平衡状态。

图 7-31 空切进攻法 3

(二)连续空切进攻法

1.练习目的

(1)提高前锋队员和后卫队员通过连续空切寻找良好攻击机会的能力。
(2)提高队员的空切技术水平和灵活性。

2.练习方法

如图 7-32 所示,后卫队员②给③传球后空切,③接球后回传给②,②接球投篮。

如图 7-33 所示,如果②没有接球机会,向右侧内中锋位置移动,③给外线队员①传球,②掩护①,①接球后从底线空切篮下并传球给②,②接球投篮,如果③没有机会,则从右底线向左前锋位置迂回,左侧内中锋⑤掩护④,④从上线空切到篮下,接①传来的球并迅速投篮。

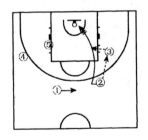

图 7-32 连续空切进攻法 1

图 7-33 连续空切进攻法 2

如图 7-34 所示,如果④没有找到空切的机会,则向右前锋位置迂回,②上提形成 2-3 落位,然后按上述方法重新开始进行连续空切练习。

图 7-34　连续空切进攻法 3

(三)外线运球掩护结合中锋插中策应进攻法

1.练习目的

(1)提高内外线队员、左右侧队员进攻配合的能力。
(2)引导队员有层次地进行进攻。

2.练习方法

如图 7-35 所示,②一边运球一边掩护③,并给③传球,③接球后找准时机跳投或突破上篮,或将球传给左侧内中锋队员⑤,⑤迅速上插外中锋位置接③传来的球,与③策应配合。⑤接球后如果找不到机会与③配合,则转身跳投或突破上篮,然后将球传给左侧队员④,④可迅速空切篮下接球。

图 7-35　外线运球掩护结合中锋插中策应进攻法

二、半场人盯人防守战术教学与训练方法设计

(一)半场三防三的协防练习

1.练习目的

(1)对以球为主,"球—人—区"兼顾的防守方法进行掌握,并能够熟练运用。

(2)对协防时的选位技巧进行掌握,促进协防能力的提高。

2.练习方法

如图 7-36 所示,①、②、③为进攻队员,防守队员▲₁、▲₂防后卫队员,▲₃防前锋队员。当②持球时,▲₂平步紧逼②,▲₁、▲₃协助防守。▲₁主要是对①进行防守,▲₃主要是保护篮下,对③进行防守。

如图 7-37 所示,①持球时,▲₁平步紧逼①,▲₂、▲₃协助防守,二者分别对②、③进行防守,避免其掩护配合。

图 7-36　半场三防三的
协防练习 1

图 7-37　半场三防三的
协防练习 2

如图 7-38 所示,③持球时,▲₃平步紧逼防守,▲₁、▲₂协助防守,二者分别对①、②进行防守,避免其掩护配合。

图 7-38　半场三防三的协防练习 3

（二）半场四防四的协防练习

1.练习目的

（1）使队员对以球为主，"球—人—区"兼顾的防守方法进行进一步的掌握和熟练运用。

（2）促进队员选位和协防水平的提高。

（3）通过这一练习为全场人盯人防守战术的使用奠定坚实的基础，做好充分的准备。

2.练习方法

①、②、③、④为进攻队员，其中①、②是后卫，③、④是前锋，四名队员分别由防守队员△1、△2、△3、△4防守。

如图 7-39 所示，当①持球时，△1紧逼防守，△2、△3协助△1，分别对②、③进行防守，△4负责保护篮下，防止④横切和掩护配合。

如图 7-40 所示，当③持球时，△3紧逼防守③，△1协助△3，并对①进行防守，防止其接球、纵切以及打掩护配合。△2、△4主要负责保护篮下，防守②和④，防止其打掩护配合。

图 7-39　半场四防四的
协防练习 1

图 7-40　半场四防四的
协防练习 2

如图 7-41 所示，当④持球时，△4紧逼防守④，△2协助△4，并对②进行防守，避免其接球和打掩护配合，△1、△3主要负责保护篮下，对①、③进行防守，避免其打掩护配合。

当进攻队员互传球时，防守队员快速移动，选择合理的位置进行紧逼防守和协助防守。

图 7-41　半场四防四的协防练习 3

(三)半场五对五人盯人防守的练习

1. 练习目的

(1)使队员在实战中对半场人盯人防守的方法进行掌握。
(2)促进队员个人和全队防守能力的提高。

2. 练习方法

半场五对五防守练习中,安排 5 名进攻队员,5 名防守队员,7～8 米是防区的大致范围,防守队员在遵循防守原则的基础上采取有效的防守方法连续进行 3～5 次的防守,然后交换攻守角色继续进行练习,看哪一方防守成功的次数多。具体方法可参照半场三防三和半场四防四练习。每位队员都要明确自己的任务和目标,合理选择站位,及时调整战术,相互之间做好配合。

第五节　进攻区域及区域联防教学与训练方法创新设计

一、进攻区域联防战术教学与训练方法设计

(一)进攻 2-1-2 区域联防

1. 1-3-1 落位内、外双中锋空切进攻法

(1)练习目的。第一,使队员学会运用联防薄弱地区对良好的攻击机会进行创造。第二,促进内线队员篮下攻击能力的提高。

(2)练习方法。图 7-42、图 7-43、图 7-44 是 1-3-1 落位进攻、2-1-2 联防

的队形。在图 7-43 中,后卫队员①给外中锋队员④传球,④转身与球篮相对,左侧内中锋队员⑤摆脱横切,④给⑤传球,⑤投篮。倘若⑤没有机会接球,④则给左侧前锋队员②传球,此时左侧内中锋位置已拉空,②回传球,④纵切接球投篮。

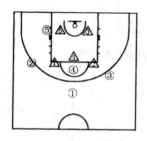

图 7-42 1-3-1 落位内、外双中锋空切进攻法 1

图 7-43 1-3-1 落位内、外双中锋空切进攻法 2

如图 7-44 所示,②给①回传球,①给④传球,④上插外中锋位置接球,然后给⑤传球,⑤横切接球上篮。如⑤没有接球的机会,④给右前锋队员③传球,③回传,④纵切接球投篮。②、④、⑤积极抢篮板球,①、③之间维持攻守平衡的状态。

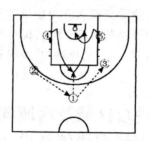

图 7-44 1-3-1 落位内、外双中锋空切进攻法 3

2.1-2-2 内、外双中锋落位底线掩护进攻法

(1)练习目的。第一,使队员能够利用 2-1-2 联防队形防守的薄弱地区对篮下投篮的良好机会进行创造。第二,提高队员连续性进攻的能力,提高中锋和前锋队员的灵活性。

(2)练习方法。1-2-2 落位进攻 2-1-2 联防的队形如图 7-45 所示。后卫队员①给左侧内中锋队员⑤传球,⑤在右前锋队员③的行进间掩护下溜底线,到达右侧前锋位置接球,接球后转身与球篮相对。

如图 7-46 所示,⑤持球与球篮相对时,可以给右前锋队员③传球,在篮下一打一。如果⑤没有机会给③传球时,③迅速跑向左侧,拉空右侧篮下,⑤可以给中锋队员④传球,④突然纵切接球并投篮。

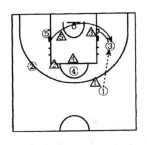

图 7-45　1-2-2 内、外双中锋落位底线掩护进攻法 1　　　**图 7-46　1-2-2 内、外双中锋落位底线掩护进攻法 2**

如图 7-47 所示,如果④没有接球的机会,⑤可以给①传球,此时③上插外中锋位置,①接球后视机会回传,或者给②传球。②接球后传给⑤,在④的掩护下,⑤向篮下左侧空当切入接球并投篮。

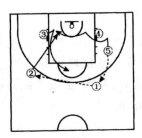

图 7-47　1-2-2 内、外双中锋落位底线掩护进攻法 3

(二)进攻 3-2 联防

1.1-3-1 落位穿插空切进攻法

(1)练习目的。使队员学会利用 3-2 联防队形防守的薄弱地区,通过穿插移动创造良好的投篮机会。

(2)练习方法。如图 7-48 所示,外中锋偏右侧落位,这样右侧在落位队形上形成了以多打少的阵式。队员③、④、⑤进攻,△3、△5 防守,或者①、③、④、⑤进攻,△1、△3、△5 防守。如果 △4 上提对④进行防守,那么 △2 要对整个左侧进行防守,此时①给②传球,在左侧形成一打一的局面。

如图 7-49 所示,△3、△4 共同对④进行防守,①给③传球,△3 对③进行防守,这时③给⑤传球,⑤回传球,③在④的掩护下向篮下切入并接球投篮。

如果③没有接球的机会，则在④的掩护下移动到左侧，此时⑤传给④，④向篮下切入接球并投篮。

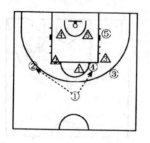

图 7-48　1-3-1 落位穿插
空切进攻法 1

图 7-49　1-3-1 落位穿插
空切进攻法 2

2.2-3 落位中锋插中进攻法

(1)练习目的。在 3-2 联防中，防守队员以外线为重点防守区域，此时可培养队员打内线的技术。

(2)练习方法。如图 7-50 所示。后卫队员①、②在弧顶传球，此时防守队员重点是对外线队员进行封堵，因此可以吸引▲、▲迎上防守。这时内中锋队员⑤突然上插外中锋位置接球转身投篮，然后准备向④或③传球。如果底线的防守队员▲或▲补防，那么④或③可乘机迅速向篮下空切接球并投篮，③、④、⑤抢篮板球。

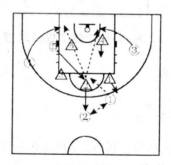

图 7-50　2-3 落位中锋插中进攻法

二、区域联防战术教学与训练方法设计

(一)对位联防练习

当进攻方采用的是 2～3 的双中锋落位时，防守方应采用相应的对位联防战术,即 2～3 落位的对位联防。

1.练习目的

(1)对对位联防的防守方法进行掌握,并能够熟练运用。

(2)促进队员个人和全队整体防守能力的提高,促进队员防守配合能力的提高。

(3)突出本队的打法风格。

2.练习方法

如图 7-51 所示,后卫队员①持球,前锋队员③从底线向有球侧横切时,③要紧逼防守。

如图 7-52 所示,当后卫队员②向有球侧斜插时,②也要紧逼防守到底线。

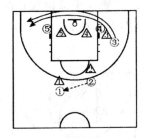

图 7-51　对位联防练习 1

图 7-52　对位联防练习 2

如图 7-53 所示,当后卫队员①和②互换进攻位置或在外线掩护时,①、②可换人。

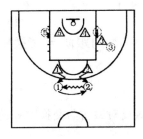

图 7-53　对位联防练习 3

(二)防后卫队员斜插底角的练习

1.练习目的

(1)使队员对防后卫队员斜插底角时跟防与换防的方法加以掌握,并能够熟练运用这一方法。

(2)促进队员防守意识和能力的提高。

2.练习方法

如图 7-54 所示,△主要通过跟防来加强防守。当①给②传球并斜插向有球侧底角时,△随时跟防①,以免形成以多打少的局面。练习时,内中锋队员③和前锋队员②是固定进攻队员,③和②是固定防守队员,其他队员两人一组共用 1 球,在后卫进行防斜插的跟防练习。

如图 7-55 所示,后卫队员①给③传球后,斜插向无球侧底角时,△应先跟防,然后在与②的防区交界处交给②来防守,△则加强对②原来防区的防守,即重点防守②。

图 7-54　防后卫队员斜插底角的练习 1

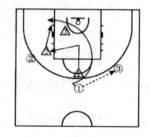

图 7-55　防后卫队员斜插底角的练习 2

(三)后卫与前锋防守时的跟防与交换练习

1.练习目的

(1)后卫队员和前锋队员对跟防与交换防守的方法加以掌握,并能够熟练运用这一方法。

(2)促进队员跟防与交换防守能力的提高。

2.练习方法

如图 7-56 所示,固定传球队员②持球,①移动到底角,③移动到上线,

这时 △1、△3 分别跟防①和③,在防区的交界处, △1、△3 迅速交换防守,即由 △1 防守③, △3 防守 △1。

图 7-56　后卫与前锋防守时的跟防与交换练习

第八章　篮球运动体能素质培养实践探索

对于篮球运动员而言,要想获得良好的竞技能力,不仅需要具有良好的技战术能力,还要具有较强的体能素质,这样才能够保障相应的技战术能够得到更好的运用。如果没有良好的体能素质基础,在对抗中就会处于劣势,不利于技战术水平的发挥。因此,本章对篮球运动员体能素质的培养与提高进行了研究。

第一节　体能及体能训练的基本理论

一、体能的概念

体能的英文为 physical fitness,意为人体对事物的适应能力。关于体能的概念,学术界有不同的观点,不同的学者对其有自身的见解。

学者董国珍认为,体能是运动员的基本运动能力,其是竞技能力的重要组成因素。学者王兴认为,体能是体力和专项运动能力的统称。体力包括身体素质与潜力,身体素质特指专项身体素质;专项运动能力是指在对抗或与比赛相似的情境下掌握各种技术的能力。学者王向宏则认为,体能是自先天遗传的基础上,进行后天训练获得的潜在能力,以及其与外界环境相结合而表现出来的综合运动能力。学者郭恩显认为,在结构上,体能包括身体形态、身体机能、运动素质和健康水平四部分,其中,运动素质是体能的核心。

对各位学者的观点进行总结和分析,可将体能的概念定义为:体能是人体通过先天遗传和后天训练所获得的在形态结构、功能调节方面,物质能量的贮存和转移方面所具有的潜在能力以及与外界环境结合所表现出来的各种身体运动能力的综合。

体能主要包括身体形态、身体机能、运动素质等方面。所谓身体形态,即为人体生长发育状况的外部形态特征,以及心脏的大小和肌肉横断面等身体内部形态特征;身体机能,是指人体呼吸、循环、运动、神经、消化等各系统机能的工作能力;运动素质,是指人体在运动过程中所表现出来的运动能力,其受到中枢神经的控制。在体能的这些方面中,身体形态和身体机能是基础,而运动素质则对运动员的运动能力起决定作用。

二、体能训练的基本概念

体能训练是现代运动训练的重要内容,并且逐渐形成了一门新的学科。随着体能训练实践的不断发展,该学科也在不断发展完善。关于体能训练的概念,国外一些专家认为,提高专项体能训练可从以下三个方面入手。

(1)Training,指在运动生理、运动生化和医学等有关原理的指导下,所进行的提高机体对训练负荷和比赛负荷适应能力的训练,该方面的教练员称为 Trainer。

(2)Coaching,指运用生物力学和专项理论知识所进行的技术、战术训练,该方面的教练称为 Coach。

(3)Conditioning,侧重于心理学、营养学和管理学等原理的应用,使运动员处于最佳竞技状态,该方面教练员称为 Instructor。

我国一些学者认为,体能训练是采用各种手段来促进运动员各项生理技能和代谢水平的提高,改善运动员的身体形态,增强其各方面的运动素质,从而使得运动员机体适应训练负荷和比赛负荷而进行的专门身体训练。

在现代运动训练的几项内容中(其主要包括身体训练、技术训练、战术训练、心理训练、智力训练等),体能训练是技术训练和战术训练的基础,通过进行体能训练能够促进运动员身体更好地适应比赛,促进运动员的身体健康,促进其运动寿命延长。

三、体能训练的具体内容

(一)身体形态

1. 身体形态的概念

身体形态即为人体的内部和外部的形态特征。内部形态特征包括肌肉的形状和横断面积、心脏的纵横径等。外部形态包括高度、长度、维度和宽度等方面。高度即为身高和坐高;长度包括臂长、腿长等;围度包括腰围、腿围、臀围等;宽度这包括肩宽、髋宽等。

2. 身体形态训练的意义

(1)身体形态对运动素质具有重要的影响,身体形态的改变也会引起其运动素质的改变。

(2)运动员的身体形态对运动成绩有着直接的影响。例如,篮球运动被誉为"巨人的运动",具有较高的身高,就可能在比赛中更具有优势。在进行运动员选材时,应根据运动项目的特点,从遗传等多因素出发,挑选出具有优越身体形态条件的运动后备人才。

(3)身体形态能够影响运动员的竞技水平,应采用系统、科学的训练方法来提高和完善运动员的身体形态,满足其创造良好的运动成绩的身体需要。

(二)身体机能

1. 身体机能的概念

身体机能即为运动员各器官、系统的生理机能,其直接影响着运动员某方面的某种能力。在运动训练中,经常使用的身体机能指标主要有心血管系统中的心率、血压、血红蛋白、心血管系统运动负荷、心电图;高级神经活动类型,血睾酮;肌肉结构中的肌纤维数量、长度、类型;呼吸系统中的肺活量、呼吸频率、最大摄氧量;感官功能中的视觉、听觉、平衡机能等。

人的正常身体机能都受到遗传因素的影响,同时又有变异。例如,神经类型的身体功能有着强烈的遗传基础,且表现出一种显性遗传;血型、血红蛋白、红白肌纤维比例等也具有明显的遗传特征;其他如最大吸氧量、血乳酸系统、最高心率等也主要受遗传因素的影响等。

2. 身体机能训练的意义

(1)身体机能锻炼能够促进身体天赋的发展,促进身体机能得到更好的释放。

(2)身体机能受后天条件的影响,通过进行训练,采用合理的训练方法,能够促进身体机能的提高,从而为取得良好的运动成绩打下基础。

(3)运动员的身体机能必须得到全面的发展,这样才能适应更高水平的比赛,如果其身体机能水平不全面,则某方面的能力也会受到限制。

（三）运动素质

1. 力量素质

力量素质是指人体获得身体某部分肌肉在工作时克服阻力的能力。在运动训练中，力量素质是指机体完成动作时肌肉收缩对抗阻力的能力。力量素质可分为单纯性力量、速度力量和力量耐力。其中，单纯性力量是指人的身体某一部分克服阻力的能力，最大力量是指肌肉通过最大随意收缩抵抗无法克服阻力过程中所表现出来的最高力值；速度力量是以速度和加速度为表现形式，是指人体神经肌肉系统通过肌肉快速收缩来克服阻力的能力；力量耐力是指在一定阻力的情况下，有机体耐受疲劳的能力。

2. 速度素质

速度素质是指人体进行快速活动的能力，也即为在单位时间内迅速完成某一动作或通过某一距离的能力。反应速度是指人体对声音、光、触等各种信号刺激的快速应答能力；动作速度是指人体或人体的某一部分完成单个动作或成套动作的快慢以及单位时间内重复动作次数多少的能力；移动速度是指在周期性运动中，单位时间内人体快速位移的能力。

3. 耐力素质

耐力素质是指人体在长时间工作或运动中克服疲劳的能力，在人体体能素质中发挥着极为重要的作用。在运动实践中，经常从能量供应方式和运动训练的角度对耐力素质进行分类。按照能量供应方式，可将耐力素质分为无氧耐力和有氧耐力；从运动训练的角度，可将耐力素质分为一般耐力和专项耐力。其中，无氧耐力是指机体在氧供应不充足的情况下，坚持长时间运动的能力；有氧耐力与无氧耐力相反，它是指机体在氧气供应充足的情况下，坚持长时间运动的能力；一般耐力是指机体多肌群、多系统长时间工作的能力；专项耐力是指机体为了获取专项成绩，最大限度地动员机能能力，克服专项负荷所产生的疲劳的能力。

4. 柔韧素质

柔韧素质是指人体关节在不同方向上的运动能力，以及肌肉韧带等软组织的伸展能力。根据运动训练的需要，可将柔韧素质分为一般柔韧素质和专项柔韧素质。其中，一般柔韧素质是指适应于一般身体、技术、战术等训练所需要的柔韧素质；专项柔韧素质是指在专项运动中所需要的特殊柔韧素质，它是掌握与提高专项运动技术不可缺少的一项身体素质。

5. 灵敏素质

灵敏素质是指人体在各种突然变换的条件下，快速、协调、敏捷、准确地完成动作的能力。按照体能训练的目的和项目类型，可将灵敏素质分为一般灵敏素质和专项灵敏素质。其中，一般灵敏素质是指在完成各种复杂动作时，表现出来的适应变化着的外部环境的能力；专项灵敏素质是指根据各专项所需要的，与专项技术有密切关系的，以及适应变化着的外部环境的能力。

四、体能训练的要求

(一)全面发展，突出重点

初级运动员应全面发展自身的运动能力，从而为进行专项训练打下良好的体能基础，为专项体能训练的进一步发展创造有利条件。专项训练和比赛要求运动员具有良好的身体素质和运动能力，这就要求运动员不仅要具备全面发展的体能质量，而且还应具备个人特长。因此，在进行体能训练时，运动员不仅要全面发展身体运动能力，而且还应根据个人的具体情况和专项比赛的需要，做到因人、因项、因时而异，有所侧重，全面而有重点地进行体能训练。

(二)合理安排一般身体训练和专项身体训练的比例

运动员应合理安排一般身体训练和专项身体训练的比例，这是因为一般身体训练所发展的机能潜力是专项训练发展的基础条件，它可以促进专项运动素质的发展，为技术和战术训练水平的提高打下良好的机能基础，弥补因专项训练而对身体发展所造成的局限性。但是一般身体训练不能取代专项身体训练，尤其是在高水平训练阶段。训练者只有强化专项身体训练，才能最有效地发展专项训练和比赛所需的运动能力。因此，在体能训练过程中，应根据运动员多年训练过程的不同发展阶段和年度训练各时期、各阶段对体能训练的要求，合理安排一般身体训练和专项身体训练，从而使运动员的运动素质和身体机能获得良好的发展，从而满足专项训练和比赛对体能的要求。

(三)体能训练应紧密结合技战术进行

在进行体能训练时,运动员应紧密结合技术和战术进行,使体能训练获得的训练效果与专项技术和战术有机地联系在一起,从而使其能够在比赛中通过技术和战术的形式充分地发挥出来。体能训练手段的选择和运用是使体能训练与技术、战术训练紧密结合的关键,专项体能训练的内容安排和训练手段的选用,不仅要突出专项特征,在表现形式上尽量与专项技术动作或战术动作相一致,而且要充分考虑身体练习的生物力学等特征,以利于体能训练的效果通过专项技术、战术转化到比赛中。

(四)对体能训练效果进行系统评价

定期或不定期对体能训练效果进行评价,有助于运动员了解自身机能水平状况,从而提高体能训练的科学性和针对性。因此,在体能训练过程中,应系统地对运动员的身体运动能力进行定期或不定期的测验,检查体能训练的效果。通过训练信息的反馈,运用量化分析和定性分析,评定体能训练是否达到了预期目标,弄清楚哪些运动素质和机能水平已经具备专项所需程度或已经达到特定阶段应具备的状态,哪些运动素质或机能水平还没有达到要求,有利于找出体能训练的薄弱环节,从而为运动员体能训练的组织和实施以及体能训练过程的控制提供科学依据以及提高训练的针对性。

第二节　篮球运动员的体能特征分析

一、篮球运动的体能要求

通过大负荷的运动训练使运动员的各项身体素质都得到相应的提升。篮球运动的体能训练能够充分地挖掘运动员的机能潜力,提升运动员的运动能力并培养其顽强拼搏的意志。一般而言,篮球运动员所必备的体能要求包括灵活的速度、整体力量、运动耐力。

良好的体能水平是现代"三高"(高速度、高难度、高对抗)篮球比赛中发挥和运用技战术的前提条件。篮球运动的体能训练是手段,是为提高技战术的运用与发挥服务的,是以提高攻防战术的效果为目的的。在篮球体能训练必须具有鲜明的专项特点,这样才能与专项技战术有机结合,达到训练的目的。体能训练的过程同时也是完善和检验技战术的过程,在体能训练过程中,不仅使体能获得增长,同时,也使运动技能获得提升。

二、篮球运动员的体能特征分析

现代篮球运动攻防竞争较为激烈,并且攻防的转换速度较快,对运动员的体能具有较高的要求。下面对篮球运动员身体形态、身体机能和身体素质特点等进行分析。

(一)篮球运动员身体形态特征

现代篮球运动的发展趋势是高度的作用越来越重要,如美国男子篮球职业联赛的队员中,虽然有一些身高不到 1.8 米的球员,但是大部分球员平均身高在 2 米左右。我国著名篮球运动员姚明的身高达到了 2.26 米,姚明投篮时极少被封盖,柔和的手感,良好的脚步,再加上身高优势,使得其给对手造成了巨大的杀伤。

需要注意的是,篮球运动员在不同的位置上,则对身高也会有不同的要求。中锋球员要求高大强壮,后卫要求活动灵活,则身高相对较低。篮球运动员要求技战术与力量素质密切结合,身高和体重平衡发展,力量、速度和灵活性同步提高。

(二)篮球运动员身体机能特征

在进行篮球比赛时,运动员围绕一定的空间展开攻守,攻守快速转换,身体对抗激烈,是一项有氧运动和无氧运动相结合的运动项目。篮球运动过程中,人体的三大供能系统之间相互衔接,交替供能,共同维持人体的运动。例如,在突破、投篮起跳的瞬间是无氧供能,而要坚持完成一场比赛则需要有氧功能的支持。通过对篮球运动进行研究发现,运动比赛中,篮球运动员的无氧供能所占的比例相对更高,其中乳酸能系统起着较为重要的作用。

(三)篮球运动员身体素质特征

篮球运动的项目特点和基本动作技术决定了篮球运动员的基本体能要求。把篮球单纯地看作技能类运动项目,是不准确的,篮球运动员必须具备良好的体能素质。篮球运动是一项以投准为目的的速度力量型、高强度对抗性体能和技能类项目,这对篮球运动员的体能提出了一定的要求,也为体能训练指明了方向。

运动素质是运动员在比赛中表现出来的各种能力,通常其包括五方面,即为力量、耐力、速度、灵敏、柔韧等素质。具体而言,其各方面素质的特点如下。

1. 力量素质

力量是运动员进行对抗的有效保证,是专项技术和专项速度实施和完善的基础。篮球比赛进攻与防守中的反应、跑动、加速与拼抢,以及防守与攻击的有效性无不取决于力量素质。因此,篮球运动员的运动技能水平与力量素质密切相关。力量素质与运动员在进行各项动作时所必需的爆发力和爆发耐力也密切相关,从一定程度上反映着攻击的威力和可靠性。篮球运动员要求具备高度发展并且全面的力量素质,身体的各个部位,包括上下肢、腰腹以及踝、膝、手腕、手指等部位都必须经过全面的力量强化训练,通过增强动作技术的各个环节的肌肉力量要求,保证各项技术动作的快速、准确和有效,使运动和动作技术达到最佳的效果。在比赛过程中有大量的身体对抗,运动员需要克服对手所施加的各种力量,并完成各种技术动作,这都需要良好的力量素质基础。

篮球运动员进行力量素质训练时,应注重全身肌肉的整体发展,同时保证重点肌肉的强化。好的篮球运动员具有良好的下肢力量和腿部力量,并且其手臂、手腕、膝、踝等局部部位肌肉较为发达。

篮球运动员的各项肌肉力量素质的训练必须具有系统性和计划性,这是篮球运动员力量训练的鲜明特点。有系统、有计划的力量训练能够使运动员的各项肌肉力量相协调,并保持肌肉力量的鲜活。因此,力量训练贯穿年训练周期以及多年训练周期的始终。

2. 耐力素质

耐力素质也是篮球运动员需要具备的身体素质。篮球运动竞争和对抗激烈,在比赛中疲劳会导致其技术动作不标准,从而投篮不进。这时具有良好的耐力素质的优势就体现出来。

篮球运动员必须具备良好的运动耐力,因此篮球运动是一项高强度运动,在运动过程的激烈对抗更是加强了运动员的体能消耗,运动员必须具备良好的耐力,这样才能使篮球运动员在长时间的运动中保持良好的发挥,尤其是在比赛中体能消耗剧烈而又决定比赛胜负的第四节比赛。

体能训练中的运动耐力训练是指大强度、长时间从事专项活动能力的训练。篮球运动员的运动耐力水平主要取决于:功能系统的机能能力、有效地利用机能潜力的能力以及疲劳情况下的心理素质和意志品质。

心理机能和意志品质能够使运动员以顽强的毅力对抗疲劳感、以良好的心理素质应对比赛中的逆境、以平稳的心绪对待整个比赛,从而使运动员保持相对稳定的发挥。心理机能和意志品质训练能够使神经系统充分发挥作用,充分挖掘运动员的机能潜力,从而能够使其最大限度地完成比赛和训练任务。心理机能能力和意志品质的提高既取决于运动系统机能能力的提高,同时,还取决于运动员的意愿和自我调节和自控能力。

篮球运动员的耐力素质为无规律间歇的反复短距离快跑或冲刺的速度耐力。在篮球运动比赛中,有很多加速冲刺、急停跳投、突然转向、冲抢篮板等动作,都需要其具备良好的无氧耐力素质。篮球运动员在进行训练时,应无氧耐力结合有氧耐力,优先发展有氧耐力,在此基础上重点提高有氧耐力水平。

3. 速度素质

速度素质即为人们的快速运动能力。在篮球运动中,速度是篮球运动的灵魂,因此,速度也是篮球运动员体能水平的最直接的反映。篮球运动员在比赛过程中,始终处于运动状态,具有良好的速度素质,能够快速摆脱对手的防守,更容易在防守中占据有利的位置,对进攻和防守都具有重要的意义。

篮球运动的速度不仅是指奔跑的速度,更多的是起动速度、动作速度和应变速度,其速度具有应变性、节奏性和突然性等专项特点。篮球运动员在比赛中的良好发挥依赖于其适应高强度对抗和高速度应变的体能。因此,在体能训练过程中,应以培养运动员的专项速度为目标。

篮球运动员具有快速的移动和爆发力,包括反应速度、结合球的动作速度和移动速度。在比赛过程中,运动员需要掌握场上情况,根据对手和我方球员的情况来进行判断和反应。篮球运动员的速度素质还包括其单个动作技术和组合动作的完成速度,也是速度素质的重要方面,能够以更快地动作投篮出手,则对方封盖的可能性将会降低;具有较快的运球速度,则能够更快的运球突破上篮。

4. 灵敏素质

对于篮球运动员而言,灵敏素质主要体现在快速、准确、协调等方面。在篮球比赛中,篮球运动员需要根据具体的实际情况来快速、准确、协调地实现各种技战术意图。具有良好的灵敏性,则其能够更好地控制自己的身体,具有快速反应能力。篮球运动员的灵敏素质是对力量素质和速度素质的补充。

5. 柔韧素质

篮球运动员对柔韧性也具有较高的要求。具有良好的柔韧素质,则能够使得技术动作的幅度增大,提高动作的质量。另外,篮球运动竞争和对抗较为激烈,运动员很容易受伤,具有良好的柔韧素质能够在一定程度上避免受伤。

第三节　篮球运动员一般体能素质训练

一、篮球一般速度素质训练

(一)各种基本步法训练方法

(1)高抬腿跑训练。运动员高抬腿跑时,要求脚前掌落地,抬膝时保持身体伸展。当一条腿伸直时,另一条腿的大腿要与地面保持平行。当膝盖抬到最高点时(大腿与地面平行),脚踝向后勾,脚置于膝盖的下方。此外,还应注意运用正确的手臂动作。

(2)小步跑训练。运动员双膝稍弯,身体呈一条直线(即肩、髋、膝和踝关节呈一条直线),尽可能提踵。跑动时,前脚掌着地,尽可能蹬伸,双膝微屈,双脚交替。着地时注意用前脚掌,而不是整个脚底。当右脚蹬离地面时,左脚要划过地面。

(二)各种起动跑训练方法

(1)原地或移动中,根据教练员的信号突然起动快跑。

(2)5米折回抢滑步。

(3)不同距离折回跑。

(4)起跳落地,立即起动侧身加速快跑。

(5)用各种姿势起动,全速跑10～30米。

(6)四步加速跑。在球场上标出四步加速跑的位置:离起跑线66～76厘米为第一步;第一步和第二步之间距离92～230厘米;第二步和第三步之间距离117～127厘米;第三步和第四步之间距离142～152厘米。运动员用1/4的速度跑完4步,各步之间不要停顿。跑时要用力摆动手臂(手臂摆动力量越大,腿部的蹬地力量越大)。注意摆臂动作和膝盖上顶动作。在熟练掌握了 1/4 速度的技巧之后,再用 1/2 速度,然后 3/4 速度,最后是全速进行加速跑训练。

(三)篮球速度素质训练注意事项

(1)教练员应了解专项速度的特点,做到有针对性地训练。应了解运动员自身的特点及不足。

(2)发展运动员的速度素质应注意其年龄特征。速度训练时身体应处在良好的运动状态。

(3)注意以发展力量和柔韧性来促进篮球运动员速度素质,在训练过程中可增加合理的负重力量练习。

二、篮球一般力量素质训练

(一)常用的训练方法

(1)最大负荷法。主要采用大重量进行训练,即最大负荷量的 90%～100% 的负荷做 1～2 次练习,运动员做 8～10 组练习可很好地发展最大力量。

(2)累加训练法。在训练过程中,使运动员所负重量不断增加,直到极限,这样训练力量可快速增长。

(二)手指、手腕、手臂肌肉群训练方法

(1)空手用力张握,速率要快,持续时间 15～30 分钟;张开手指,快速用力下扣手腕,持续时间为 15～30 分钟。

(2)手指和掌心向下抓住铅球并上提,在上提的过程中松手,在球下落时,由另一手接抓铅球。

(3)两人一组,对传实心球。

(4)握哑铃,做翻腕练习。

(5)两人一组,各紧握接力棒一端,反向捻转接力棒对抗。

(三)腿部力量与弹跳力训练方法

(1)肩负最大负荷的 80% 左右的杠铃,做半蹲或全蹲,慢蹲快起,重复 3～4 次。

(2)肩负杠铃在软地或地毯上做半蹲跳,杠铃重量为最大负荷量的 40%～50%,每组 8～12 次,做 4～6 组。

(3)肩负杠铃做箭步交换腿跳,杠铃重为最大负荷量的 40%～50%。

（4）徒手或负重，做单腿深蹲起；双足做连续跳、多级跳。

（5）徒手或负重跳栏架、原地双脚跳起摸篮板。

(四)腰腹力量训练方法

（1）仰卧斜板起坐，即仰卧屈膝起坐、仰卧双手握住同伴的双踝做收腹举腿（同伴双手用力将练习者举起的腿推下）、俯卧"两头起"（尽量出背弓）。

（2）借助单杠，双臂悬挂，做收腹举腿成90°，并保持4～5秒钟。

（3）双手向头后抛掷实心球练习。

（4）宽握杠铃，做直臂直举；40～50千克杠铃做高立抓举。

（5）肩负杠铃，做体前屈起（不准弓腰起）；肩负杠铃，做转体，脚平行开立稍宽于肩，直膝转体，脚掌不能动。

(五)综合器械训练方法

1. 上斜卧杠铃提举

从器械架上抓取杠铃，屈肘，使杠铃下降至上胸部，向上推举杠铃至手臂伸直，还原（图8-1）。重复上述动作。

图8-1 上斜卧杠铃提举

2. 坐式夹胸器夹胸

推动活动臂在胸前夹拢闭合，然后使两活动臂向后，还原（图8-2）。重复上述动作。

3. 直立提踵

通过踝关节尽量跖屈使足跟抬高，坚持片刻，至小腿有拉伸感时足跟下落（图8-3）。重复上述动作。

图 8-2　坐式夹胸器夹胸

图 8-3　直立提踵

4. 坐式双臂平拉

肘关节保持屈曲±10°,手握手柄尽力后拉,还原(图 8-4)。重复上述动作。

图 8-4　坐式双臂平拉

(六)篮球力量素质训练注意事项

(1)力量训练侧重于动力性练习,要与速度、弹跳、灵敏等素质和篮球技术的练习结合进行。

(2)要注重训练的协调和全面发展,避免局部负担过重。应当考虑运动员特点、训练程度,做到有针对性地合理安排。

（3）力量训练时器材比较沉重，要注重安全，避免在训练时受伤。训练时应注意力集中，加强自我保护。

（4）要注重力量训练的周期性和系统性。力量训练中要注意练习安排的顺序，速度力量练习应安排在力量耐力练习前面进行。

（5）力量训练之后会出现肌肉酸胀感，应注意安排放松练习。训练结束之后应采取积极的恢复措施，如按摩、水浴等，消除不适感。

三、篮球一般灵敏素质训练

（一）变向移动类训练方法

（1）绕障碍物跑。在场地上设置6根标杆或球，以最快速度绕杆（球）跑完全程。

（2）15秒钟往返跑或 4×10 米往返跑。可采用比赛的方式进行。

（3）侧跨步。运动员位于三条相隔 $12 \sim 15$ 米的中间的一条线上，向左、右两侧线跨步，触及一条线后跨向另一条线，在10秒钟内完成。

（4）两人一组，以端线为起始位置，防守队员进行堵拦，进攻队员在场内做变向动作设法摆脱防守队员的堵截。

（二）动作转换类训练方法

（1）在规定时间内，手脚着地从端线快速爬到中线，然后站起双足跳10个，之后冲刺跑返回端线。

（2）教练口头或手势示意急停、急起运球练习。

（3）立卧撑。运动员迅速由站立到下蹲，两手在足前撑地，两腿向后伸直，在规定时间内完成最多的次数。

（三）篮球灵敏素质训练注意事项

（1）灵敏素质练习以其他练习为基础，在训练时应注重与其他素质训练方式相结合。

（2）在练习过程中，教练员应示以明确、快速的信号，提高运动员的观察判断和反应能力。

（3）灵敏训练的时间不宜过长，次数不宜过多，进行练习时身体状况良好。

（4）在练习时适量加大移动和旋转难度，以提高身体的平衡能力和协调能力。

四、篮球一般耐力素质训练

耐力训练即为提高运动员的摄氧、输氧及用氧能力，使其各身体器官适应长时间负荷的承受能力。

(一)有氧耐力训练方法

有氧耐力训练的主要方法有以下几种。

(1)变速跑。通常在场地上进行。快、慢跑距离和地点根据专项任务与要求制订。负荷强度由低到高，心率控制在 130～150 次/分钟、170～180 次/分钟左右。练习持续时间在 30 分钟以上。

(2)匀速持续跑。跑的负荷量尽可能多，运动时间在 1 小时以上。心率控制在 150 次/分钟左右。要求匀速连续地跑。

(3)间歇跑。训练负荷量较小，训练中每一次练习的持续时间不长。负荷强度较大，心率达到 170～180 次/分钟。在身体尚未完全恢复的情况下进行下一次练习，心率在 120～140 次/分钟之间。要求整个训练的持续时间尽可能延长，至少 30 分钟以上。练习之间采用积极休息方式，如放松走和慢跑。

(4)水中快走或大步走。在深 30～40 厘米的浅水池中，做快速走或大步走练习，每组 200～300 米或 100～150 步，4～5 组，间歇 5 分钟，强度为 50%～55%。

(5)越野跑。在公路、树林、草地、山坡等场地进行，一般跑的距离在 4 000 米以上，最多可达 10 000～20 000 米。跑的速度可以适当变化。心率控制在 150～170 次/分钟左右。如以时间计的话，运动时间在 1.5～2 小时左右。

(6)3 分钟以上跳绳或跳绳跑。在跑道上做两臂正摇原地跳绳 3 分钟或跳绳跑 2 分钟。4～6 次，间歇 5 分钟。强度为 45%～60%。要求每次结束时，心率在 140～150 次/分钟，恢复至 120 次/分钟以下开始下一次练习。

(二)无氧耐力训练方法

无氧耐力训练的方法主要有以下几种。

(1)原地间歇高抬腿跑。要求运动员原地做快速高抬腿练习。如发展非乳酸性无氧耐力，则可做每组 5 秒、10 秒、30 秒快速高抬腿练习，做 6～8 组，间歇 2～3 分钟。强度为 90%～95%。要求越快越好。为发展乳酸性无氧耐力，则可做 1 分钟练习，或 100～150 次为一组，6～8 组，每组间歇

2～4 分钟。强度为 80%，要求动作规范。也可前支撑做高抬腿跑练习。

（2）原地或行进间做车轮跑，每组 50～70 次，6～8 组，组间歇 2～4 分钟。强度为 75%～80%。

（3）高抬腿跑转加速跑。行进间高抬腿跑 20 米左右转加速跑 80 米。重复 5～8 次，间歇 2～4 分钟。强度为 80%～85%。

（4）间歇后蹬跑。行进间做后蹬跑，每组 30～40 次或 60～80 米，重复 6～8 次，间歇 2～3 分钟。强度为 80%。

（5）反复起跑。蹲踞式或站立式起跑 30～60 米，每组 3～4 次，重复 3～4 组，每次间歇 1 分钟，组间歇 3 分钟。

（6）反复连续跑台阶。在每级高 20 厘米的楼梯或高 50 厘米的看台上，连续跑 30～40 步台阶，每步 2 级，重复 6 次，每次间歇 5 分钟。强度为 65%～70%。要求动作不间断，也可定时完成。

（7）反复跑。跑距为 60 米、80 米、100 米、120 米、150 米等。重复次数应根据距离的长短及运动员水平而定。一般每组 3～5 次，重复 4～6 组，组间歇 3～5 分钟。强度一般的心率控制，如短于专项的距离，练习时心率应达 180 次/分钟，间歇恢复至 120 次/分钟时，就可以进行下次练习，如发展乳酸耐力，距离要长些，强度小些。

（8）计时跑。可做短于专项距离的重复计时跑或长于专项距离的计时跑。重复次数 4～8 次（根据距离而定），间歇 3～5 分钟。强度为 70%～90%，根据运动员水平及跑距而定，距离短，强度大些。

（三）篮球耐力素质训练注意事项

（1）篮球运动员的个人意志决定着耐力的发展水平，自控能力强、意志坚定的运动员能够承受更大的负荷，能够更好地克服自身的疲劳。因此心理方面的鼓励和训练是必不可少的，并应该予以高度的重视。

（2）通过训练增强篮球运动员有氧代谢能力，在初期应以增强心肺功能为主。对具有一定训练水平的运动员，应以增强在进行篮球运动时骨骼肌利用氧的能力为主，提高肌肉自身工作的耐力。

（3）在进行耐力训练时，负荷量较大，对于体能的消耗十分巨大，因此在训练之后应采取积极的措施进行恢复，积极摄取和补充人体所必需的各种能量和营养物质。

（4）在进行耐力训练时，由于个人体质的差异性，可能适应大多数人的训练水平并不能满足个人的训练要求，因此，运动员应充分了解自身的身体特点以及训练的承受能力，积极主动地进行训练。

五、篮球一般柔韧素质训练

(一)篮球一般耐力素质基本训练方法

(1)两手手指交叉相握,手心向前做压指、压腕动作;手臂向下、向前、向上充分伸展;身体向左或向右充分伸展。

(2)两臂做不对称大绕环转肩动作,在背后一手从上往下,另一只手从下往上,两手在背后做拉伸练习。

(3)并腿直立,上体前屈,手摸脚或地面;或身体侧转用手摸异侧脚脚跟。

(4)两腿开立,髋关节向前送,手摸脚跟。

(5)两腿前后开立,两脚跟着地做弓箭步向下压腿。

(6)左右弓箭步练习,手放在脚上,连续左右弓箭步练习。

(二)篮球柔韧素质训练注意事项

(1)柔韧素质的发展要从小培养。科学实践证明,柔韧素质发展的敏感期是5—10岁,所以在此期间要抓紧练习,并在10岁以前使柔韧素质得到较好的发展。随着年龄的成长,身体各部位的柔韧性训练将会更加困难。

(2)循序渐进,持之以恒。在开始进行柔韧性练习时会有强烈的痛感,而且只有长期坚持才能起到应有的效果,因此,运动员必须具有坚定的毅力,持之以恒,使身体逐渐适应。

(3)柔韧素质的发展要兼顾相互关联的身体各个部位。在训练时应循序渐进,使柔韧性逐步得到提高。篮球运动员的柔韧性是身体各个部位整体的柔韧性,在练习时应该注重各个部位之间的关联性,使整体的柔韧性协调发展。

(4)柔韧素质练习要注意外界环境。外界环境对人体的柔韧性具有一定的影响,当温度较高和较低时,都会影响柔韧性的发展,科学实践表明,当外界温度在18℃时,人体各部位肌肉伸展状况到达最佳,最适合柔韧性的发展。

(5)柔韧练习时要防止受伤。柔韧性训练是对人体的各肌肉和韧带的拉伸和伸展,如果训练的方法不当,可能出现拉伤事故。因此,柔韧性训练要注重训练方法的科学性,既要保证训练的效果,同时,还要防止受伤。在进行柔韧性训练之前应该做适量的热身运动,在练习中避免用力过猛。

第四节　篮球运动员专项体能素质训练

一、篮球专项体能基本训练方法

(一)速度素质训练

(1)小步跑、后踢腿跑、高抬腿跑、交叉步跑、后退跑或原地快速中突然改变为加速跑,以及多种脚步动作的转换练习。

(2)5～8米往返跑或全场四点折回跑。10米、20米、30米、100米加速跑或变速跑。

(3)根据教练员手势或信号,做传球或运球的快速起动和急停。

(4)快速运球上篮或全场运球3～4次上篮。两人一组端线开始,全场三传上篮,往返2～4次为一组。

(5)两人一组站在端线外,前后相距2～3米,前面的队员快速运球上篮,后面队员干扰他的动作。

(6)传球或运球的接力赛。

(7)边线外传前场传高吊球或地滚球,一人迅速起动加速跑,接球上篮。

(二)爆发力训练

(1)全场连续多级跳。

(2)全场连续蛙跳。

(3)中场三级跳上篮。

(4)连续快速跳起摸高。

(5)1打2、2打3、3打4练习。

(6)顶挡拼抢篮板球。

(7)负重投篮。

(三)灵敏素质游戏训练

在灵敏性游戏的设计、选择、运用中,要注意把思维判断、快速反应、协调动作、节奏感等内容有机地结合起来。进行游戏时,要严格执行规则,防止投机取巧,注意安全。

1. 传球触人

游戏方法:队员分散在场内任意跑动,指定两人传球,在不准走步、运球的情况下,传球人通过传球去追逐并及时用球去触及场上跑动的人,被触及者参加到传球人的行列,最后看谁没被触及。

游戏规则:徒手队员不准超出规定的场地线,否则算被触及;传球人只能用传球去"触及"徒手队员,否则无效。

2. 攻守投篮

游戏方法:将队员分为人数相等的两队,每队 8 人,双方各有一名队员手持球站在本方半场的端线外准备发球。游戏开始,当裁判员鸣笛后,各自发球开始比赛,两队同时在场上传球、运球、突破,力求将球投入对方篮内得分;同时又要设法阻截和防止对方将球投进本方篮内,并积极抢断对方的球,组织反攻。在规定时间内,进球多者获胜。

游戏规则:比赛中出现犯规、违例、传球出界等情况时,均判对方在犯规、违例方的半场发界外球。

3. 你抓我救

游戏方法:指定球场的中圈为"禁区",选出参加游戏中的 5 人为追逐者,其余人作为被追逐者将在场内任意跑动。追逐者把抓到的被追逐者送到"禁区"内。没有被抓到的被追逐者可设法避开守在"禁区"旁边的追逐者去营救"禁区"内的同伴。直到所有被追逐者全被抓完送进"禁区",或"禁区"内的被追逐者全被营救完为止。另换一批追逐者和被追逐者继续游戏。

游戏规则:在"禁区"外的被追逐者用手击"禁区"内的人的手掌为营救成功;如果在"禁区"外的人在营救"禁区"内的队员时又被追逐者抓到,同样要到"禁区"内等待营救;被送到"禁区"内的人不得自行离开;追逐者只有抓住被追逐者才有效,仅仅拍到无效。

4. 追捕

游戏方法:游戏者全部分散在球场上任意跑动,指定其中两人为追捕手。游戏开始,凡是被追捕手触及的人必须用一手按住被触及的部位继续跑动,避开追捕手的触及。如果第二次被触及,就用另一只手按住第二次被触及的部位继续跑动。在第三次被触及时此人就必须退出场外,等到第二个退出场外的人一起组成新的追捕手(组),再去追捕其他人。在新的追捕手上场时,被原追捕手触及的人即可"解放",跑动时一手或双手可不再按住被触及的部位,但若被新的追捕手触及则仍需要按住被触及的部位再进行跑动。如此循环直至规定游戏时间到为止。

游戏规则:追捕手的手触及被追捕队员方算有效,不得推、抓、拍打人,否则罚其连续再追捕两人后方可替换;以球场为界,跑出球场算自动离场,按被第三次触及处理。

5.卡位抢球

游戏方法:队员两人为一组,将全班分成若干组,两人相距约 1 米间隔站立,每组之间也相距 1~2 米,每组的两人间前方 2 米处放一个篮球。开始为基本站立,然后听哨声响后同时去抢球,抢到球者获胜。

游戏规则:只准用手抢球,否则判为负;避免冲撞,如有意冲撞对方则立即判其出局。

二、篮球专项体能持球训练方法

(一)全场快攻传球训练

2 人、3 人、4 人全场往返传接球上篮。在练习时,运动员全速奔跑,要求球不能触地,在无任何失误的条件下连续进行 30 个来回。该练习方法能够提高运动员的专项速度及专项耐力。

(二)多球传球训练

A、B、C、D 四位球员站在弧顶,E 球员站在罚球线上,F、G 两名球员分别站在 3 秒区边线的左右边线的中间。A、B、C、D 不停地将球传给 E,然后 E 将球传给 F 或 G,之后将球传回给前排球员,从而形成传球循环。在练习时,可用 1~5 个球。传球时,可不断增加传球速度。

(三)30 秒快速投篮训练

在场地中任选 A、B 两点,运动员尽可能快速地从 A 移动到 B 点,然后接球投篮,在 30 秒钟时间内投中 8 个 2 分球或 6 个 3 分球。该练习方法能够使运动员提高在比赛的速度及在疲劳状态下的投篮能力。

(四)全场连续上篮训练

将球员分为两组,A 组球员纵排站在 3 秒区左右边线的任一侧,排头与罚球线水平;B组纵排站在与罚球线水平的同侧边线附近。用3个球,进行4分钟练习。A组排头队员将球传给B组排头球员,A组排头快速跑至对侧罚球线,拉开,然后折回,沿边快下;B排头球员快速转身,沿边线向对另一侧场地快速运球上篮,并冲抢篮板传给A组排头,A组排头运球上篮。使用3个球在场上进行练习,4分钟内连续投中80个。

三、篮球专项体能综合与循环训练方法

(一)综合训练

这里所说的综合训练,主要是指大强度投篮训练,具体方法如下。

1. 运球上篮训练

运动员持球站在右侧3分线外,接到开始信号后,用右手运球上篮并抢获篮板,仍用右手运至另一侧3分线外,然后换左手运球上篮并抢篮板,之后左手运球回到原出发点。如此方法连续进行。

2. 快速移动接球投篮训练

投篮队员站在右侧3分线外,另一名队员站在篮下抢篮板并传球;投篮队员投篮后快速跑至左侧3分线外接球投篮,然后快速跑回原地点接球投篮。如此方法连续进行。

3. 抛球—接球投篮训练

队员持球站在右侧3分线外,跳投后冲抢篮板球并将球抛向左侧3分线外,然后快速跑至左侧3分线外接球,然后进行跳投。如此方法连续进行。

4. 冲刺跑—投篮训练

队员持球站在篮下,投篮或扣篮后立即跑向罚球线并用手触摸罚球线,然后捡球投篮(在捡到球的地点),再跑向罚球线并用手触摸罚球线,捡球投篮(在捡到球的地点)。如此反复进行,速度要快。

5. 迎前防守—投篮训练

2人一组1球,一名队员站在篮下,传球给站在3分线附近的另一名队员后立即迎前封堵;另一名投篮队员接球后面对防守进行跳投,然后冲抢篮

板球并将球传给刚才防守的队员,快速迎前封堵其投篮。如此反复进行训练。

6.分组投篮训练

4 人一组 2 球,两名队员持球分别站在离圈顶 8 米外传球,另两名队员接球投篮,传球队员只将球传给同一投篮队员,投篮队员只在球篮一侧投篮。投篮队员要用跳投和运球上篮两种方式得分,在投篮后抢获篮板球,并将其传给传球者。如此反复练习。

(二)循环训练

循环训练要求按照严格的重复次数、休息时间完成各项练习。在训练过程中,间歇和训练有周期的交替,在每项练习的基础上完成一整套的练习。

练习方法一:

(1)负重 20 千克杠铃增强二头肌。

(2)10 千克哑铃练习,练习三角肌。

(3)负重 60 千克杠铃提踵练习,增强踝关节力量。

(4)55～60 千克杠铃卧推。

(5)颈后负重 10 千克练习背肌。

(6)负重 60 千克杠铃半蹲起。

(7)单杠做引体向上。

(8)双手持 15～20 千克杠铃片双手水平左中右平伸。

(9)肩负重 55 千克杠铃蹬 60 厘米高度(左右腿交替)。

(10)20 米高抬腿和后提腿然后各接 10 米冲刺跑 3×20 秒钟,休息 1 分钟,循环训练。

(11)在 10 秒内,跑 45°角坡 20 米,休息 1 分钟,循环训练。

(12)单足跳 20 米接 10 米冲刺跑 3×20 秒钟,休息 1 分钟,循环训练(左右腿交替)。

(13)后蹬跑 20 米接 10 米冲刺跑 3×20 秒钟,休息 1 分钟,循环训练。

(14)20 米全速跑 3×5 秒钟,休息 1 分钟,循环训练。

(15)收腹跳接 10 米冲刺跑 3×18 秒钟,休息 1 分钟,循环训练。

练习方法二:

(1)全场 3 分钟后撤步练习,强度 70%;2 人一组罚球 2 分钟。重复练习 1 分 30 秒,强度 80%;消极休息 45 秒钟。

（2）全场连续端线起动至中场接后退跑至端线 2 分 30 秒,强度 75%;2 人一组罚球 1 分 30 秒。重复练习 1 分钟,强度 90%;消极休息 30 秒钟。

（3）全场后滑步往返 2 分钟,强度 80%;2 人一组罚球 1 分钟。重复练习 45 秒钟,强度 100%,消极休息 2 分钟。

四、篮球专项体能训练案例

篮球专项体能训练要根据实际情况进行有针对性、有侧重点的训练。不管是什么样的训练,都要按照一定的训练计划进行。下面就以 12 周的篮球赛前体能训练计划为例,来对篮球专项体能训练进行分析。

篮球赛前体能训练的每次训练安排都列出在表 8-1 中,同时,表中也将每天不同的训练内容进行了注明,其内容主要包括跑的距离、重复的次数和休息的时间间隔。

表 8-1 12 周赛前体能训练计划

周	天	训练量	间隔休息时间
第 1 周	第 1 天	400 米正常速度跑 4 组	2.5 分钟
	第 2 天	400 米正常速度跑 4 组	2.5 分钟
第 2 周	第 1 天	400 米正常速度跑 6 组	2.5 分钟
	第 2 天	400 米正常速度跑 6 组	2 分钟
第 3 周	第 1 天	200 米正常速度跑 10 组	1.5 分钟
	第 2 天	200 米正常速度跑 10 组	1.5 分钟
第 4 周	第 1 天	200 米正常速度跑 12 组	1.5 分钟
	第 2 天	200 米正常速度跑 12 组	1 分钟
第 5 周	第 1 天	100 米正常速度跑 2 组 80 米正常速度跑 2 组 60 米全速跑 12 组	30 秒钟 30 秒钟 30 秒钟
	第 2 天	100 米正常速度跑 2 组 80 米正常速度跑 2 组 40 米全速跑 12 组	30 秒钟 30 秒钟 30 秒钟

周	天	训练量	间隔休息时间
第6周	第1天	100米正常速度跑2组 80米正常速度跑2组 60米全速跑12组	30秒钟 30秒钟 30秒钟
	第2天	100米正常速度跑2组 80米正常速度跑2组 40米全速跑12组	30秒钟 30秒钟 30秒钟
第7周	第1天	100米正常速度跑2组 80米正常速度跑2组 60米全速跑2组 40米全速跑2组 20米全速跑2组 10米全速跑4组 20米全速跑2组 40米全速跑2组 60米全速跑2组	30秒钟 30秒钟 25秒钟 25秒钟 25秒钟 25秒钟 25秒钟 25秒钟 25秒钟
	第2天	6次跑训练2组 X跑训练2组 17次跑训练1组	1分钟 2分钟 2分钟
第8周	第1天	100米正常速度跑2组 80米正常速度跑2组 60米全速跑2组 40米全速跑2组 20米全速跑2组 10米全速跑4组 20米全速跑2组 40米全速跑2组 60米全速跑2组	30秒钟 30秒钟 25秒钟 25秒钟 25秒钟 25秒钟 25秒钟 25秒钟 25秒钟
	第2天	折返跑2组 X跑训练2组 17次跑训练2组	1分钟 2分钟 2分钟

周	天	训练量	间隔休息时间
第9周	第1天	全场快速运球跑训练1组 全场Z字形快速运球跑训练1组 边线冲刺打板进球训练2组 X跑训练2组 折返跑2组	1分钟 1分钟 1分钟 2分钟 1分钟
	第2天	胸前传球全场极速跑训练1组 反弹传球全场极速跑训练1组 半场冲刺,罚球区拐角处跳投训练2组 变速跑训练2组 间歇跑训练1组	1分钟 1分钟 1分钟 1分钟 1分钟
第10周	第1天	全场快速运球跑训练1组 全场Z字形快速运球跑训练1组 边线冲刺打板进球训练2组 X跑训练2组 纵向6次跑训练2组	1分钟 1分钟 1分钟 2分钟 1分钟
	第2天	胸前传球全场极速跑训练1组 反弹传球全场极速跑训练1组 半场冲刺,罚球区拐角处跳投训练2组 变速跑训练2组 间歇跑训练1组	1分钟 1分钟 1分钟 1分钟 1分钟
第11周	第1天	全场快速运球跑训练1组 全场Z字形快速运球跑训练1组 边线冲刺打板进球训练2组 胸前传球全场极速跑训练1组 反弹传球全场极速跑训练1组 半场冲刺,罚球区拐角处跳投训练2组 X跑训练1组 17次跑训练1组	1分钟 1分钟 1分钟 1分钟 1分钟 1分钟 2分钟

续表

周	天	训练量	间隔休息时间
第11周	第2天	全场快速运球跑训练1组 全场Z字形快速运球跑训练1组 边线冲刺打板进球训练2组 胸前传球全场极速跑训练1组 反弹传球全场极速跑训练1组 半场冲刺,罚球区拐角处跳投训练2组 间歇跑训练1组	1分钟 1分钟 1分钟 1分钟 1分钟 1分钟
第12周	第1天	全场快速运球跑训练1组 全场Z字形快速运球跑训练1组 边线冲刺打板进球训练2组 胸前传球全场极速跑训练1组 反弹传球全场极速跑训练1组 半场冲刺,罚球区拐角处跳投训练2组 X跑训练1组 17次跑训练1组	1分钟 1分钟 1分钟 1分钟 1分钟 1分钟 2分钟
	第2天	全场快速运球跑训练1组 全场"Z"字形快速运球跑训练1组 边线冲刺打板进球训练2组 胸前传球全场极速跑训练1组 反弹传球全场极速跑训练1组 半场冲刺,罚球区拐角处跳投训练2组 间歇跑训练1组	1分钟 1分钟 1分钟 1分钟 1分钟 1分钟

　　按照上述表中列出的顺序来进行训练,能够使篮球专项体能水平得到有效的提高。另外,也可以根据实际情况,将所要练项目先练一遍,再回头做2组中剩余的1组。但是,不管用哪种方式进行训练,都要求注意,当有17次跑训练和间歇跑训练时,要安排在最后练习。

第五节　提高我国篮球运动员体能素质的策略

一、宏观方面

(一)转变体能训练思想意识

在进行篮球运动体能训练时,教练员和相应的管理部门应积极转变体能训练的思想。不能只是注重技战术的训练,体能训练尤为重要,特别是结合专项运动技战术的体能训练。教练员和相应的管理部门应保证队员能够进行良好的体能训练。教练员要做好充分的准备,体能训练是一项长期的工作,应认真制订训练计划。体育管理部门应注重好的运动人才的选拔,并使其接受科学、合理的运动训练。

(二)建立高素质的教练员队伍

科学、规范的篮球运动训练对教练员具有较高的要求。现代篮球训练大都较为盲目,体能训练缺乏科学性,这就使得训练效果受到影响。因此,教练员应注重运动训练学理论的学习,运用科学的训练方法来进行运动训练。为了提高教练员的质量,应定期对教练员进行考核,并积极进行高水平教练员的引进,促进教练员队伍素质的提升。

(三)加强对篮球资源建设的投资

进行篮球运动训练时,不仅需要完善的运动设备保障,还需要注重运动员的训练恢复手段和措施。因此,应注重篮球运动训练方面的投资。在运动训练过程中,应注重社会资源的利用,通过与一些体育品牌进行合作,获得相应的资源,对宣传自身的实力以及队员进行运动训练都具有较好的效果。

二、微观方面

(一)结合战术训练与体能训练

从事篮球运动训练时,体能训练是一项系统性较强的训练,只有具有较强的体能基础,才能够更好地适应篮球运动比赛。篮球运动员在进行运动训练时,应将技战术训练与体能训练结合在一起,促进其专项体能素质的提高。

(二)建立多样化的体能训练模式

在篮球运动训练过程中,会遇到各种各样的情况,需要运动员具备多样化的体能训练,对体能训练的内容进行合理的安排。通过不同情况下的体能训练,能够使得运动员适应复杂多变的比赛需求。

(三)不断改进传统体能训练方法

为了提高体能训练的科学性,应该注重篮球体能训练方法的不断改进,促进其科学性的提升。还应注重现代篮球体能训练方法的选用,不断提升其训练的科学性。

(四)建立相关体能训练评价体制

要根据训练对象、训练目的以及训练水平制订标准,把训练内容与训练标准有机结合起来,一般来讲,评价的内容包含身体肌肉的力量,肌体的耐力,速度水平,跳跃能力和各项专项技能,应建立可操作、具体的评价标准。

篮球运动对运动员的体能素质具有较高的要求,体能训练应受到教练员的充分重视。教练员和球员应不断提升训练的强度,培养高水平篮球人才。

第九章　篮球运动心智能力培养实践探索

篮球运动的对抗性强、攻防转换速度快。如此就需要篮球运动员除了具备过硬的技战术素养外，还需要具备出色的心理与智能的对抗能力。因为，从现代篮球运动发展现状看，仅仅凭借技战术层面就妄图压制对手的情况已不多见，顶级的篮球赛事更多地倾向于球员之间的心理与智能的对抗。为此，本章就重点对篮球运动员的心智训练系统以及训练方法进行研究。

第一节　篮球运动员心智系统概述

一、篮球运动员心理训练理论分析

（一）篮球心理训练的概念

篮球心理训练，是针对篮球运动员的各项心理能力的训练，具体为一种有意识、有目的地采用特定的方法和手段，培养篮球运动员从事篮球运动所开展的心理素质训练过程。

（二）篮球心理训练的意义

篮球运动的心理训练是为了使篮球运动适应新时期运动需求所开展的训练内容，至今已经成为许多专业篮球运动队中不可缺少的一项训练。

在现代篮球运动训练的系统中，篮球心理训练已经与技战术训练和体能训练的作用相持平。这些训练内容共同构成了篮球运动训练的体系。

现代篮球运动的发展更加倾向于对抗、速度以及对时空的争夺上，而技战术的水平也已经达到较高水准。在高水平篮球赛事中，双方因争夺造成的冲撞或倒地次数高达 200 次以上。在比赛双方身体、技术、战术水平势均力敌的情况下，胜负往往取决于运动员心理素质水平的高低。而在实际的篮球运动训练当中,对于球员心理素质的训练往往又容易被忽视。

总之,篮球心理训练是现代篮球训练的一个重点,也是当前篮球训练理论研究的一个重要课题。

(三)篮球心理训练的任务

篮球运动心理训练的任务主要为发展、提高和完善球员的心理素质,维持稳定的心理状态,并将其体现在实战比赛中,以保证技战术能力的稳定发挥。其主要体现在以下几个方面。

(1)对篮球运动员的专门化知觉、记忆、想象、思维等心智能力进行改善。

(2)帮助篮球运动员克服不良的运动心理问题,主要针对消极心理和畏惧心理。

(3)提高篮球运动员能在瞬间做出准确的时空判断的能力和有较好的"时机感"。

(4)提高篮球运动员完成技术动作的自控能力。

(5)帮助篮球运动员适应日常的训练,将球员的心理状态调试到与比赛周期相适应的程度。

(6)能够使运动员在日常训练中和紧张的比赛氛围中合理调节和消除自己产生的消极心理影响。

(7)培养篮球运动员良好的意志品质。

(四)篮球心理训练的内容

总的来看,关于篮球运动心理训练的内容主要可以分为两大部分,即一般心理训练和比赛心理训练。

1.一般心理训练

一般心理训练,是一种长时间持续不断的心理教育过程,因此它所开展的时间较长,甚至始终会贯穿球员的日常训练之中。这种训练的目的主要在于提高运动员的个性心理品质,使运动员形成更适应比赛的良好心理状态。

篮球一般心理训练具体包括以下几个方面的内容。

(1)篮球运动参与、训练、比赛等动机培养。

(2)篮球运动自信的提升。

(3)篮球运动思维的发展。

(4)篮球运动所必需的感知觉发展。

(5)篮球运动不良情绪调整。

(6)篮球运动注意力的提高。

(7)篮球运动意志品质的培养与提高。

(8)篮球运动集体心理和团队意识的培养。

2.比赛心理训练

比赛心理训练,是为准备篮球比赛而进行的心理训练内容。比赛心理训练的训练周期较短,具有很强的针对性,它具体包括赛前心理训练、比赛时心理训练、赛后心理调节三部分。

篮球比赛心理训练的目的是使篮球运动员运用自我调节心理状态的方法,在赛前形成最佳心理竞技状态,为在比赛中创造优异比赛成绩奠定心理基础。

篮球比赛心理训练具体包括以下几个方面的内容。

(1)提高篮球运动员竞技动机。

(2)为球员尽快适应比赛环境、氛围等条件做准备。

(3)为加强篮球运动员在比赛中与队友之间的关系方面的良好适应提供帮助。

(4)帮助篮球运动员在比赛周期中调整好生理、心理等的激发、控制和调节训练。

(5)关于比赛时的战术思维模式和思维灵活性训练。

(6)针对篮球比赛中,篮球运动员应对和排除突发事件的心理应激训练。

(7)各种专门的心理状态的调整,心理放松和恢复,消除各种心理障碍以及心理能量的储备等训练。

篮球运动训练是一个科学的过程,其中,一般心理训练和比赛心理训练是相互依赖、互为条件的,二者在具体的训练过程中结合篮球运动员的比赛安排顺序或交叉进行。

二、篮球运动员智能训练理论分析

(一)篮球运动智能的概念

智能,是"智力与能力"的简称,它包括以下两个方面的内容,即智力潜能和智力能力。

智力潜能,是指保证个体有效地进行认识活动的稳定心理特征的结合。

智力潜能主要包含五大内容,即想象力、思维力、观察力、注意力和记忆力。

智力能力,是指保证个体成功地进行某种实践活动的相对稳定的心理特点的结合。智力能力主要包含五大内容,即组织能力、计划能力、创造能力、操作能力和适应能力。

所谓的运动智能,是运动员将运动能力与智力能力相结合的综合表现。而对于篮球运动员来说,篮球运动智能就是运用知识和信息,分析和解决篮球运动训练或比赛中各种实际问题的能力,具体包括观察力、注意力和思维想象力等要素。

(二)篮球智能训练的意义

实际上,人的运动行为并非是简单的身体方面的运动,除此之外,在运动过程中,特别是在现代体育运动项目的参与过程中还需要有运动员智能的参与,球员在场上的斗智斗勇也是比赛精彩纷呈的看点之一。

篮球运动智能是运动员竞技能力的重要体现之一。对于包括篮球运动在内的球类运动来说,通常对球员的运动智能有着较高的要求。运动智能的关键作用在于,它能够使球员在篮球比赛中维持体能和其他技能的高效利用。

篮球智能训练对提高篮球运动员的比赛能力增强运动员在篮球比赛中获胜的概率、促进篮球运动员更好地提高自我综合运动素质具有重要的意义。

其关键点在于,在篮球高水平赛事中,球队双方球员的对抗主要为体能与技战术,在细节上的对抗体现在心理以及团队精神方面。而如果球队中的球员们都具有高超的运动智能,则会使团队配合更加默契,球员之间展现出十足的心有灵犀。

另外,拥有较高运动智能的运动员,可以更加深入地了解与把握运动训练的一般规律与专项规律,即对篮球运动有更深的理解,发现其本质。如此得以与队员、教练员实现更加协调的相互配合,有助于篮球运动员综合运动理论和实践能力的发展。

(三)篮球智能训练的任务

篮球运动员的智能训练的任务主要包括如下几点。

1.提高篮球运动员独立训练能力和参赛能力

提高篮球运动员独立完成训练和参赛的能力,具体应从以下几个方面入手并充分完成。

（1）使篮球运动员掌握科学训练方法。

（2）使篮球运动员了解训练和比赛的目的。

（3）发展篮球运动员的运动感知觉以及战术思维能力。

（4）提高篮球运动员的综合技能水平以及对训练的适应能力。

（5）使篮球运动员养成总结比赛经验的习惯。

2.提高篮球运动员的自我监督能力

篮球运动训练不仅是运动员接受训练，还应该是对训练有一定的自我反思能力和监督能力。这种自我训练监督能力的提升的最大作用在于能够全面、客观、科学地了解自己的实际训练情况，保持运动训练的持续进展和训练效果的持续性获得。

具体要求运动员做到以下两点。

（1）掌握必要的篮球运动相关辅助学科，如运动医学和运动心理学，以此作为开展自我监督的基本能力保障。

（2）理解并配合教练的训练负荷安排工作。

3.提高篮球运动员训练计划制订与修改能力

篮球运动的训练是一项具体的、系统的、科学的技能养成过程。一旦这个训练计划得以确立，就需要在总体上遵循计划中的安排开展训练。不过，运动训练的计划尽管确定，但运动训练本身是一个动态的过程，在这一过程中会因为某些因素的变化而导致训练不能完全严丝合缝地按照计划执行。此时，运动员的良好竞技水平和心理能力等的获得不仅是依靠训练组织者制订的计划，还需要运动员自己也能根据自我训练感觉提出对训练计划的修改意见，以更进一步地提高自我综合运动素质。

具体来说，要求篮球运动员具备一定的训练计划的制订与修改能力应做到以下几点。

（1）使球员首先能够对篮球运动的本质规律与运动技能成长规律有较为深入的了解，并且在此基础上给训练计划的修正提出有参考性的建议。

（2）使球员掌握较为全面的运动相关学科理论基础。运动生理学、运动生物力学和运动心理学等方面的知识。

（3）掌握一定的运动训练相关理论，可以相对客观地评价自我训练成果，并及时修改与完善训练计划。

4.提高运动员运动器械操作能力

在篮球运动训练中会需要使用很多训练设备与器材。因此,运动员也要熟练掌握这些设备和器材的使用方法,而这也是评判一名篮球运动员综合运动能力的标准之一。

运动智能的良好发展有助于篮球运动员提高体育器材的使用能力,完成训练任务,具体要求如下。

(1)运动员首先应了解相关运动设备或器械的用途,掌握基本的摆放、使用以及保养技能。

(2)运动员应充分了解不同运动器械的性能与特点。

(3)运动员应具备在各种训练或比赛需要的情况下对相关设备或器械的调整与矫正能力。

(四)篮球智能训练的内容

智能训练的内容包括运动知识教育和智能因素培养两大部分。具体的篮球运动智能训练内容可以参考表9-1。

表 9-1　篮球智能训练的内容

分类		篮球智能训练具体内容
篮球运动 知识教育	一般运动知识	解剖学、运动生理学、运动生物力学、运动生物化学、运动心理学、运动医学、体育教育学、运动训练学和运动竞赛学等
	专项运动知识	篮球专项技术分析、篮球专项战术分析、篮球专项训练原则、篮球专项运动原理、专门篮球器械使用、篮球专项比赛规则、篮球裁判方法等
篮球运动智能 因素培养	实操能力	学习、掌握和运用运动技术
	适应能力	对身体、技术、战术等方面的训练适应
	观察力	对自身运动行为的感知力和对外界物体运动的感知力
	记忆力	建立运动表象的速度和精确度
	思维力	动作概念的准确性和战术思维的敏捷性、灵活性与创造性等

第二节 篮球运动员心理训练方法设计

一、篮球运动心理构成要素

（一）运动动机

动机（Motivation）是人从事某项活动的内部动力因素或是心理动因，是人从事某项活动的深层次的内部原因。对于人的动机的研究最常见的评判方法为"方向"和"强度"。其中，"方向"是人参与活动的目标选择，即意图要完成的是什么事情；"强度"则是为做某件事的意愿以及愿意为此付出多大努力的程度。

动机的产生一般包括以下两个必要条件。

内部因素——需要。需要是推动个体活动的原动力，当人们的某种需要得不到满足时，自身的平衡状态就会被打破，从而在心理和生理方面引起一定的不适应，为了缓解这种状态，人们会去寻找满足需要的对象，从而产生动机（图9-1）。但是，需要特别指出的是，并不是所有的需要都能转化为动机而引起个体的行为。

图9-1 动机产生过程

外部因素——诱因。诱因是激发动机的各种外部因素，是外界对人们的各种刺激因素，如荣誉、奖金、优惠等。

运动动机的产生通常是需要和诱因两者相互作用的结果，内因是主要因素，外因则是通过内因起作用。

1. 动机的作用

动机的最大作用就在于它是人的行为的引导物，在引导成功后还会继续促使人朝着原定目标进行。

具体表现如下。

（1）始发功能：动机促进行为的实施。对于运动员来说，想要获得教练的称赞、获得队友尊重、获得世人认可，就必须参加刻苦的训练来不断提高自己。

（2）指向或选择功能：运动动机能够激发人们的行为，使其活动向着某一目标前进，并进行不懈努力。在获得运动成绩动机的支配下，运动员会不断加强训练。

（3）维持和调整功能：动机不但能激发人开始某项活动，在活动开始后，还能维持活动的进行。具体来说，运动员在参与某项体育运动的训练过程中，如果运动动机较强，则运动员能够坚持很长时间，并且在遇到困难时，也会想方设法来克服困难完成运动训练；而如果运动员动机较弱或缺乏运动动机，则运动员很容易在遇到一些小的困难时就消极对待训练或放弃训练。

2.动机与运动的关系

运动动机与运动员的活力、坚持等品质都具有密切的关系，其被赋予较高的价值。具有较高运动动机，则运动员能够严格要求自己，积极参加运动训练，约束自身的生活和饮食，不断提升自己。

目前，针对运动动机与运动关系的研究结果主要有以下几种理论，即归因理论、自我效能理论、认知评价理论等，具体分析如下。

（1）归因理论。归因，即对人的行为原因进行的推论过程，是人们常见的一种心理活动。归因理论是关于判断和解释他人或自己的行为结果的原因的一种动机理论，它关注人们的行为发生的原因，并尝试对人的具体行为进行解释。

美国认知心理学家韦纳认为，人们会从能力、心情、运气和任务难度四方面对所接触到的事物和现象进行归因（表9-2）。

表9-2　归因理论划分框架

可控性	控制点			
	内在		外在	
	稳定	不稳定	稳定	不稳定
可控	稳定的努力	不稳定的努力	他人稳定的努力	他人不稳定的努力
不可控	能力	心情	任务难度	运气

利用归因理论分析运动员的运动行为具有重要的理论和现实意义。运动的正确归因，能够激励个体进行训练和学习，进而促进运动员的最终成才。

（2）自我效能理论。自我效能（Self-efficacy），也称为自我能力感，是个体对自己能否完成一项任务所持的信心和期望，也是自我能力的一种判断。

自我效能理论（Self-Efficacy Theory）的提出者班杜拉认为，人的自我效能的形成受到四方面信息的影响，即成功的表现、替代经验、言语说服、情绪唤醒（图9-2）。

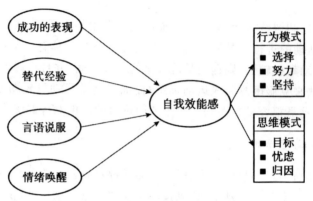

图9-2 自我效能影响因素

在运动训练中，自我效能对运动员的行为和思维都会产生相应的影响，它决定了运动员的训练的自信心，良好的自我效能有助于对运动员实施"我能行"的心理暗示，更有助于促进运动员完成训练任务，进而促进运动能力的发展。

（3）认知评价理论。认知理论认为，人对事物的认识包括感性认识和理性认识，直观性的感性认识是人认识活动的开始，认识的过程是由感性认识上升到理性认识的过程。运动训练是一个认识过程，直观性的感性认识在这一认识过程中起着非常重要的作用，它是运动员掌握动作技能的开始和基础。

认知评价理论注重认知特征对动机的直接影响作用，其为人们动机的激发和培养提供了重要的理论依据，在认知评价理论的指导下，即使是优秀的运动员，其也不应将取胜作为唯一的目标，还应注意通过比赛来促进自我体育素养、体育精神等的提升。

（4）目标设定理论。目标设定理论（Goal-Setting Theory）由洛克（Edwin Locke）提出，该理论认为，挑战性的目标是激励的来源，目标设定具体包括任务定向和自我定向两种，这两种定向直接影响和刺激个体行为。

目标定向会激发人们对任务的直接兴趣，目标的明确度与难度直接决定个人的学习和行为的效果（图9-3）。

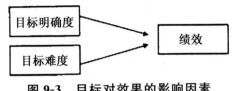

图 9-3　目标对效果的影响因素

对于运动员来说,良好的目标设定,有助于促进运动员在目标指引下通过努力去完成目标。在运动训练中,教练员应注意运动员的科学训练目标的制定与引导。

(二)运动知觉

运动知觉,是指运动员大脑对客体在空间的位置移动及本体运动状态特征的知觉。简单地说,运动知觉实际上就是人对自身和物体在空间位置移动方面的具体感知。

运动知觉对于生活中的普通人来说,其意义远没有以运动项目为专业的运动员那样依赖。运动员面对的是具有较大负荷和激烈竞争的比赛,优秀的成绩和良好的运动感觉都有赖于自身获得一个强大的运动知觉,这也是运动员的核心竞争力的重要内容之一。

运动知觉的获得有一部分是基于运动员天生的知觉感受状况,但决定运动知觉好坏的因素不只是这一点。事实证明,后天经过严格的训练也是可以将运动知觉培养出来,从而对自身和物体运动的方向、快慢、位置等方面进行正确的感知,以服务于包括篮球运动在内的一切体育运动。

篮球运动中,运动员对客体(球、人、场上人与球的关系)的运动知觉主要靠视觉和听觉,而对主体的运动知觉依靠的是动觉、平衡觉乃至触觉。从这些可以看出,对于篮球运动员来说,其专门化的运动知觉是其在长期篮球专项训练和比赛实践中发展与形成的。良好的篮球运动知觉能帮助篮球运动员对场地、球网、球、双方队员的行动与时空特性及客体做出高度敏锐和精确分析的识别与认知,进而做出正确的行为决策。

(三)思维

1.思维的概念

思维(Thought)是一种高级的心理过程,是认识过程的高级阶段,是个体对事物的间接反应。可以简单理解为,思维是人们对事物表象信息的思考与加工,从而对事物得出更深层次的认知。

2.思维与运动的关系

认知心理学研究表明,个体的操作思维能够有效反映肌肉动作和操作对象的相互关系,因此个体对运动技能的掌握以及表现都离不开发达的操作思维。因为思维的存在,个体才能对动作产生正确的认识,并且能够将动作准确完成。

思维的敏捷是优秀运动员应具备的基本心理素质,在运动过程中,运动员思维的敏捷性表现为对面临的问题能够通过多方面的经验和知识,做出迅速、及时的反应。

现代篮球比赛中,比赛场上形势瞬息万变、攻守转换迅速,要求运动员及时做出战术决策。只要"信号"一出现必须立即做出应答,否则就无法应付比赛的复杂情况。面对赛场上的一些突发情况,优秀的竞技运动员往往更能在最短的时间内找到有效的应对措施并将问题解决掉。从心理学角度来说,在问题出现和找出问题应对措施的过程中,优秀球员总是可以更快地打破原有建立的思维联系,找寻到最适合当时比赛局面的新的思维联系。这种迅速的思维活动,就是思维的灵活性和敏捷性的表现。

篮球运动是一个充满创造性和创新性的体育运动,也正是这一点吸引了全球数亿人对篮球的狂热和喜爱,篮球比赛水平越高,对运动员思维应变能力的要求也越高。

(四)意志品质

1.意志的概念

意志力是人自觉地确定目标,并为这一目标的实现主动性地进行自我调节、克服困难的心理过程。在篮球运动中良好意志力的表现主要是为了获得比赛的胜利,个人与队友共同努力,克服困难。

2.意志与运动的关系

意志与运动有着诸多联系,它是人为了实现既定目标而支配自己的行动。具有良好的意志品质是运动比赛获胜的重要保证。

现代竞技运动的竞争和对抗性都较强,在比赛的关键时刻、比赛的最后阶段时,运动员的体力会消耗极大,而这时是对运动员心理素质的极大考验,具有良好意志品质的运动员(运动队)往往更能坚持到最后,赢取胜利。

篮球运动员意志的主要表现在于两个方面,一个是对外部困难的克服,另一个是对内部困难的克服。篮球比赛涉及与对手的对抗以及与自身的对抗。在与对手的对抗中,由于对手实力的不同,可能出现局势对我方有利或者不利的情况发生,如果面临不利局面,就需要运动员有坚强的意志克服这种来自外部的困难。而对内部困难的克服主要是对运动员自我心理不利情绪的克服。但无论是哪种因素,其克服的本质还是为了能在比赛中将自身的能力正常发挥。

(五)注意力

注意(Attention),是心理活动或意识对相应对象的选择、指向和集中。注意能够使人选择与当前任务一致的各种刺激,避开各种干扰刺激,从而保证个体对事物有更加清晰、正确的认识,有更正确的反应和更有序的控制。

注意是伴随心理过程的心理现象,但不属于心理过程。

1.注意方式

注意方式是结合注意的结构维度来提出的,注意包括范围和方向两个维度,在这两个维度下,可将注意分为四种方式(图 9-4),即广阔——外部注意、狭窄——外部注意、广阔——内部注意、狭窄——内部注意。不同的活动所需要的个体的注意方式不同,不同的注意方式可对个体认识事物产生不同的影响结果。

广阔——外部注意:注意范围广阔并指向外部环境的注意。

狭窄——外部注意:注意范围狭窄并指向外部环境的注意。

广阔——内部注意:注意范围广阔并指向内部信息的注意。

狭窄——内部注意:注意范围狭窄并指向内部信息的注意。

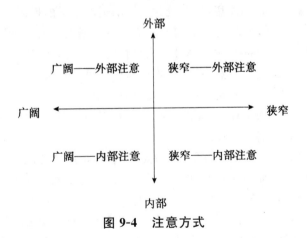

图 9-4　注意方式

2.注意的分类

根据不同的分类方法可以将个体的注意分成不同种类,具体参考表 9-3。

表 9-3　注意分类及内容

分类依据	注意类型	注意内容及其表现
功能	选择性注意	把注意指向于一项或一些任务,忽视与之竞争的任务
	集中性注意	意识不仅指向于一定的刺激,而且还集中于一定的刺激
	分配性注意	关注不同的任务
目的和程度	无意注意	没有预定的目的,不需要意志努力的注意
	有意注意	有预定目的,需要一定努力的注意
	有意后注意	有自觉的目的,但不需要意志努力的注意
表现	外显性注意	直接把感觉器官转向外界刺激来源的动作
	内隐性注意	对几个可能的感觉刺激中的一个产生知觉集中

3.注意与运动的关系

在体育运动中,不同的运动项目需要运动员不同的注意方式,这就造成了其注意的信息、注意的转移、注意的强度、注意的持续时间等方面的不同,从而产生不同的行为影响。

结合不同的注意方式,对注意运动的影响分析如下。

(1)广阔——外部注意:针对较为复杂的运动情景的把握需要该注意方式,如篮球、排球等项目,运动员需要收集来自赛场上的人、球等各种信息。

(2)狭窄——外部注意:针对快速、短暂反应时需要该注意方式。

(3)广阔——内部注意:针对所收集信息的思考并做出反应与预测。如棋类运动员在对弈时,对记忆中的已知棋局的思考。

(4)狭窄——内部注意:敏感地把握身体感觉的注意,如运动员对技术战术的准确运动感觉体验、诊断。

鉴于篮球比赛高耗能(体能)的特点,随着球员的体能流失,其注意力水平也在逐渐走低,而能否高度集中注意力,常常是能否发挥出高水平的关键。可见只有运动员将这种高度集中的注意力保持全场,才能避免在比赛中由于精神不集中而导致的失误。此外,篮球比赛攻守交替很快。因此,要求运动员注意转移能力极强,既能高度集中注意力,又要能迅速转移注意力,时刻根据场上攻守变化改变技战术策略。

(六)情绪

1.情绪的概念

情绪,是个体对各种主观认知经验的通称,是个体多种感觉、思想和行为的综合心理状态。个人的情绪与其个性品质具有密切的关系,同时,个人情绪受外界影响较大,客观环境的变化、他人的评价都有可能导致个体的情绪的波动。

运动情绪,是指与身体的生理活动密切联系的情绪状态。体育运动是消耗体力、脑力并克服内外部困难的紧张劳动。没有充沛情绪的推动,是不能从内部动员肌体力量来完成复杂运动任务的。稳定的情绪是保证运动技术正常实施的重要心理基础。

心理学研究表明,个体的心理会形成一种"吸引力"现象,具体是指人过于思考或关注某项事物时,与之相关的信息会大量的出现,如果一个人非常关注令他开心的事情,则会收到许多积极、愉悦信息;反之则会积累很多消极、负面信息。简言之,一个积极的运动员更容易接收正面的信息,以较好的情绪状态投入到运动训练和比赛中去,而一个消极的运动员更容易关注负面信息,从而消极应对运动训练和比赛。

2.情绪与运动的关系

运动可影响个体的情绪,一次畅快的运动可以给人带来良好的心理体验。运动过程中,运动中枢形成强烈的"优势兴奋灶",这种兴奋的水平较其他方面带来的兴奋要高出许多,进而对其他中枢产生抑制,降低其他兴奋灶的兴奋水平(保护性抑制),因此,运动可以消除心理疲劳和焦虑、烦恼、抑郁、自卑等不良情绪。长期参与体育运动锻炼,能够使人更加自尊、自信。

对于运动员来说,具备良好的运动情绪有助于其以更好的生理和心理状态投入到运动训练和比赛中去,尤其是年轻的、缺乏比赛经验的篮球运动员更容易受外界因素的影响。例如,在篮球比赛中开场不久就获得两球领先的局面,如此就感到比赛顺风顺水,但开场即落后会给正常比赛的发挥带来压力。这种情绪波动的现象,在篮球比赛中非常常见,甚至一两名关键球员的心理受到影响后会"传染"给其他球员。因此,只有在适宜的情绪状态下,技术水平的发挥才能达到最高点。

在篮球运动比赛中,运动员保持充沛而稳定的情绪,是其高水平的发挥体能、技能的重要心理基础。

(七)自信心

1.自信的表现

自信(Confident)是一个心理学概念,具体是指个人相信自己,对自己所知的事情、所做的事情或已做的事情确信不疑。自信心是良好的心理素质的重要组成部分,它决定着一个人的整体个性的全面发展。

运动自信,是特定领域的自信,是运动员能够完成某一任务的信念。运动员良好的自信,表现为相信自己的实力,能够在比赛中始终正视对手,认清自己,对可能面对的困难局面无所畏惧,坚信通过稳定的发挥可以力挽狂澜。

与"自信"相对的是"自卑",自卑的运动员在比赛中往往表现得畏首畏尾,容易出现简单失误和错失良好攻防机会。

2.自信的来源

良好的自信是个体对自我的一种认可,个体建立自信的过程是一个复杂的自我说服过程,这与个体之前的成功经验和对自我的客观认知具有重要的关系。此外,榜样可提供成功的替代经验,提升观察者的运动自信。他人的称赞、自我谈话等都有助于提高个体对自我的充分肯定与自信程度。

但是,需要特别指出的是,自信与盲目自信不同,自信是建立在自我全面、客观认知的基础之上的。

3.自信与运动的关系

对于运动员来讲,拥有良好的自信有助于运动员更加积极地投入到运动训练中去,同时,也有助于运动员在比赛中充分发挥自己的技战术水平。

具体来说,自信是运动员良好的心理品质之一,是促进运动员良好运动表现的重要心理构成要素。

首先,自信是运动员的重要心理技能,是决定运动员成功表现的关键的、具有正向关系的心理技能之一。

其次,自信是区分成功和不成功运动员的最有效的心理因素,一般来说,自信有助于调节焦虑对于运动表现的影响,自信能够增强运动员战胜困难的勇气。自信程度高的运动员更能在比赛中从容应对各种突发情况、更有可能获得成功。

最后,通过判断运动员的自信情况,能够有效预测运动员的运动表现。心理学研究表明,自信的运动员,其认知和情绪以及行为等方面表现得更加积极,从而提升其运动表现。在其他各方面条件相当的情况下,与自信不足和自卑的运动员相比,具有超强的自信心的运动员,往往会有更好的运动表现。

(八)心理相容性和高度的内聚力

强大的内聚力和良好的心理相容性是最大限度地发挥集体力量的重要基础,是运动团体取得比赛胜利的前提。

对于竞技运动而言,个人和团队都应具有这种心理相容性和内聚力,特别是在篮球这种极度依赖团队的运动中。队员纵使是一个个体,但其也是团队中的一个组成部分,每一个队员的活动都在一定程度上影响着整个球队的发挥,如果个体能得到队友的肯定,说明团队的心理相容性较好,这有助于运动员之间形成良好的技战术配合。

篮球运动是一个集体项目,在篮球队内,每一个成员的任何活动都可能影响其他成员,并引起他们的反应。一个篮球队中,如果有 2～3 个人与其他人场上、场下心理不相容,或这几个人和另几个人心理不相容,这个篮球队就会失去集体凝聚力,那么整个篮球队就如同一盘散沙,各自为政,是不可能取胜的。

二、篮球运动员心理素质总体训练方法

(一)表象训练

表象训练实际上是一种偏向于"视觉化"的训练,对于心理素质的训练来说是较常见的一类。

对于参与体育运动训练和比赛的运动员来说,其所关注到的表象是动作技术在运动员头脑当中的反应,即呈现出一种象形化的符号。鉴于此,表象训练所关注的训练点就是运动员有意识地在头脑中再现或完善动作或运动情景的能力,从而使这项训练成为他们建立和巩固正确动作的动力定型、提高运动技能、增强运动自信的过程。

1.表象训练的程序

(1)首先要对表象训练的相关理论基础知识进行介绍,让运动员对此有一个初步的了解。

(2)其次对运动员的表象能力进行测定,以测定结果作为依据对运动员的表象能力进行评分,并据此确定训练任务。

（3）初步开展的基础表象训练。这一阶段的表象训练的重点是提高运动员的感觉觉察能力、表象清晰性和表象控制能力。

（4）更加具有针对性的表象训练。这一阶段的表象训练与篮球运动专项的结合更加紧密。

2.表象训练的实施

（1）基础表象训练的实施。

1）觉察能力训练：利用记忆中的经验，创造出可控形象并对这些形象进行操纵。这个训练有些类似于冥想，具体如闭上眼睛，回忆既定的篮球运动技术动作的整个过程。

2）表象清晰性训练：运动员利用自己所有的感觉体验，生动、真实地进行表象演练。这种训练方式更多的是在技术动作的训练中使用。

3）表象控制力训练：表象控制力训练顾名思义就是重点提升运动员改变、操控和调节表象能力的训练。

（2）针对性表象训练的实施。篮球运动拥有自身的众多专项运动特点，包括技战术、训练规律、组织方式等。所以在制订表象训练时就需要兼顾这些专项特点，甚至还要考虑到不同运动员的个人训练特点，以此来设计与实际更加匹配的表象训练法和程序。

（二）放松训练

运动心理学研究表明，大脑与骨骼肌具有双向的联系，这种联系主要体现在对外界刺激信息的传递方面。肌肉越放松，其接收信息和传递的能力就越低，因而则其向大脑传递的冲动就减少，此时大脑的兴奋性也会降低，连带着心理的紧张也相应减少。因此，这种放松训练最终就使得心理同样得到了放松。对于这种放松训练的常见方法如下。

1.渐进放松法

渐进放松法主要是通过一定方法与程序使练习者获得肌肉部位的放松，这一过程应该呈现出循序渐进的形式，以达到逐渐使心理得到放松的目的。

2.自主放松法

自主放松法是通过他人或自己利用引导语诱发练习者产生某种感觉体验，以放松身心的方法。这个方法与催眠术中的放松引导方法极为相似。

自主放松法包括六种基本练习内容，每一种练习内容都有固定格式的指导语（表9-4），在引导语的暗示下，实现放松。当然这几类引导语并非固定格式,实践中可以略微改变一下语言方式,以使放松的引导效果达到最佳。

表9-4　自主放松练习内容及指导语

练习内容	指导语
沉重感练习	我的……(身体某一部位)很沉重
温暖感练习	我的……(身体某一部位)很温暖
呼吸调控练习	我的呼吸是平和、舒缓的,很慢、很深
心跳调控练习	我的心跳是轻柔、缓慢的
额部调控练习	我的额部是凉爽、舒展的、放松的
腹部调控练习	我的腹部是温暖、舒适的、放松的

(三)暗示训练

暗示训练,是利用语言等刺激物对人的心理施加影响,并进而控制行为的过程。

心理学研究表明,通过语词(第二信号系统)暗示训练,可以调节中枢神经系统的兴奋水平,从而达到调节内部过程(心境、情绪、意志、信心等)的作用。例如,运动员在第四节比赛最后的关键罚球前向自己暗示"这只是一次在平时训练了无数次的罚球,小菜一碟,这种罚球的命中率我一向很高,所以没有问题"。

1.暗示训练的程序

(1)使运动员认可语言暗示对情感、行为可以产生的作用。
(2)发现运动员的消极想法。
(3)了解运动员对这种消极想法的认识程度。
(4)确定积极性引导的暗示语。
(5)实施积极性引导的暗示语。
(6)通过不断重复和定时检查,形成积极、阳光的心态。

2.暗示训练的实施

在运动员深刻理解和认知暗示训练法的基础上,确定积极性引导的暗示语,以此来替代他们的消极想法,不断实施语言暗示,改变运动员心理认知。常见的消极暗示语和积极暗示语见表9-5所示。

表 9-5　积极暗示语与消极暗示语

消极暗示语	积极暗示语
别紧张,别着急	放松,稳住
落后这么久,没戏了	这不是最后的结局,还有机会
千万别遇到对方的紧逼防守	放松,注意观察队友跑动果断传出就没问题
真倒霉,抽到了强劲的小组对手	技术实力才是最重要的,我的稳定性好,爆发力强
这次比赛我发挥不好了	只要我认真做动作,我会赛出水平的
这场球千万别输在我手上	我一定能投进去的
这些观众真讨厌	观众在为我加油,期待我打得更好

(四)模拟训练

模拟训练主要是通过对特殊环境、人、事、物等情境的模拟创造,让训练者尽可能地处在身临其境的环境中而对其产生适应感的训练方式。

模拟训练在体育运动训练领域中已经得到了广泛运用,这种训练方式可以让运动员的心理发展与外界环境发生一定的适应性改变。在这一过程中,运动员在头脑中建立起合理的动力定型结构,从而使运动员的心理在真实比赛中保持一定的平衡。具体的实施过程中,模拟训练应根据篮球专项特点、比赛规则、比赛实际、运动员特点进行针对性地安排模拟对象、模拟内容。例如,使用正式比赛同款的篮球架与篮球筐、相同的场地材质、相同的用球等。具体的可用于篮球模拟训练的内容见表 9-6。

表 9-6　模拟训练分析

模拟对象	模拟内容	训练目的
对手	模拟对手技战术特点	了解对手,增加自信
比赛关键情境	模拟固定比赛情境(如篮球罚球等);模拟动态比赛情境(比分领先、落后、相持等)	克服在关键时刻的紧张情绪,提高心理稳定状态
裁判	裁判的错判、误判和漏判	培养运动员对裁判的尊重、适应裁判的各类判罚;培养运动员注意控制能力

模拟对象	模拟内容	训练目的
观众	观众的鲜明态度和立场(激烈呼喊声和表情)	培养运动员比赛专注性
地理环境	气温、湿度、气压、风力风向等(如高原训练、高温训练)	提高运动员适应不同地理环境的能力
时差	倒时差	提高运动员时差的适应

(五)系统脱敏训练

系统脱敏训练,是一种以渐进方式克服神经症焦虑的心理技能训练。

在篮球运动心理训练中使用到的系统脱敏训练的具体操作程序如下。

(1)建立恐怖或焦虑等级(层次)。此过程应与运动员共同制订。

(2)开展放松训练。放松训练过程可以经由语言或音乐进行引导,以此达到使运动员身心放松的目的。这个训练每次 30 分钟,每天 1 至 2 次,共进行 6～10 次。

(3)在放松的情况下使运动员按某一恐怖或焦虑等级层次进行系统脱敏练习。具体实施的步骤为彻底放松→运动员在指导者的语言指导下想象情境→运动员无法忍耐而出现严重恐惧或其他心理状态→放松训练对抗直到运动员继续忍耐至最终适应。系统脱敏练习每次 30 分钟,每周 1 至 2 次。

三、篮球运动员心理素质具体训练方法

(一)运动动机的激发

篮球运动员的心理动机训练应针对比赛的需要和运动员的个体差异进行操作性调整,除了以激励为基础经常保持稳定的动机之外,还应结合具体比赛任务去增强动机。

篮球运动员的训练和比赛动机激发方法具体如下。

(1)满足乐趣。参与运动训练,运动乐趣性和艰苦性兼而有之,如果运动过程非常枯燥,就会导致运动员失去运动乐趣,导致其运动动机的下降。因此,要合理选择训练内容,科学安排训练时间和负荷,尤其是在训练初期。

(2)满足运动员获得集体归属感的需要。篮球运动属于集体项目,运动

员参与训练渴望得到同伴的认可,在集体当中获得相应的归属感。针对此类运动员,应以集体成员的资格作为激励来激发这一类人的参与热情,通过集体行为规范、目标、荣誉感来激发运动员积极参与训练的动机。

(3)通过强化手段培养动机。强化手段是指对于可接受的行为给予奖励或撤除消极刺激的过程。正确使用强化手段能够很好地激发外部动机,同时有效培养内部动机。强化手段的运用应注意以下几点:奖励有度,不能使运动员感觉被控制;对达到标准的优异表现进行没有规律的强化;促进运动员相互强化。

(4)引导运动员建立正确的体育价值观,树立良好的心态,正确看待运动训练,培养和激发自己参与运动训练热情。

(二)注意力的培养

在运动训练中,只有专注于运动训练,才能够更好、更快地投入到运动之中,从而取得更好的运动训练效果。稳定的注意力是在竞技运动过程中运动员所应具备的重要心理竞技能力。

现代竞技体育运动开放性强,运动员的参赛过程受到多种因素的影响,如对手、观众、教练、裁判等。运动员要做到在比赛中不能为外界因素所干扰,就必须善于排除内外消极干扰,集中注意力投入到比赛中去。

对篮球运动员良好注意力的培养具体方法如下。

(1)秒表练习:注视手表秒针的转动,每天练习,直到能持续注视5分钟而不转移注意。

(2)模拟练习:模拟赛场上可能出现的干扰情况,提高运动员的抗干扰能力。

(3)明确比赛任务:明确当前比赛任务,通过语言暗示自己专注于当前的可控因素,减少对不可控因素的注意。

(三)感知觉的改善

运动要求运动者对外界事物做出迅速准确的感知并加以判断,还要求在复杂多变的条件下做出相应的回应,因此需要运动主体综合运用身体各种感觉器官来感知动作形象、动作要领、肌肉用力程度、动作时空关系等,建立正确完整的动作表象。

篮球运动员感知觉的改善应从以下几个方面做起。

(1)发展运动员的各种记忆、想象、操作思维、战术思维和预测能力。

(2)在念动训练中(又称运动表象训练)学会利用肌肉运动表象的能力。

(3)改善知觉过程,尤其是形成对篮球运动具有重要意义的专门化知觉过程——球感。

(四)自信心的提升

篮球运动员自信心的提升可以通过以下方法来实现。

(1)自我暗示:出现自信的信念动摇时,通过默念"我必须沉着、镇静""我感觉很好""这个动作我能完成好"等来稳定情绪。

(2)自我松弛法:通过放松躯体肌肉来放松紧张心理,如排除杂念,意念集中,做深呼吸,自信地微笑,以及从头部开始放松全身肌肉。

(3)建立乐观的思维定式:采取积极的思维来阻断消极的思想意识,从不良情绪中摆脱出来。

(4)通过创设相应(不利的)的情境,让运动员有机会获得成功的体验来提高自信。

(5)发展各种注意能力,主要包括注意的稳定性、注意的转移和分配能力以及在训练和比赛条件下的心理定向能力。

(6)鼓励法:当运动员出现失误、受到挫折、技术水平停滞不前等情况时,耐心帮其分析原因,找出解决问题办法。对其刻苦努力和良好的表现要给予充分的肯定和鼓励。

(五)思维的强化

思维的强化重点在于改变运动员的既定思维模式,改变运动员思维中不正确的思维方式,促进运动员思维拓展、更具创造性。

篮球运动员的思维强化应建立在运动员学习科学思维方法的基础上进行,具体操作如下。

(1)教授运动员了解主要的、基本的哲学原理,使运动员懂得各种思维方法。

(2)讨论了解对象,接受水平及消化的能力。相互交流认识、体会,相互促进。

(3)训练演示,抛出问题,让运动员思考,然后回答、讲述,必要的情况下进行情境演练。

(六)情绪的调整

对于情绪的调整通常使用合理情绪训练的方法。这个训练的原理是基于 ABC 理论而来的。具体来看,在 ABC 理论模式中,A 指诱发性事件;B 指个体在遇到诱发事件后产生的信念(看法、解释和评价);C 指个体的情绪及行为反应。该理论认为,人的情绪是经历该事件的人的"看法、解释和评价"引起的,通过改变这种"看法、解释和评价",可以改变情绪与行为反应。

在了解完 ABC 理论的基本知识后,可以引申出合理情绪训练的方法具体操作如下。

(1)找出引发运动员紧张情绪的事件,即找到"A"。

(2)分析运动员对诱发事件的看法,即找到"B"。

(3)研究这些看法与当事人异常情绪"C"之间的关系,由此能够分析出当事人认识到的异常情绪产生的原因。

(4)动摇直至摒弃掉运动员不合理情绪。

(5)不合理情绪消除后,运动员的思维更加合理、积极,最终摆脱困扰。此后,还应继续巩固积极因素,以使稳定情绪可以延续更长的时间。

(七)意志品质的优化

篮球运动员良好的意志品质的培养与优化主要是通过帮助运动员建立正确的体育意识、精神和在具体训练实践中不断强化的。

一方面,发展篮球运动员专项运动所需的各种情绪、意志品质,帮助篮球运动员调整心态,以便于其在面对各种训练和比赛情况时,都能熟练地掌握与运用各种心理自我控制、调节的策略、手段,正常发挥技战术水平。

另一方面,通过反复地强化练习与训练。例如,在困难的情况下、艰难的环境中坚持训练,提高运动员在艰苦状态下完成训练和比赛的意志品质。

(八)集体意识的发展

篮球运动员集体意识的发展具体可采用以下方法促进。

(1)确立团体的道德准则:通过建立团队准则,规定队员在团体里的思想和行动。

(2)保持良好的团队情绪:团队的情绪状态是心理气氛的特殊形式。好成绩和胜利能使整个团体都产生一种满足,增强集体信念;失败也同样可以增添力量。但是,这需要分析失败的原因,众志成城、奋力拼搏。

(3)通过说服、疏导及其他方面的工作逐步形成和加强。

(4)在开展运动队的工作时,抓好骨干力量和核心队员的培养。

(5)协调队员之间的关系,重视团队之间的人际沟通,减少团体冲突与竞争。

第三节　篮球运动员智能训练方法设计

一、篮球运动智能构成要素

(一)认知能力

1.认知的概念

实际上,认知与认识两词的意思基本相同,只不过认知的程度更深,可谓是一种对事物更加深层的认识,具体可以指对作用于人的感觉器官的外界事物进行信息加工的过程。

2.认知与运动的关系

认知与运动训练是相互促进的。这主要是因为一旦运动员拥有良好的认知能力,他便可以对外界事物有更加准确的判断,对训练信息的获取也更加敏感,进而可使运动员更加快速和熟练地掌握各种篮球运动技能,并能顺利把握其中的技术重点和战术难点,如此对完成训练任务会有较大的帮助。

另外体现出认知与运动关系的地方在于包括篮球运动在内的运动项目还反作用于运动员的认知提升。这主要是由于运动员在运动过程中必须要对不稳定的事物、多方面的运动信息等做出及时反应、感知和判断,然后根据这些信息调整自己的身心状态,从而更好地完成训练或比赛。这样就使那些长期参与训练的运动员变得灵活、敏锐,充分锻炼人的判断能力、记忆能力和思维能力,由此使他们的认知能力获得提高。

3.篮球运动员的良好认知表现

(1)对抗想象力。篮球运动中运动员的对抗想象力主要是运动员对比赛中双方攻防转换趋势的一种预判。这个能力较强的运动员可以在比赛中提前预判对手的攻防趋势,并就预判结果做出提前准备。

(2)有意记忆程度。记忆是学习技能中较为重要的一项基础技能,这点对于篮球运动技能学习来说也同样重要。良好的记忆能使运动员在更快的时间内将运动技术形成过程过渡到自动化阶段。

(3)攻守思维能力。攻守思维能力会影响篮球运动员在对抗中采取何种应对措施。拥有这种能力可以使运动员在比赛中更容易根据场上形式把握攻防节奏。

(4)战术意识水平。战术意识水平对于篮球运动员来说至关重要。这主要是因为篮球运动的节奏较快,场上形势瞬息万变,如此对于战术运用的要求就很高,而运动员如果能够根据场上的攻守态势自觉选择恰当的战术实施是非常不易的,这就需要依靠战术意识水平。

(5)战术领悟能力。每场比赛的赛前与赛中教练员都会布置大量的战术,然而执行战术的是运动员,所以就需要运动员拥有良好的领悟战术的能力,以便完美达成各种战术意图。

(二)对抗表现力

篮球对抗性强,球员在比赛中经常要进行各种形式的对抗,而全面对抗的能力如何也就表现出了球员竞技水平的高低。总的来看,篮球运动员的对抗表现力主要表现在以下方面。

(1)对制胜规律把握。任何一项体育运动都有其制胜规律,篮球运动也不例外,而要想准确把握篮球运动的制胜规律需要运动员具备较强的思维能力,达到将比赛局面掌控在自己或本方的控制之内的目的。

(2)战术创新能力。篮球运动对球队战术的要求较高,且许多战术的设计极为精妙,体现出了高超的战术美感。然而这些无论是多么精妙的战术,其制订的基础仍旧是几类基本战术。为此,就需要在这些基础之上进行战术创新,使战术变得丰富起来。篮球战术的创新要随着比赛条件与时机的不同而灵活改变。

(3)技战术运用能力。技战术最终是要在比赛中运用出来的,而不仅仅是在理论中学习和训练中的演练。比赛中的环境充满了变数,对抗强度也更大,在这种环境下能否将技战术运用出来就需要依靠技战术的实战运用能力了。篮球运动员只有正确运用各种技战术、创造性地运用各种技战术,才能稳定发挥、出奇制胜。

(三)临场反应能力

篮球比赛中的局面是多变的,比赛中会出现很多出乎预料的情况,再细致的计划,再充分的准备都不能将各种问题涵盖其中,而在这种情况还能稳定住局势,就需要依赖于运动员的临场反应能力。这个能力也是篮球运动员心智能力的重要内容。

篮球运动员的临场反应能力主要包括以下几个方面的内容。

(1)先天反应能力。临场反应的能力与运动员的先天反应能力有着直接关系,不过尽管先天反应能力稍弱的运动员也可以通过后天的专业化训练提升反应能力。

(2)重点动作记忆能力。这种能力着重表现在能够迅速记住动作中的关键点,如此有利于运动员更好地掌握正确的动作,并能在激烈的对抗中还能将动作稳定做出。

(3)对对手行为的预判能力。这种能力的形成往往在技战术养成过程的最后一个阶段,即自动化阶段后才会出现,并且随着运动员参加训练和比赛的经历越发丰富,就越发使这种预判能力得到提升,以期能够先于对手对下一步行为做出反应,占得竞技的先机。

(四)解决攻守能力

攻守能力的提升主要依赖于运动员的观察能力与对场上形势的分析能力。

(1)观察能力。观察能力主要包括三个部分,即对对手技战术特点的观察;对对手习惯的跑动路线的观察;对对手内心活动的观察。如果能够在比赛中将上述三点观察准确,则基本能掌握对手的特点与比赛方式,进而获得比赛的主动权。

(2)分析能力。所谓的分析能力主要是对篮球比赛规律、对手特点、战术风格等的分析,包括赛前对对手的研究分析,以及赛中根据场上形势的临场分析。充分了解这些内容,有助于技战术的针对性实施。

二、运动智能训练常用方法

在现代篮球的智能训练中常用的方法如下。

(一)基础知识掌握法

(1)重视对篮球运动员基础理论知识的传授,如运动的基本概念和基本原理的讲解,与篮球运动紧密相关的科学原理等,以促进篮球运动员思维能力、知识运用能力的提高。

(2)采用多种教学方法,引导篮球运动员学会运用分析、比较、综合、概括、判断、推理等思维形式来认识和解决问题,发展其综合智力水平。

(3)理论联系实际,教练员使用多种教学或训练手段,使运动员在学习中获得更加直观的知识表象,并且与实际技能相关联,以此提高运动的实战能力与应用能力。

(二)专项理论强化法

(1)对运动员进行与篮球运动相关的其他学科的理论知识和实际技能的培养,这些学科主要包括运动心理学、运动医学、运动生物力学等。以此使运动员通过学习这些相关学科来达到发展运动员思维,提高其专项理论知识储备的能力的目的,进而促进整体运动水平的提高。

(2)培养运动员对篮球场地、比赛所需使用的器材、设备的使用能力,需要培养他们对运动规则以及裁判方法知识的学习,提高运动员在训练和比赛中对这些知识的合理、灵活运用。

(3)重视篮球运动员对训练计划、自我训练监督等知识的掌握,以期能够使运动员在训练中能够给予更多的主观能动性。

(三)实战经验积累法

(1)教练员的作用非常重要,他不仅要在日常的训练中予以技战术方面的指导,另外还需要在比赛过程中做好场外指挥工作。因此,教练员就要善于引导运动员认识运动训练的本质和规律,启发运动员对篮球运动的各种思考,并在实战中鼓励运动员,赛后启发他们对比赛中得失的衡量,以此实现对比赛经验的积累,进而提升篮球运动智能。

(2)教练员要注意培养运动员对训练计划与安排的主观参与感,使运动员意识到训练组织并不仅仅是教练员的工作,自己也是运动训练的参与者与制订者,以此来提高他们的分析、思维、统筹等能力。

(3)在模拟比赛中获得实战经验的训练,使运动员能够更好地将理论与实践联系起来,促进他们的理论指导实践能力以及适应力的提高。

三、运动智能具体训练方法

通过前文可以了解到篮球运动员的智能表现可以在多方面中体现,其中有很多因素与心理相关,如记忆,思维等。这些也可以看作是对篮球运动员的智力水平及其发展的重要影响因素,进而就说明了对于篮球运动员的智力因素、非智力因素等都会成为决定运动员的智力水平影响因素。

鉴于此,在制订篮球运动员运动智力的发展与训练方法就需要从这两方面着手设计。篮球运动智力训练的常用方法具体可参考表9-7。

表 9-7 主要运动智能构成(影响)要素训练方法

智能要素	训练方法
观察力	经常布置观察任务、传授观察方法,培养运动员的观察习惯
记忆力	经常布置记忆任务,复述、回忆记忆材料,促进运动员掌握记忆方法、强化记忆内容
思维、想象力	进行专项训练,对比赛进行预测,对赛场信息进行整理、加工,对运动技术进行评述等

第十章 篮球运动游戏教学
训练实践探索

在现代篮球教学中,游戏教学法的使用已经较为普遍了。之所以这种教学方法受到青睐,主要是与其具备的娱乐性、休闲性和教学性等特点有关。因此,为了组织好篮球游戏教学,就需要对其设计和开展理论进行分析,并且还要掌握教学组织与管理的方法。

第一节 篮球游戏的基本理论

一、篮球游戏的概念

篮球游戏,是指以篮球和篮球场为主要道具和场所,有特定目标和任务并在一定规则制约下组织的篮球教学活动形式。

篮球游戏具有形式多样、组织便捷、轻松愉快的特点。此外,它还带有一定的竞争元素,可以分出游戏的胜负,这无疑与篮球运动的竞技本质相吻合。由此可见,篮球游戏教学对发展运动者的全面篮球技能有一定的帮助。不仅如此,它还是培养运动者良好篮球手感以及准备活动或放松活动的好选择。

通常篮球游戏的开展为团队进行,一般不少于两三人。除了能在篮球技能领域有所帮助外,它还能培养参与者的集体主义精神、勇敢顽强的斗志、细致的洞察力以及复杂的篮球意识的养成。这些"软硬件"能力都会对日后运动者篮球能力的提升带来帮助。

二、篮球游戏的特点

篮球游戏实际上是将游戏的方式与篮球运动相关技能相结合而来的。因此,它融合了游戏与运动学练的诸多特点。除此之外,篮球游戏还具有一些专属于它自身的特点。

(一)目的性

篮球游戏在进行过程中会让参与者感到快乐和放松,由此可能会忽视篮球游戏的目的性特点。实际上,篮球的组织是带有十足目的性的,它并非是单纯的游戏活动,而是在游戏中包含有训练或教学的成分。由此才使得对篮球游戏可以根据技术的不同而作为划分依据,如投篮类游戏、运球类游戏等。

当然,篮球游戏还有一种目的,那就是充当运动负荷的调节环节,如经常会将篮球游戏作为准备活动和放松活动的内容,以及在进行了大运动量训练后,安排一些篮球游戏以调整球员的体能状态。

(二)趣味性

既然是游戏,就必定带有趣味性的特点。运动者之所以喜欢参与篮球游戏,也是与此特点有很大关系。在篮球游戏中,人们能放松身心、充分感受篮球带来的快乐,对紧张严肃的训练环节是一种非常良好的氛围调节。

游戏的过程千差万别,每次游戏都有不同的情况发生,这种随机和偶然更加使游戏充满乐趣,大大满足了人们情绪、情感上的需求,产生愉快的情绪体验。

(三)灵活性

篮球游戏的灵活性体现在游戏的组织、场地、器材等方面。鉴于这种灵活性,使得篮球游戏在任何情况的篮球教学中都拥有良好的适应性。篮球游戏灵活性的具体表现如下。

(1)既然是游戏,就没有篮球运动规则中那样严苛的规则。但游戏也有游戏的规则,只是游戏规则要更加简明扼要、简单可行,具有十足的可操作性。篮球游戏的规则可根据篮球游戏的目的,对活动的路线作不同限制,能产生不同的游戏效果。

(2)篮球游戏中的动作,可以根据参加者的具体情况和不同要求作相应变化,可以是正常的跑、跳、投;也可以是变异的各种跑、跳、投;可以提出严格的动作规范,也可以淡化动作规范等。

(3)篮球游戏中的场地设置与游戏路线都可以根据不同需要做出变动,如运球跑的路线可以是直线,也可以是绕桩的曲线以及折返等。

(四)竞争性

既然作为游戏,就一定也有胜负之分,这就是篮球游戏的竞争性特点。篮球游戏中的竞争性可以在体能、技能与智力三方面中体现,亦或是比拼团队的协作能力或应变能力等。除此之外,篮球游戏还可以使弱者有机会成为获胜的一方,这也给实力强的一方提出新的挑战,必须充分创新思维积极思考游戏规则等内容,把握游戏的本质,取得胜利。而这些应变思维正是篮球运动中所需要的。因此,篮球游戏不仅能提高参与者的活动能力,还能培养创造性思维。

三、篮球游戏的训练任务与要求

(一)篮球游戏的训练任务

篮球游戏不仅作为一项游戏在准备活动和放松活动之中出现,它更作为一种训练方式存在。既然作为一种训练方式,就必定有它的训练任务,这些任务主要如下。

(1)培养球员对篮球运动的兴趣以及对篮球魅力的探寻。

(2)培养对篮球运动的正确感知觉。

(3)调动球员的身体状态到运动模式下。

(4)缓解运动性疲劳。

(5)提升球员的感觉器官和机能的敏感性、稳定性与思维能力。

(二)篮球游戏的训练要求

篮球游戏在学校篮球教学和专业篮球训练中已经较为普遍地获得了应用,要想将其开展的效果展现出来,在应用过程中还应注意以下几方面的要求。

1.满足篮球教学训练的需要

在制订篮球游戏教学计划时,要考虑到游戏内容和方式之于球员的适应性。所谓的适应性主要是考虑到球员的年龄、经历的篮球训练年份、身心状态等等。与此同时,还不能忽视篮球游戏对篮球训练的辅助作用,使游戏紧密配合篮球教学的任务。一般来说,篮球游戏的设计难度不应超过正规的篮球教学内容,否则容易分散球员的学习注意力,对正式教学内容的教学效果的获得产生负面影响。

2.提高球员思维能力水平

篮球游戏的过程变化莫测,每次游戏都是不一样的。为此,要想获得游戏的胜利就需要在过程中勤于思考、发散思维、提高认识能力。篮球教练在游戏开展的过程中需要引导球员做到这点,激励他们多动脑,给予他们对篮球运动的启发,如此就会使球员在参加游戏的潜移默化过程中逐渐获得阅读比赛和判断局势的能力。

3.加强球员的思想品德教育

篮球运动是一项团队项目,这就决定了每个人在队伍中都要做好自己的职责,为团队的胜利奉献自己的技战术特点,甚至在必要时要做出一定的牺牲。因此,篮球运动对球员的思想品德可以起到很好的教育作用,特别是坚韧不拔、努力争胜、团队至上等品质。

在篮球游戏中,几乎很多情形都与篮球比赛类似,很多游戏也需要团队默契配合才能取胜。由此球员在游戏中就可以逐渐培养彼此之间的了解与默契,加强集体观念。教练在篮球游戏教学中要注重对球员思想意识上的引导,要成为球员的良师益友,平等对待每名球员,首先做好高尚思想品德的榜样。

第二节　篮球游戏的组织与管理方法

一、篮球游戏的组织

(一)导学

导学环节通常是篮球游戏组织的第一环节。其目的在于通过教练的讲解,使球员了解即将开始的篮球游戏的开展目的和预期的效果。在导学环节中,为了更加直观地向球员展示游戏过程和方法,教练员除了语言讲授外,还可以亲自示范,并且为了使讲解更加富有启发性,还可以在游戏开始之前对球员提问,让他们带着有针对性的问题参与游戏。

(二)教练员讲解、示范

教练员对篮球游戏的讲解与示范的主要内容包括游戏的名称、开展方法、游戏规则、奖惩规定等。这一过程中应该注意讲解的语言到位、声音洪亮,对球员提出的问题耐心解答。示范时要注意师生之间的相对位置关系,以确保每名球员都能清晰地看到示范。

(三)游戏活动组织

当球员了解了篮球游戏的具体内容和方法规则之后,进行分组练习,开展游戏,教练员对球员在游戏中的表现做出及时地点评,并注意游戏过程中保障球员的安全。

(四)游戏总结

多角度、多层面地对篮球游戏教学进行总结。为此,教练员需要在游戏过程中特别观察每名球员的表现,获得来自球员的游戏体验反馈信息,以此作为改进篮球游戏的依据。

二、篮球游戏的管理

(一)篮球游戏环境的管理

1.环境安静,不影响上课

篮球游戏环境的管理包括对篮球场地内部的管理和对场地周围的管理。在篮球场地内组织游戏,要确保无关人员不得在场地逗留和观望,以免分散球员的注意力。

2.环境优雅,卫生整洁

篮球游戏的教学环境应与正常篮球教学一致,所使用的场地也要保持干净整洁,游戏中使用的特殊器材也应如此。

(二)篮球游戏场地的管理

篮球运动场地的材质常见的有木地板和橡胶垫地。在这两种材质的场地中开展篮球游戏需要注意以下几点。

(1)场地内的固定器材未经特别允许,不得擅自移动。

(2)禁止在场地内进食。

(3)严禁在场内泼水、吸烟、吐痰、便溺。

(4)严禁在场内放置与篮球游戏无关的重物,对于在场内布置游戏场景,应采用抬起的方式移动,禁止拖拉物体。

(三)篮球游戏器材管理

(1)篮球运动器材主要有场地设施和运动器材构成。场地应保持地面平整、整洁,篮球架要确保稳固,球筐与篮板要确保结实,无多与的框量活动。

(2)在教学过程中要培养球员爱护器材的意识,教学训练结束后组织球员收回器材。器材室管理人员要在收纳器材后进行点验,确保与借出内容和数量完全一致后予以记录,对于出现坏损的器材更要做出特别登记。

(四)篮球游戏安全管理

篮球游戏尽管强度较小且具有较多的娱乐性,因此往往容易使参与者忽视对安全方面的管理。但由于参与游戏时球员往往都是在冷身状态下进行的,而此时如果不对安全给予重视,也仍旧会有运动性损伤发生的概率。

(1)在组织篮球游戏教学时要做到周密与严谨。组织方式的严谨可以有效避免球员在游戏过程中发生意外事故。

(2)如不幸发生意外事故,教练应首先做出应急处理,并留意事故发生的相关信息,如事故发生的时间、地点、大体经过、后续处理情况等。

(3)如果出现意外事故,对于伤势较轻者,应进行相应处理后观察情况,并送往医务室进行进一步检查。

(4)如果出现意外事故,对于伤势较重者,应第一时间进行正确的处理,然后立刻送往医院接受进一步治疗,并力争在第一时间通知伤者家属及上报上级部门。

第三节　常见篮球游戏的组织方法

一、传接球类游戏

传、接球是篮球运动的重要进攻技术。全面熟练地掌握传接球技术,才能把全队联成一个整体,充分发挥集体的力量,进而争得比赛的主动权。

传接球技术是与篮球运动同时出现的最早技术之一,经过一百多年的发展,其动作方式、种类之多可列篮球运动技术之首,大体上可包括五大类四十多种。但无论是哪一种方式,传球的动作过程都是由传球动作方法、球的飞行路线、球的落点三者所组成;接球则是由准备接球、接球、接球后的动作三个环节所组成。传接球的技术运用效果的好坏,主要表现在激烈对抗中能否及时、快速、隐蔽的传球到位,能否及时摆脱防守接到球并保护好球并迅速衔接下一进攻动作。要做到这一点,关键在于传球时前臂、手腕、手指的力量和动作的技巧,接球时上步卡位,伸手迎球动作和接球后迅速保护球,及时衔接下一进攻动作的强烈意识。此外,还涉及视野的扩大,意图的隐蔽以及能否与运球、突破、投篮等其他技术动作紧密结合等不可忽视的因素。

比赛的实践证明,传接球技术掌握及其运用的水平高低,不仅直接影响球队的战术质量和比赛胜负,更重要的是反映了球队队员的球场作风、篮球意识、整体观念以及协作精神,而这正是构成众多教练员在进行教学训练时,明确要求球队队员不断提高传接球技术及其运用质量,做到"能传决不运"的重要原则,而这也同样是组织传接球游戏所要达到的根本目的。

(一)"两人传两球"游戏

(1)"两人传两球"游戏的目的。使球员熟练各种传接球技术,提高手对球的控制能力。

(2)"两人传两球"游戏的场地器材。篮球场1个或平整的空地1块,每人1个篮球。

(3)"两人传两球"游戏的方法。球员两人一组,各手持一个篮球相对而立,两人同时依规定的传球方式把球传给对方,双方在传球出手的同时即准备接住对方的来球,直至规定的时间,计算各组连续传球的次数,次数多者为胜。

(4)"两人传两球"游戏的规则。

1)传接球次数计算是从其中一个开始,以"一传一接"为一次。

2)传接球失误时,前所计的次数不算,重新开始重头再计。

(5)"两人传两球"游戏的建议。

可根据球员的传接球掌握情况决定传球方式,包括如下几点。

1)一人传双手头上传球,另一人传双手胸前传球。

2)两人都用双手胸前传球。

3)一人用双手胸前传球,另一人用双手反弹传球。

4)两人都用单手体侧传球,或单手低手传球,或原地推拨传球,或单手体侧传球。

(二)"两人传三球"游戏

(1)"两人传三球"游戏的目的。提高球员的快速反应和手对球的控制能力。

(2)"两人传三球"游戏的场地器材。篮球场1个,每两人3个篮球。

(3)"两人传三球"游戏的方法。把球员分为两人一组,相距4~5米,面对面站立。两人用三个球做原地的单手体侧传接球,要让球不停运转直到规定时间到,累加其传球次数,次数多的组为胜。

(4)"两人传三球"游戏的规则。

1)计算传球次数以开始手持两球的队员传球次数为准。

2)三个球要始终保持运转,不能有明显停顿。

3)传球失误时从失误处继续累加下去。

(5)"两人传三球"游戏的建议

1)此游戏适用于有一定技术水平的队友进行;传接球技术动作尚未规范时不宜采用。

2)可根据球的数量,几个组同时开始或一个一个组进行。

(三)"三人传四球"游戏

(1)"三人传四球"游戏的目的。强化传球出手速度,并要有余光观察的能力。

(2)"三人传四球"游戏的场地器材。篮球场1个,篮球若干个。

(3)"三人传四球"游戏的方法。队员按三人一组组成三角形分散站于场内,彼此相距5米,一人拿两个球,另两人各拿一球。游戏开始,按逆时针方向拿两球的人先传出一球,并立即传出第二个球。同时,第二和第三个人分别传出手中球,三人都要传球一出手立即接同伴的传球并迅速再传球出手。如此使四个球在三人手中不停传接,在规定时间内传接失误少者为胜。

(4)"三人传四球"游戏的规则。按竞赛规则进行。

(四)"对墙传球"游戏

(1)"对墙传球"游戏的目的。提高传球的速度和准确性。

(2)"对墙传球"游戏的场地器材。平整的墙面,篮球若干个。

(3)"对墙传球"游戏的方法。在离墙4米左右画一标志线,队员呈连横排站立在标志线后,前排持球。墙上画出一边长为30厘米的正方形,游戏开始,每人用事先规定的传球方法连续对墙传球,每人传球20~30次,如传在方块内算得1分。在规定的传球次数中看谁传在方块的球最多,多的为胜,站在后排的队员担任裁判,数出传准的次数。做完后,前后排交换,游戏继续开始。

(4)"对墙传球"游戏的规则。脚不许踩标志线。

(5)"对墙传球"游戏的建议。传球的距离可根据实际情况而调整,传球方式可改变。

(五)"传球脱险"游戏

(1)"传球脱险"游戏的目的。培养灵敏素质,提高传球速度。

(2)"传球脱险"游戏的场地器材。篮球若干个。

(3)"传球脱险"游戏的方法。把全班球员按 8~10 人进行分组,每组手拉手面向里围成一个圆圈,并选一人站在圈外。游戏开始,圆圈上人互相做传球练习。圈外人则随球移动,看准时机,在某一人接到球但还未传出之前,用手击他肩膀,击倒后两人交换位置,游戏继续进行,圈上人应尽量快速地将球传出去,使球在手中停留的时间极短,以防被圈外人击倒。

(4)"传球脱险"游戏的规则。

1)传球失误、球脱手落地均为犯规,应与圈外人交换;

2)圈外人必须击倒球正在手中者才算有效,在球已出手或尚未接到球时击拍无效。

(5)"传球脱险"游戏的建议。可增加圈外人数,也可增加篮球数。

(六)"转身传球"游戏

(1)"转身传球"游戏的目的。培养灵敏素质,提高传球能力和脚步移动的协调性。

(2)"转身传球"游戏的场地器材。在场地上画长 20~30 米,宽 5~8 米的长方形若干个。

(3)"转身传球"游戏的方法。游戏者每三人一组,一块长方形场地。游戏开始,甲乙两人先在两端掷地滚球,丙在场内接球。先由甲掷,丙跑上接球后,转身传给乙,并就地做好接球准备,乙接球后又掷出地滚球,丙跑上接球传给甲,连续做 10~20 次后,轮换练习。

(4)"转身传球"游戏的规则。

1)掷出的地滚球可在长方形内任意位置。

2)接球人应跑上接地滚球,转身传出的球要准确,若传球失误则受罚。

(5)"转身传球"游戏的建议。根据对象和天气状况掌握运动量。

(七)"坐地传接球比赛"游戏

(1)"坐地传接球比赛"游戏的目的。帮助球员熟练双手传接球技术,发展其上肢力量。

(2)"坐地传接球比赛"游戏的场地器材。篮球场1个或平整的空地1块,两人1个篮球。

(3)"坐地传接球比赛"游戏的方法。球员两人一组手持一球,相对伸直腿坐于地上,两人的双脚脚掌相抵。游戏开始,两人以规定传、接球方式坐在地上连续对传,直到传完规定的次数,先传完的组为胜。

(4)"坐地传接球比赛"游戏的规则。

1)次数的计算以其中一人"一传一接"为一次计。

2)传接球失误,重新开始,以前所传次数累计。

3)在整个传球过程中,两人必须始终伸直腿坐地上,否则犯规,判其重新坐好后再从头计算次数,在此前的次数取消。

(5)"坐地传接球比赛"游戏的建议。

1)可改为仰卧起坐传球比赛。

2)可改为先计算个人成绩,再计算全队成绩的方法。

3)可改为在规定时间内计算各组累加次数的方法,累加次数多的组为胜。

4)可以双手传、接球方式(如双手胸前传球、双手头上传球等)为规定方式。

(八)"交叉步对传比多"游戏

(1)"交叉步对传比多"游戏的目的。球员在快速移动中熟练双手胸前传接球技术,提高移动中传接球时的手脚协调性。

(2)"交叉步对传比多"游戏的场地器材。篮球场1个,两人1个篮球。

(3)"交叉步对传比多"游戏的方法。两脚左右开立与肩同宽,向右交叉时,左脚经提前跨步落右脚的右侧,同时右脚向右迈一步成原姿势站立;向左交叉步的动作相同,方向相反。游戏开始,甲、乙两人约定甲持球原地不动,乙先做交叉步移动;乙向右做交叉一步移动时,在他的右脚落地的同时,甲传出的球到乙的手中,在原地把球传回给甲,同时做向左的交叉步移动,在他的左脚落地的同时,甲传出的球到乙的手中,乙再次把球传回给甲。如此循环下去,在规定的时间内比赛交叉步传接球次数的多少,多者为胜。传球方法以双手胸前传接球的方式为宜。

（4）"交叉步对传比多"游戏的规则。

1）必须按规定步法和传、接球方法进行比赛，否则无效。

2）计算次数以移动者的一传一接为一次计算。

3）传接球失误，从失误处重新再计算。

（5）"交叉步对传比多"游戏的建议。

1）可改为规定传接球次数，先完成的为胜。

2）可改为以先计算全队中个人（或组）胜负次数，胜者得 1 分，然后把个人（或组）的得分累加，得分多的队名次列前。

二、运球类游戏

在篮球技术中，运球是最基本的技术之一，也是篮球比赛中运用时间最长的技术。因此要想打好篮球，必须很好地掌握篮球的基本技术。然而在实际教学中如果按部就班地进行运球技术教学，有的球员就会因为运球的枯燥而降低对篮球的兴趣，特别是女生。而有的球员则因运球没学好就急着想打比赛，导致了活动效果很差。在教学中适当使用运球游戏进行教学，可以使球员产生浓厚的兴趣，从而获得更好的教学效果。

运用游戏形式进行运球和持球突破技术的教学训练，其目的是让球员在游戏中掌握运球和突破的基本技术，培养其勇猛、顽强、果断的作风，提高其运用运球和突破技术的意识，使他们学会判断和掌握运球或突破时机，扩大视野，在提高个人实力的同时，提高球队的整体实力。

（一）"对抗出局"游戏

（1）"对抗出局"的游戏的目的。提高球员对抗时的运球能力。

（2）"对抗出局"的场地器材。依人数的多少在场地内画几个与中圈等大的圆，篮球若干个。

（3）"对抗出局"的方法。依队员的对抗能力分为每两人一组，在一圆圈内各运一球，游戏开始，在控制好自己的球的情况下，两队员用肩膀互相挤推，力争把对方挤出圆圈，在规定的时间内，将对方挤出圆圈次数多的同学为胜，另一人受罚。

（4）"对抗出局"的规则。

1）只能用肩膀挤推，不能用手。

2）对抗过程中，若队员运球失控，判出圆圈一次。

（5）"对抗出局"的建议。分组时，要按能力均等的原则。

(二)"运球绕人"游戏

(1)"运球绕人"游戏的目的。提高运球跑动能力,活跃课堂气氛。

(2)"运球绕人"游戏的场地器材。一个半场,篮球若干个。

(3)"运球绕人"游戏的方法。将球员分为人数相等的两组,两组间隔约5米面向站立,其中一组持球。游戏开始,持球同学运球跑向自己对面的同学,绕过该同学后运球回到自己原来的位置,将球传给对面的同学,绕过该同学后运球回到自己原来的位置,将球传给对面的同学,游戏重新开始,每一轮比赛最后回到原位置的同学判输,几轮比赛后被判的同学集体受罚。

(4)"运球绕人"游戏的规则。启动时不能向前抛球,运球不能走跑。

(三)"运球攻守"游戏

(1)"运球攻守"游戏的目的。培养球员抬头运球习惯,培养灵敏素质。

(2)"运球攻守"游戏的场地器材。篮球场1个,篮球若干个,粉笔。

(3)"运球攻守"游戏的方法。把队员分成人数相等的3～4组,各组首尾相接站成半个球场大小的圆,面对圆心。游戏开始,各组排头两名或3名球员在圈内各一手持球,一手拿粉笔头,听教练员哨音在圈内任一点开始运球,每个球员力争在运球的同时在另一球员背部画一痕迹。游戏者只攻不守。背部出现痕迹者退出游戏。第一退出者得1分,第二退出者得2分,以此类推,只剩一人时游戏结束,该球员为优胜者,得分最高。一轮结束计算各组得分后按次序进行下一轮。每人进行一次后,累计各组部分,按总分多少排出各组名次。

(4)"运球攻守"游戏的规则。运球不得出圈,只准在运球的同时进攻,画在背部有效。

(5)"运球攻守"游戏的建议。此游戏能提高球员变向、变速运球及用手感控制削球的能力,可在半场内进行。

(四)"穿跃丛林"游戏

(1)"穿跃丛林"游戏的目的。巩固球员已学的各种运球突破技术,提高在快速运球中的控球能力。

(2)"穿跃丛林"游戏的场地器材。篮球场1个,篮球若干个。

(3)"穿跃丛林"游戏的方法。把球员分为人数相等的几组,每组5人左右为宜,前后间隔约1.5米,每组排头持球面向本组队员。游戏开始,各组持球队员用跳步急停后交叉步突破的方式依次突破本组队员,到队尾后用地滚球方式把球传到排头,自己与前一位同学间隔1.5米站立,以此类推,各组同学轮一遍,先做完的组为胜。

(4)"穿跃丛林"游戏的规则。突破时走步的同学判为重做。

(5)"穿跃丛林"游戏的建议。突破方式可改为急停后同侧步突破、运球后转身突破、提前变向突破等。

(五)"持球突破投篮"游戏

(1)"持球突破投篮"游戏的目的。提高球员突破和投篮动作的衔接能力。

(2)"持球突破投篮"游戏的场地器材。篮球场 1 个,篮球 2 个,标志杆 2 个。

(3)"持球突破投篮"游戏的方法。在两个半球 45°的 3 分线上各放一个标志杆,标志杆前 1 米处画一横线,把球员分为人数相等的两组成纵队站于标志杆后,各组排头持球。游戏开始,排头做交叉步突破至横线跳起投篮,投中后(不中要补中)自己抢篮板球传给本组第二位同学,以此类推,先做完的组为胜。

(4)"持球突破投篮"游戏的规则。必须使用规定的突破动作。

(六)"运球相互拍打"游戏

(1)"运球相互拍打"游戏的目的。帮助球员熟悉球性,提高控制支配和保护球能力。

(2)"运球相互拍打"游戏的场地器材。篮球场 1 个,每人 1 个篮球。

(3)"运球相互拍打"游戏的方法。全体球员人手一球分散于半场(或 3 分线以内)内,自己运球并随时伸手拍打周围同伴的球,同时注意保护好自己的球不被别的同伴拍打。凡拍打到同伴球的球员得一分,持续 3～5 分钟后统计个人得分,分数多者获胜。

(4)"运球相互拍打"游戏的规则。

1)只准在规定区域内相互拍打,否则算自动退出比赛。

2)拍打到同伴的球一次得 1 分,被同伴拍打到一次失 1 分;统计时把得分减去失分即为个人得分。

(5)"运球相互拍打"游戏的建议。

1)可进行几个 3～5 分钟,以提高游戏难度。

2)可在计算个人得分同时计算全队得分,全队得分高者获胜。

3)可用每局淘汰最后 3 或 5 个得分最低的队员的方法,以增加游戏的竞争性。

(七)"救球"游戏

(1)"救球"游戏的目的。发展球员手指、手腕按球的能力。

(2)"救球"游戏的场地器材。篮球场 1 个,每人 1 个篮球。

(3)"救球"游戏的方法。把球员分成人数相等的两队成横排相对而立,每人面前放一个篮球。游戏开始,两排球员同时下蹲用最快速度把放在地上的"死"球拍"活"成原地高球姿势站立,在规定时间内站起来的人数多的队为胜。

(4)"救球"游戏的规则。

1)只能用手、手腕的力量快速拍按球,使球变"活",不得把球拿起来。

2)同队队员间已把球拍"活"的队员不得去帮未把球拍"活"的同伴把球拍"活"。

3)不得以任何方式干扰对方拍"活"球。

4)违反上述规定者为犯规,凡犯规者罚其把球连续拍"活"三次后才计成绩。

(5)"救球"游戏的建议。如果参加游戏的人数多或无法做到每人一个篮球,可把参加游戏的人分成若干个小组,每个组的人数与现有的球数相同,采用淘汰的方法进行对抗。

(八)"运球追逐"游戏

(1)"运球追逐"游戏的目的。提高球员行进间运球技术,发展其运球的手、脚、眼的协调能力。

(2)"运球追逐"游戏的场地器材。篮球场 1 个,每人 1 个篮球。

(3)"运球追逐"游戏的方法。球员甲、乙两人一组各运一球分散于球场内任意跑动,规定教练员吹一声长哨为甲追乙,两声短哨为乙追甲。游戏开始,随着教练员哨声的变换,甲、乙两人在场内反复进行追逐与反追逐。追到对方并用手轻拍对方后背得 1 分,在规定时间内得分多者为胜。

(4)"运球追逐规则"游戏的规则。

1)只有运着球追到对方并拍到对方背后才得分,若追到对方时运球失误,或拍到对方身体其他部位无效。

2)双方在运球时要随时注意躲闪其他人的运球,以免发生碰撞,当发生碰撞被对方击拍到,则算有效。

(5)"运球追逐"游戏的建议。

1)也可改为个人得分基础上计算全队得分,得分高的队为胜。

2)如参加的人数多,可分为几队轮流进行。

三、投篮类游戏

投篮是篮球运动最重要的基本技术,是最主要的得分手段,是决定篮球比赛胜负的关键因素。投篮与防投篮构成了篮球比赛中攻防矛盾的焦点。因此正确掌握和熟练运用投篮技术,不断提高投篮命中率,对于夺取比赛胜利具有重要的意义。

投篮是与篮球运动同时出现的技术,它始终随着现代篮球运动的发展而发展。当前投篮技术的发展趋势和特点具体表现:投篮难度、命中率越来越高;投篮的攻击性、突然性、技巧性越来越强;投篮的动作方式及其变化越来越多;投篮的动作越来越趋向早(举球早)、高(出球点高)、快(出手快和突然)。因此投篮时要做到快、高、准、变就成为现代篮球比赛对投篮队员最基本的要求。

投篮的方式种类很多,但无论任何方式的投篮,其动作结构都包括准备、出手、结束三个阶段;包括持球动作、出手动作、瞄篮方法、球的飞行弧线、球的旋转五个要素;无论是结构还是要素,投篮出手都是影响投篮命中率的关键环节。为此,在投篮的教学训练中,严格要求队员规范地完成投篮动作的全过程,学会合理地控制、支配、调整动作各环节的力量、方向、速度、角度,以保证投篮出手的连贯性、协调性和整体用力性。组织投篮游戏的出发点和归宿也不外如此。

(一)"罚球比赛"游戏

(1)"罚球比赛"游戏的目的。提高球员原地投篮技术动作的质量和命中率。

(2)"罚球比赛"游戏的场地器材。篮球场 1 个,篮球 2 个。

(3)"罚球比赛"游戏的方法。把球员分成人数相等的两队,两队面向球篮成纵队站立于罚球线后,排头各手持一个篮球。游戏开始,各队从排头开始依次罚球(可规定或不规定投篮方式),无论投中与否都由投篮队员自己去抢篮板球传给下一个队员,如此循环下去,直到以下几种情况结束。

1)全队每人投篮出手一次,累计投中个数,投中个数多的队为胜。

2)规定时间到,累计投中个数,投中个数多的队为胜。

3)完成规定的投中个数,先完成的队为胜。

(4)"罚球比赛"游戏的规则。按篮球比赛的罚球规则执行。

(二)"阻力投篮"游戏

(1)"阻力投篮"游戏的目的。提高球员快速移动能力和投篮能力。

(2)"阻力投篮"游戏的场地器材。篮架1副,弹性绳1根,篮球若干个。

(3)"阻力投篮"游戏的方法。把球员按两人一组分成若干组,第一组一名队员身上用弹性绳绑好,另一端固定,另一队员站在规定的区域内准备传球。开始的信号发出后,投篮的队员快速向前跑动,按同伴的传球投篮,每投一次,必须迅速后退,用手触固定点,然后再向前跑动接同伴的传球投篮,依此类推,直至规定的时间到,记录进球数,各组做完后,以投进球多的组为胜。

(4)"阻力投篮"游戏的规则。

1)每人投篮时间为30秒,两人共1分钟。

2)投篮姿势不限。

(5)"阻力投篮"游戏的建议。可限制接球区域和投篮姿势。

(三)"攻守投篮"游戏

(1)"攻守投篮"游戏的目的。提高球员的灵敏性和应变能力,培养对抗意识和配合意识。

(2)"攻守投篮"游戏场地器材。篮球场1块,篮球2个。

(3)"攻守投篮"游戏的方法。将球员分为人数相等的两队,每队6~8人。双方各有一名队员手持球站在本方半场的端线外准备发球。游戏开始,当教练员鸣哨后,各自发球开始比赛,两队同时在场上传球、运球、突破。力求将球投入对方篮内得分;同时又要设法阻截和防止对方将球投进本方篮内,并积极抢断对方的球,组织反攻,力争将其攻入对方篮内,规定时间内,以进球多者为胜。

(4)"攻守投篮"游戏的规则。比赛中出现犯规、违例、传球出界等情况时,均判对方在犯规违例方的半场发界外球。

(5)"攻守投篮"游戏的建议。本游戏运动量较大,时间不宜过长。

(四)"跑投三十分"游戏

(1)"跑投三十分"游戏的目的。提高球员快速投篮的能力。

(2)"跑投三十分"游戏的场地器材。篮球场1个,篮球4个。

(3)"跑投三十分"游戏的方法。把球员分为人数相等的四队,每两队用一副篮筐,各队在规定地点站好,排头各持1球。游戏开始,各队从排头起做原地跳投1次,罚球1次,都是自投自抢,无论投中与否,都把球传给下一个队员,其他队员依次按同样方法进行,按跳投投中得 2 分,罚球投中得 1 分的分值累计,直到投满 30 分,已完成的快慢排列名次。

(4)"跑投三十分"游戏的规则。

1)严格限制投篮距离,跳投时的起跳点不能越过规定范围。

2)不得故意干扰对方投篮。

(5)"跑投三十分"游戏的建议。

1)根据队员的水平,对投篮动作提出不同的要求或规定。

2)如果人数太多,可多分几队,用淘汰赛或擂台赛的方法抢投 30 分。

(五)"上篮连中比快"游戏

(1)"上篮连中比快"游戏的目的。提高球员快速运球上篮技术运用能力。

(2)"上篮连中比快"游戏的场地器材。篮球场 1 个,两人 1 个篮球。

(3)"上篮连中比快"游戏的方法。把球员分为甲、乙两人一组的若干组,每组 1 个篮球。比赛开始,各组的甲首先上场,在两个球篮间快速运球上篮,如甲能按规定连中 4 球则算完成一组,可由本组的乙再上场以同样方法进行,若甲未能按规定完成一组,由乙上场以同样方法进行,直到甲、乙两人完成规定的组数;先完成的组为胜。

(4)"上篮连中比快"游戏的规则。

1)只能是"上篮",否则投中无效。

2)凡出现走步、两次运球等违例现象,违例者已投中的次数取消并罚其重做。

(5)"上篮连中比快"游戏的建议。

1)此游戏适用于人数少的队训练时用,但若参加人数多,可 3—4 人一组或分成若干队进行对抗。

2)不一定要求上篮时连中,可要求每人投中若干个或两个累加投中若干个则可。

3)为防止球员追求上篮命中率而减慢上篮速度,此游戏可改为单位时间内,累计上篮命中次数判胜负。

(六)"1+1"投篮游戏

(1)"1+1"投篮游戏的目的。规范球员投篮动作,提高球员罚球或原地投篮的命中率。

(2)"1+1"投篮游戏的场地器材。篮球场 1 个,篮球 2 个。

(3)"1+1"投篮游戏的方法。把球员分为人数相等的两队,各成纵队站于罚球线(或指定的投篮点)后,排头各手持一球。游戏开始,从排头起依次进行"1+1"投篮,即先投第一球,若投中则可投第二球;若第一球未投中,则把球传给本队下一个人,自己站到队尾,如此直到全队做完,累计所投中的球数多的队为胜。

(4)"1+1"投篮游戏的规则。

1)必须在规定的投篮点投篮,否则投中无效。

2)必须以规定的投篮方式投篮,否则投中无效。

3)球在投篮队员手中停留不得超过5秒,否则投中无效。

4)每人只有一次"1+1"的机会。

(5)"1+1"投篮游戏的建议。

1)可改为规定投中个数的方法,先达到规定投中个数的队为胜。

2)可改为限定时间比赛的方法,在规定时间内投中次数多的队为胜。

3)可根据情况规定或不规定投篮方式,如原地单手肩上投篮、原地双手胸前投篮、原地双手头上投篮、原地跳投、运球或接球急停跳等。

(七)"抢胜三球"游戏

(1)"抢胜三球"游戏的目的。锻炼球员心理素质,训练球员在比分接近的情况下提高投篮命中率。

(2)"抢胜三球"游戏的场地器材。篮球场1个,篮球2个。

(3)"抢胜三球"游戏的方法。把球员分为人数相等的两队在规定的点进行投篮比赛,比赛的顺序是甲1、乙1,甲2、乙2交替进行,直到一方净胜3球为止。

(4)"抢胜三球"游戏的规则。

1)队员必须按预定次序进行比赛,中途不得更改。

2)比赛开始先做的一队如果先胜三球,后做的一队仍有一次投篮机会。

(5)"抢胜三球"游戏的建议。

1)为活跃气氛,在队员投中后,本队队员最好能高声呼出胜过对方的次数,如"赢一个""赢两个"等,落后的队可以高呼"还差一个"等。

2)投篮点和投篮方式可根据需要来确定。

(八)"抢投得分"游戏

(1)"抢投得分"游戏的目的。磨炼球员的投篮基本功,提高对抗中快速出手能力和命中率。

(2)"抢投得分"游戏的场地器材。篮球场1个,每两人1个篮球。

(3)"抢投得分"游戏的方法。划定一个"投篮区"作为队员对抗的基本范围。把队员分为人数相等的甲、乙两队。游戏开始,双方各出一人进行对抗,两人均自投自抢进行防守。例如,甲方的甲 1 与乙方的乙 1 对抗,甲 1 持球并把球传给乙 1 同时上前封盖乙 1 的投篮,而乙 1 在接到甲 1 传来的球且尚未来得及投篮出手,并以同样方法去抢篮板球和把球传给甲 1 并对甲 1 进行防守。每人一次进攻机会。如此反复循环直至规定时间到,命中次数多的一方得 1 分;以后各组均按同样方法进行,直至双方全部轮完 1 次,以得分多的队为胜。

(4)"抢投得分"游戏的规则。

1)投篮双方均不得超越投篮区的限制线,否则投中无效。

2)双方接球后即出手,不得以运球或突破避开对方防守,否则投中无效。

3)双方投篮后即冲抢篮板球并在获球的地方把球传给对方,不得走到对方面前交球接防守,否则算对方直接得 1 分。

(5)"抢投得分"游戏的建议。

1)可在两个半场内同时进行 4~6 组的对抗。

2)可根据情况规定或不规定投篮方式,延长或缩短投篮距离。

四、脚步动作类游戏

脚步动作游戏是通过各种突然、快速的脚步动作,达到进攻时能摆脱防守,防守时能跟住对手,以争得时间和空间主动权,进而有效地完成攻防任务的一种技术。它是篮球各项技术的基础,也是比赛中运用最多的一项技术。它对于掌握和提高其他技术、培养和发展球员的速度、力量、灵敏、反应、协调等基本素质以及培养克服困难的意志品质和勇猛顽强的作风,起着积极的作用。

移动技术包括走、跑、跳、停、转、滑、撤等 20 多种基本脚步动作方式。各种移动动作方式在比赛中的作用不尽相同。但无论是哪一种方式,其动作结构都主要以腰、膝、踝关节为轴的各种运动动作所组成,上肢加以协调配合,而且都是通过脚掌不同部位的蹬地、碾地或抵地用力,配以脚、腿、腰、胯的协调用力来实现身体重心的转移和控制的。现代篮球比赛要求队员在比赛中运用各种脚步动作时,要做到突然、快速和多变。因此队员进行移动技术教学训练,不仅要发展队员的判断、反应能力,提高身体训练水平,更重要的是培养队员变换身体重心和控制身体平衡的能力。

鉴于移动技术本身的动作简单,对教学训练条件的要求不高,但练起来又较枯燥的特点,以游戏的方式进行移动技术教学训练,就成为篮球教学训练中的常用的教学手段。从教学的角度来说,移动技术教学训练中很重要的两点:一是要与篮球的专项身体数值训练紧密结合;二是要与篮球的对抗技术,如运球与防运球、突破与防突破、传球与防传球、投篮与防投篮、接球与防接球等紧密结合。但从移动游戏的素材选择角度来说,则更着重于移动的单一技术动作和专项身体素质训练紧密结合。因此组织移动游戏的目的主要是掌握各种移动技术动作方法,学会在球场上正确的蹬地用力、转移身体重心、保持身体平衡的基本方法;掌握移动技术运用方法以及不同技术动作间的相互衔接要点,提高脚步移动的速度、速率、突然性和灵活性;在模拟比赛实战的情况下,提高移动技术与其他技术的快速转换能力。

(一)"不倒翁"游戏

(1)"不倒翁"游戏的目的。锻炼球员的反应能力,提高球员的启动速度。

(2)"不倒翁"游戏的场地器材。篮球场 1 个,标枪或竹竿 1 根。

(3)"不倒翁"游戏的方法。球员围成一个圆圈向圆心站立,报数并记住自己的号码。教练员在圈中央用手扶竖立在地面上的竹竿。然后让球员绕圆慢跑,教练员随意叫某一号码,同时将竹竿放开跑进圆圈。被叫到号的球员应立即跑到中间扶住将要倒下的竹竿,并使其竖直,然后呼叫另一号,游戏继续,未来得及扶住竹竿者受罚。

(4)"不倒翁"游戏的规则。扶竿同学放手时不能有意加快杆的倾倒速度,放手后也要注意躲避下一位扶竿者的跑动路线。

(5)"不倒翁"游戏的建议。游戏人数以 15 人左右为宜,人数太多可分组进行,太少则要增加跑动半径。

(二)"摸球追拍"游戏

(1)"摸球追拍"游戏的目的。训练启动、急停技术,提高速度素质。

(2)"摸球追拍"游戏的场地器材。在场地上画一个等边三角形,在三个顶角放三只立柱,在三角形中心点放一篮球。

(3)"摸球追拍"游戏的方法。分成人数相等的三个组,站在立柱后成纵队,面向中心点。游戏以三人一组进行,听到信号后,每组第一人按规定的跑动路线进行摸球,即甲组到中间摸一下球,随后绕过乙组立柱再到中心摸球,在绕过丙组立柱到中心摸球,最后回到甲组。在游戏进行过程中,三人中后一人追前一人,如追拍到前一人得一分,在追拍过程中,还要随时注意信号,如听哨声后做急停并要沿轨迹相反方向跑,如此以回到原位为第一轮结束,累积每组得分,以得分多的组为胜。

(4)"摸球追拍"游戏的规则。

1)追拍必须按规定路线行进。

2)摸球时不得使球滚动,发生移动必须放还原处。

(三)"关门"游戏

(1)"关门"游戏的目的。提高滑步及关门防守技术,培养球员协同配合的精神。

(2)"关门"游戏的场地器材。篮球场 1 个,在场地上画几个与中圈等大的圆,篮球若干个。

(3)"关门"游戏的方法。在每个圆心上放一篮球(要使篮球固定不动),每组分 4 人防守和 3 人进攻站于圈内外。游戏开始,攻方利用身体虚晃、转身、急停及各种脚步动作设法进入圆圈触摸球,而防守则通过快速的移动及相邻两人的关门配合不让对方进入圆内,以 2 分钟内攻方能否进入圆圈触摸球判断胜负,然后交换位置游戏重新开始。

(4)"关门"游戏的规则。

1)防守只能依靠快速地移动,用身体来防守对方进攻,不能用手臂阻止对手。

2)进攻方不能有推人动作。

(5)"关门"游戏的建议。进攻和防守的人数可适当增加或减少,但防守区至少比进攻多一人。

(四)"团体赛跑"游戏

(1)"团体赛跑"游戏的目的。训练腿部力量,提高速度素质。

(2)"团体赛跑"游戏的场地器材。场上放几行等距离的立柱,将人数分成相应均等的几组,在端线外面对场内纵队站立(后一人抱住前一人腰)。

(3)"团体赛跑"游戏的方法。游戏开始,每组从端线出发,绕过所有立柱到另一端线,游戏以一组排尾先过端线为胜。

(4)"团体赛跑"游戏的规则。

1)队伍不得松散,要集体通过端线。

2)必须按图示路线跑动,不得触及标志杆。

3)击掌时,下一位同学不准抢跑。

(5)"团体赛跑"游戏的建议。

1)可通过增加标志杆的数量来增加跑动难度,改变标志杆的位置来改变跑动路线。

2)标志杆可由见习生来顶替。

(五)"大渔网"游戏

(1)"大渔网"游戏的目的。训练灵敏反应和脚步动作的灵活性,培养协同一致的配合能力。

(2)"大渔网"游戏的场地器材。在篮球场上进行,先指定两名队员担任"渔网",其他人在场内可以任意跑动。

(3)"大渔网"游戏的方法。游戏开始,担任"渔网"的第二名队员手拉手在场内跑动并设法用手触及其他人,被触到者加入"渔网"队伍,如此"渔网"逐渐扩大,直至场上剩下最后一名,游戏结束。

(4)"大渔网"游戏的规则。

1)"渔网"不得松散,如松手触到人不算。

2)不得离开球场跑动,被迫出界按触到论。

(六)"急起急停"游戏

(1)"急起急停"游戏的目的。练习急停技术,提高快速启动能力。

(2)"急起急停"游戏的场地器材。篮球场1个。

(3)"急起急停"游戏的方法。球员成一列横队站于端线后,以教练员哨声为信号向对面端线跑动。教练员鸣哨,球员启动跑,教练员再吹鸣哨,球员急停,如此进行。在最后一次鸣哨跑动后,先到达端线的球员为胜。

(4)"急起急停"游戏的规则。听到急停哨声应立即停止跑动,否则视为犯规。

(5)"急起急停"游戏的建议。

1)为练习急停技术,可要求球员在第一轮游戏中采用跨步急停,第二轮游戏采用跳步急停。

2)若与篮球运动规律相结合,启动信号应改为教练员的手势或口令,急停信号用哨声。

(七)"摸高快跑"游戏

(1)"摸高快跑"游戏的目的。提高球员的弹跳力,练习急停和转身的技术动作。

(2)"摸高快跑"游戏的场地器材。篮球场1个。

(3)"摸高快跑"游戏的方法。把球员分为人数相等的两队,各成纵队站于端线外。游戏开始,两队排头迅速起跑至中线用手摸中线后返回,在篮板下急停跳起摸篮筐两次,再拍击本组第二位同学的手,自己站队尾。能摸到篮板的球员要连续起跳三次再接力;摸不到篮板的球员在篮下尽力纵跳四次后再接力,先轮完的队为胜。

(4)"摸高快跑"游戏的规则。

1)接力时,击掌后才能跑动,否则退回原处重新开始。

2)触篮筐时不能手抓,否则重罚。

(5)"摸高快跑"游戏的建议。

1)起跳前的跑动距离和方式可改变。

2)起跳方式可改为单脚、双脚或单、双脚交替,触摸方式可改为单手触摸和双手触摸。

(八)"贴膏药"游戏

(1)"贴膏药"游戏的目的。发展球员的反应、躲闪、奔跑、急停和转身能力。

(2)"贴膏药"游戏的场地器材。篮球场1个或平整的空地1块。

(3)"贴膏药"游戏的方法。球员两人成一组,每组间隔两臂左右,围成一圆圈站立;先由 A,B 两人开始,A 指定为追人者,B 则指定为被追者。被追者 B 可利用圆圈上的"人墙"做障碍,追逐着奔跑周旋,当即将被追人者 A 触摸到或不想再"奔逃"时,可跑到圆圈上某一组的左或右侧并紧贴其站立,临时组成 3 人并排的一组;此 3 人并排的最外侧(例如,若被追着 B 贴于该组左侧时,其最外侧为右侧,反之亦然)的队员应立即代替原被追者 B 成为新的被追者;原追人者 A 则换追这个新的被追者;若被追者在达到安全位置前被追人者触摸到,则两人角色互换,被追者反追追人者。如此反复进行。

(4)"贴膏药"游戏的规则。

1)被追者和追人者均可在圈内外任意跑动,但不可能跑出规定的球场范围。

2)被追者只有在其肩部紧靠某组左或右侧人的肩部后才为安全,否则算被追人者追到。

3)被追者不得在某组的身后停留超过 3 秒;而追人者则不得在某组的两人间强行触及位于该组后面的被追者。

(5)"贴膏药"游戏的建议。

1)此游戏可变化为两人前后站立,前贴后跑或后贴前跑。

2)为提高练习密度,可同时由两或三对相互追逐者开始。

3)大家熟悉游戏方法后,游戏改为运球"贴膏药"。

参考文献

[1]刘强.基于多维视角的高校篮球教学研究[M].北京:人民日报出版社,2017.

[2]胡元斌.新编篮球入门与提高[M].赤峰:内蒙古科学技术出版社,2018.

[3]谭赟,刘斌,石文韬.篮球[M].重庆:西南大学出版社,2017.

[4]谭朕斌.篮球战术教学与训练[M].北京:北京体育大学出版社,2017.

[5]王峰.篮球运动规律与技术原理分析[M].北京:科学出版社,2015.

[6]王峰.现代篮球运动的理论研究[M].北京:人民日报出版社,2013.

[7]刘青松.高校篮球运动教程[M].北京:中国水利水电出版社,2015.

[8]高治.现代篮球技战术实践与创新[M].北京:中国书籍出版社,2014.

[9]于振峰.现代篮球技术学练设计[M].北京:高等教育出版社,2013.

[10]胡英清,余一兵,吴涛.现代篮球运动科学训练探索[M].北京:高等教育出版社,2016.

[11]张瑞林等.篮球运动[M].北京:高等教育出版社,2008.

[12]黄滨,翁荔.篮球运动[M].杭州:浙江大学出版社,2014.

[13]孙民治.篮球运动教程[M].北京:人民体育出版社,2008.

[14]黄志安,房殿生,蔡友凤.高校篮球运动理论与实践[M].北京:原子能出版社,2008.

[15]刘庭友.篮球运动文化研究的回顾与展望[J].内蒙古民族大学学报,2010(02),164—165.

[16]巩庆波,胡宗媛.中国篮球文化研究现状分析[J].首都体育学院学报,2008(02),104—106.

[17]王畔领,李小和.我国篮球文化研究的现状及展望[J].体育学刊,2008(03),43—46.

[18]牛海英,陈翔,王大立.关于我国校园篮球文化的新思考[J].文体用品与科技,2014(22),108—109.

[19]陈志坚,周鹏.篮球[M].北京:清华大学出版社,2015.

[20]徐国富.篮球[M].西安:西安电子科技大学出版社,2015.

[21]唐建倦.现代篮球运动教程:理论·方法·实践[M].广州:华南理工大学出版社,2014.

[22]李承维.篮球运动教学与训练[M].武汉:华中科技大学出版社,2012.

[23]高荻.大课程背景下高校篮球教学新理念的研究[D].济南:山东师范大学.2012.

[24]张庆春,龚喜军,刘文娟,等.中国青少年足球操作性训练理念的实践特征[J].北京体育大学学报,2006(04),552-556.

[25]于莹,钟家奎.大学体育课程与体能训练[M].北京:北京体育大学出版社,2014.

[26]王向宏.体能训练理论与方法[M].2版.北京:北京航空航天大学出版社,2014.

[27]唐万里.浅析现代篮球训练理念[J].宁波大学学报,2005(04),106-107.

[28]孙民治.现代篮球高级教程[M].北京:人民体育出版社,2004.

[29]王家宏.球类运动--篮球[M].北京:高等教育出版社,2005.

[30]王步标,华明.运动生理学[M].北京:高等教育出版社,2012.

[31]邓树勋.运动生理学[M].北京:高等教育出版社,2009.

[32]邹克扬,贾敏.运动医学[M].北京:北京师范大学出版社,2010.

[33]郭永波.篮球运动教程[M].北京:北京体育大学出版社,2005.

[34]陈彦龙.篮球技术的理论分析[J].情感读本,2015(03),94.